W0171397

Axel Brüggemann

WIE KRACH ZU MUSIK WIRD

Die etwas andere
Musikgeschichte

Axel Brüggemann

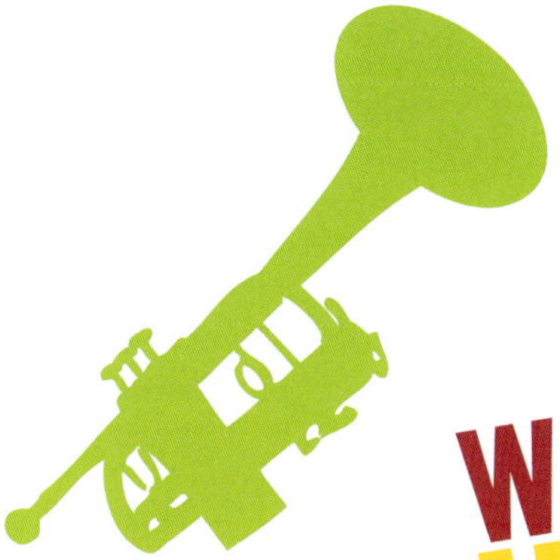

Wie Krach zu Musik wird

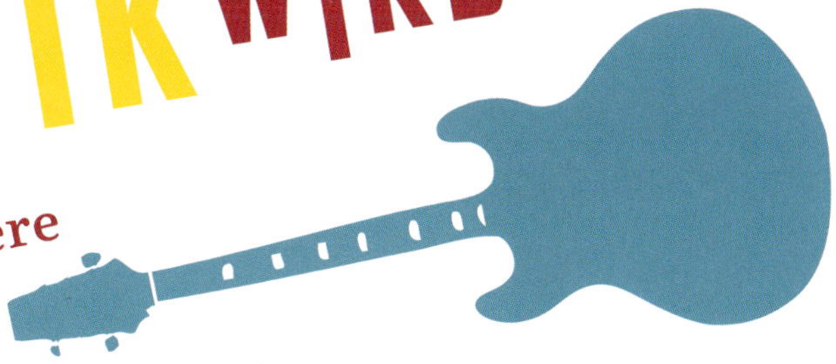

Die etwas andere Musikgeschichte

Mit Illustrationen von
Monika Horstmann

BELTZ
& Gelberg

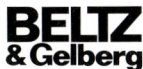

Axel Brüggemann wurde 1971 in Bremen geboren. Er arbeitet als Journalist und Autor unter anderem für die *Frankfurter Allgemeine Sonntagszeitung*, den *Rheinischen Merkur* und das *ZDF*. Die CD-Serie »Der kleine Hörsaal«, die er für die Deutsche Grammophon entwickelt und produziert hat, wurde mit dem »Echo Klassik« ausgezeichnet. Außerdem hat Axel Brüggemann politische Essays sowie mehrere Musikbücher für Kinder und Erwachsene veröffentlicht.

www.beltz.de
© 2010 Beltz & Gelberg
in der Verlagsgruppe Beltz · Weinheim Basel
Alle Rechte vorbehalten
Deutsche Originalausgabe
Lektorat: Gabriele Dietz
Neue Rechtschreibung
Illustrationen im Innenteil: Monika Horstmann
Umschlag und Kapiteleingänge: Manja Hellpap
Typografie, Satz und Gestaltung: Manja Hellpap
Druck: Beltz Druckpartner, Hemsbach
Bindung: Druckhaus »Thomas Müntzer«, Bad Langensalza
Printed in Germany
ISBN 978-3-407-75353-3
1 2 3 4 5   14 13 12 11 10

Inhaltsverzeichnis

Der Urklang — Musik, ein Kinderspiel

Gottesklang im Mittelalter — Mönche und Minnesänger

Musik in Bewegung – Renaissance und Barock

Der Mensch in der Musik — Die Klassik

Die unendliche Melodie — Romantische Traumreiche

Zeitalter der Extreme — Die Moderne

Von der Katastrophe zum Pop — Neue Klangwelten

Der Urklang —
Musik, ein Kinderspiel

Hör mal kurz auf zu lesen.

Hörst du etwas? Irgendwas? Nichts?

Hör noch mal genau hin. Sind da Schritte im Haus? Oder knarrt dein Stuhl? Ist das der Wind draußen? Und deinen Atem, hörst du ihn? Oder deinen Herzschlag?

Hast du schon einmal versucht, nichts zu hören? Das ist fast unmöglich. Wir können die Augen schließen – und sehen: nichts. Wir können uns die Nase zuhalten – und riechen: nichts. Aber selbst wenn wir uns die Ohren mit den Händen zuhalten, hören wir noch immer etwas: das Blut, das durch unseren Körper rauscht, den Atem oder unser schlagendes Herz. Wir hören uns selbst, und man kann uns hören, wenn wir uns bewegen, wenn wir husten, wenn wir reden, schreien oder singen.

Ob wir wollen oder nicht: Wir sind von Klang umzingelt! Jede Flucht ist zwecklos. Der Klang ist um uns herum, in uns drin, einfach überall. Wir können in uns hinein oder hinaus in die Welt horchen. Es gibt sogar Klänge, die wir gar nicht hören, ein geheimes Piepen und Rauschen, Schallwellen, die zu hoch oder zu tief für unsere Ohren sind. Wir hören nur einen Bruchteil des Krachens, des Brummens, des Tickens und Klapperns unserer Welt. Aber wir hören: immer! Wir können dem Klang nicht einmal entkommen, wenn wir schlafen. Selbst dann stehen unsere Ohren offen, um uns in einem Notfall zu warnen.

Machen wir uns also auf die Suche nach dem Abenteuer der Musik. Grundsätzlich ist Musik nichts anderes als geordneter Krach. Wir sprechen von Musik, wenn Menschen Schallwellen produzieren, wenn sie singen, auf irgendwelche Gegenstände schlagen oder Saiten zupfen, um sich auszudrücken.

Es soll also erst einmal darum gehen, wie der Klang und der Krach zu Musik geworden sind. Darum, dass die Musik so selbstverständlich zu uns Menschen gehört wie unsere Ohren. Dass sie ein Teil von uns ist – seit Jahrtausenden! Natürlich könnte man eine Musikgeschichte auch damit beginnen, dass Menschen angefangen haben zu komponieren, etwa in den Klöstern des Mittelalters. Wenn dich dieser Teil mehr interessiert oder dir die Theorie der Töne zu kompliziert wird, kannst du das Buch einfach beim Kapitel »Singende Kirchen« auf Seite 32 aufschlagen. Aber unsere Spurensuche fängt nun erst einmal in der Urzeit an. Zu jenem Zeitpunkt, als die Sprache entstanden ist. Denn die Sprache ist die Urform der Musik.

Begeben wir uns also in eine Urzeithöhle. Der Steinzeitvater und die Steinzeitmutter grillen gerade ein fettes Rind. Auf einem Rinderfell liegt ihr Baby und hat Hunger. Seine Mutter gibt ihm die Brust, wenn es schreit. Das Baby weiß, dass die Mutter ihm hilft, wenn es laut wird, und die Mutter weiß, dass dem Baby etwas fehlt, wenn es schreit. Entweder fühlt es sich unwohl, hat Hunger oder irgendein anderes Problem. Irgendwann hat das Baby angefangen zu brabbeln und die einfachsten Laute ausgespuckt, die ein kleiner Mensch bilden kann: »Ma-Ma!« Die Urzeitmutter lächelte, und als das Baby noch einmal »Ma-ma« rief, lächelte sie wieder. Seitdem hat die Urzeitmutter einen Namen: »Mama«.

Dieser denkwürdige Vorgang muss sich auch an anderen Orten der Welt abgespielt haben. Schließlich schreien Babys fast überall mit den gleichen Lauten nach ihrer Mutter – das hat der Dirigent Leonard Bernstein festgestellt. Schon im alten Rom haben sie auf Latein »Mater« gesagt, in Barcelona rufen sie noch immer »Madre«, in Paris »Mère«, in London »Mother«, in Budapest »Moder«. In Jerusalem schreien Babys nach »Ima«, bei den Indianern nach »Schi-ma«.

Du nennst deine Mutter sicher »Mama«. Als du angefangen hast, »Ma-Ma« zu sagen, hast du zum ersten Mal in deinem Leben Musik gemacht. »So ein Schrei«, wirst du nun denken, »ist doch keine Musik!« Natürlich nicht, es ist nur ein Schrei. Aber man kann »Ma-ma« ganz unterschiedlich schreien. Zum Beispiel das erste und das zweite »Ma« in der gleichen Tonhöhe – das klingt dann etwas genervt. Man kann aber auch das zweite »Ma« ein bisschen tiefer als das erste rufen – das klingt eher fordernd. Wenn das zweite »Ma« höher als das

erste gerufen wird, hört es sich wie eine Frage an. All das hat dann doch etwas mit Musik zu tun!

Manche Sätze bekommen eine vollkommen neue Bedeutung, wenn man sie anders ausspricht. Lässt man die Wörter »gehst du« nach oben ansteigen, hören sie sich wie eine Frage an, lässt man die Stimme dabei tiefer werden, klingen die gleichen Wörter eher wie ein Befehl. Unsere Sprache hat eine Melodie, aus der wir Stimmungen heraushören. Wenn wir sauer sind, schreien wir, wenn wir jemandem eine Liebeserklärung machen, sprechen wir sanft und leise (jedenfalls wenn wir gute Liebhaber sind). Die Tonhöhe und die Lautstärke der einzelnen Silben geben den Wörtern also eine zusätzliche Bedeutung. Meist reicht es schon, die Melodie der Stimme zu hören, um zu wissen, ob jemand wütend, glücklich oder traurig ist. Die Melodie beim Sprechen tut genau das, was auch die Musik will: Sie weckt Gefühle in uns und drückt unsere Gefühle aus.

Die Stimme ist das ureigene Instrument des Menschen. Wenn wir sprechen, versetzen wir Luft in Bewegung und erzeugen Schallwellen. Dieser Vorgang ist noch keine große Kunst, sondern pure Physik. Denn Klang ist letztlich nur Energie in schwingender Bewegung.

Beim Sprechen sammeln wir Luft im Brustkorb und blasen sie aus. Auf ihrem Weg durch den Kehlkopf lässt sie die sogenannten Stimmlippen vibrieren. Dadurch entsteht ein Ton, der im Rachen und im Mund geformt wird. Hier wird der Klang zum Ton, zum Buchstaben, und tritt erst dann als Teil eines Wortes in die Welt.

Unsere Ohren sind so gebaut, dass sie diese Schallwellen empfangen können. Die Schallwellen werden durch die Ohrmuschel ins Mittelohr geleitet. Hier befinden sich das Trommelfell, das die Schwingungen aufnimmt, und drei winzige Gehörknöchelchen: der Hammer,

der Amboss und der Steigbügel.
Sie leiten den Schall in das
Innenohr weiter, wo die
Schwingungen in der Gehör-
schnecke in Impulse umgewandelt
werden. Diese Impulse stimulieren unsere Nerven und erreichen unser Gehirn. Erst wenn die Schallwellen als Impulse in unserem Kopf
angekommen sind, verarbeitet das Gehirn den Klang und erkennt, ob
es sich um einen Warnschrei, um eine Liebeserklärung oder einfach
nur um belanglosen Krach handelt.

Der Zaubertrick der Melodie – Das Geheimnis der guten Töne

Schon das Urzeitbaby hat wahrscheinlich genauso nach seiner »Ma-
ma« gerufen wie wir alle. Wenn Menschen Namen rufen, tun sie das
nämlich meist mit den gleichen Tönen. Wenn du auf dem Schulhof
»Pe-ter!« oder »Ma-rie!« schreist, benutzt du automatisch den gleichen Tonabstand zwischen den einzelnen Silben. In der Sprache der
Musik nennt man den Abstand zwischen zwei Tönen Intervall.

Diese Intervalle kommen auch in bekannten Kinderliedern vor,
zum Beispiel in »Hänschen klein« oder »Backe, backe Kuchen«.
Kinderlieder sind deshalb so kinderleicht zu lernen, weil sie den normalen Tonfall beim Sprechen nachahmen.

Nicht nur Kinderlieder, sondern auch viele andere Stücke fangen mit diesen Intervallen an: in der Klassik bei Wolfgang Amadeus
Mozart zum Beispiel, in der modernen Musik bei Arnold Schönberg,
oder im Pop und Rock bei den Beatles oder bei Madonna. Oft hören
wir am Anfang von Liedern, Sinfonien oder Konzerten Tonfolgen, die

unseren Schulhofrufen gleichen. Die Musik orientiert sich also an unserer Sprache. Deshalb kommt sie uns so vertraut vor.

Vielleicht hast du selbst schon erlebt, dass du einen Liedanfang von einem unbekannten Stück gehört hast und genau wusstest, wie es weitergeht. Das liegt nicht daran, dass du die Fähigkeit besitzt, in die Zukunft zu schauen, sondern daran, dass es sich oft um eine ganz natürliche Folge von Tönen handelt, die für uns so selbstverständlich ist, weil sie unserer normalen Sprache sehr nahe ist.

Bei den Intervallen der Schulhofrufe handelt es sich um eine Art Geheimcode der Musik. Um magische Tonabstände. Natürlich lässt sich dieser Notentrick auch theoretisch erklären – so wie jeder Zaubertrick. Das Geheimnis, dass wir bestimmte Intervalle beim Sprechen und Musizieren bevorzugen, hat etwas mit der Schwingung der Töne zu tun.

Wenn man eine Taste auf dem Klavier antippt, schlägt ein Hämmerchen auf eine Saite und bringt sie zum Schwingen. Deshalb hören wir einen Ton. Wie hoch oder tief dieser Ton ist, hängt davon ab, wie lang und wie dick die Saite ist. Das Besondere ist, dass nicht nur eine Saite zu schwingen beginnt, sondern auch andere Gegenstände, die in der gleichen Tonhöhe wie die Saite gestimmt sind. Zum Beispiel andere Klaviersaiten – obwohl man gar nicht die entsprechenden Tasten gedrückt hat.

Wenn man zum Beispiel den Ton C anschlägt, ist eine der Saiten, die wie von Geisterhand mitschwingen, genau halb so lang wie die angeschlagen C-Saite. Sie heißt auch C und liegt genau acht Töne höher als das erste C.

Wenn du dieses Experiment an einem Klavier ausprobieren willst, musst du allerdings einen kleinen Trick anwenden. Die Saiten werden nämlich durch einen Dämpfer davon abgehalten, mitzuschwingen. Wenn man das linke Pedal am Klavier tritt, heben sich die Dämpfer, und wenn man dann noch seinen Finger auf eine andere C-Taste legt, ohne den Ton anzuschlagen, kann man die mitschwingende Saite sofort hören.

Aber wie kann es sein, dass mehrere Saiten klingen, obwohl man nur einen Ton anschlägt? Auch hier liegt das Geheimnis in der Physik. Der Grund, dass beide C-Saiten schwingen, ist leicht zu erklären: Eine

Saite produziert in Wirklichkeit nämlich nicht nur einen Ton, sondern ganz viele Untertöne, die wir aber nicht wahrnehmen. Das liegt daran, dass nicht nur die ganze Saite schwingt, sondern auch ihre einzelnen Teile. Eine Saite schwingt in ihren beiden Hälften, in ihren drei Dritteln, in ihren vier Vierteln und so weiter. Die Schwingungen der jeweiligen Teile produzieren andere Töne als die ganze Saite. So ist es auch mit der langen C-Saite: Sie schwingt nicht nur als ganze Saite, sondern auch in ihren beiden Hälften. Jede Hälfte der langen C-Saite ist genauso lang wie die höhere C-Saite. Das hohe C ist also Teil des tiefen C – es schwingt mit, wenn man das tiefe C anschlägt. Das ist übrigens auch ein Grund dafür, warum uns der Abstand von einem C zum nächsten so angenehm vorkommt – er lässt sich physikalisch herleiten. Töne, deren Zusammenklang wir als schön empfinden, sind meist physikalisch miteinander verwandt. Und die Verwandtschaft zwischen den einzelnen Tönen ist die Grundlage für die gesamte Musiklehre.

Weil der Abstand von einem C zum anderen acht Töne beträgt und »der Achte« auf Lateinisch »octavus« heißt, nennt man diesen Abstand auch eine Oktave. Zwischen den beiden C liegen die Töne D, E, F, G, A und H. Das sind die weißen Tasten auf dem Klavier, die man in dieser Reihenfolge auch C-Durtonleiter nennt. Nach einer Oktave beginnen die gleichen Noten wieder von vorn, nur eben höher.

Der Zaubertrick der Musik geht aber noch weiter. Eine Saite schwingt ja nicht nur in ihren beiden Hälften, sondern auch in ihren drei Dritteln. Es klingen also nicht nur das tiefe und das hohe C mit, sondern auch der Ton, der die gleiche Schwingung hat wie ein Drittel der tiefen C-Saite. Das ist der fünfte Ton der Tonleiter: bei der C-Durtonleiter das G. Weil »der Fünfte« auf Lateinisch »quintus« heißt, nennt man dieses Intervall Quinte. Und auch die vier Viertel der C-Saite schwingen in sich – und lassen das E mitschwingen, den dritten Ton der Tonleiter. Da »der Dritte« auf Lateinisch »tertius« heißt, handelt es sich hier um die sogenannte Terz. All das funktioniert übrigens nicht nur mit dem C, sondern mit jedem beliebigen Ton.

Die Saite lässt sich noch viel weiter unterteilen, theoretisch sogar bis ins Unendliche – und das würde bedeuten, dass alles mit allem zu schwingen beginnt. Doch unser Ohr kann das Mitschwingen kleinerer Saitenteile nicht mehr wahrnehmen.

Dieser kleine Ton-Zaubertrick erklärt, warum uns bestimmte Tonabstände angenehmer vorkommen als andere: Sie sind Teil des Grundtons.

Wenn man einen Ton anschlägt, klingt nicht nur dieser Ton, es klingen alle seine Teiltöne mit ihm. Außerdem können alle Dinge um ihn herum in Schwingung geraten, die diesen Ton oder seine Teiltöne ebenfalls produzieren. Das ist der Grund, warum Gläser beim Klang besonders hoher Stimmen zerspringen können. Sie geraten durch die Vibrationen des Klanges selbst in Schwingungen und können platzen.

Musiker nennen die Teiltöne eines Tones »Obertonreihe«. Dem Geheimnis der Obertöne kann man übrigens auch ohne Klavier auf die Spur kommen, etwa mit einer Gummibandgitarre. Dafür müssen nur zwei Nägel in ein Brett geschlagen und ein Gummiband straff an den Enden festgeknotet werden. So, dass ein schöner, hoher Ton entsteht, wenn man am Gummi zupft. Wenn man diesen Ton nun laut und kräftig nachsingt, beginnt das Gummiband zu schwingen, auch ohne dass man es berührt.

Wir haben gesehen, dass der dritte Ton (die Terz) und der fünfte Ton (die Quinte) allein durch die Gesetze der Physik im Grundton mitschwingen. Deshalb kommen sie uns so selbstverständlich vor, wenn wir sie als Melodie nacheinander hören. Seit der Urzeit benutzen wir diese natürlichen Tonschritte, um unsere Mutter oder unsere Freunde zu rufen. Außerdem hören sich diese Töne auch gut an, wenn man sie zusammen spielt – in sogenannten Akkorden. Sie machen die Harmonie eines Stückes aus.

Das Geheimnis der Obertonreihe ist eigentlich schon alles, was man wissen muss, wenn man selbst ein Musikstück komponieren will. Komponieren ist nämlich nichts anderes als die Suche nach Klängen. Zum Beispiel nach Noten, die sich gut zusammen anhören. Genau wie in der Sprache gibt es dafür einige Regeln, die man kennen sollte – die meisten leiten sich aus der Obertonreihe her.

In der Musik sind die einzelnen Tonabstände für die Melodie und die Harmonie zuständig. Sie sind die wichtigsten Bausteine der Musik, ein weiterer ist der Rhythmus.

Bumm-bumm-bumm –
Wie Rhythmus uns bewegt

In vielen Discos wird Technomusik gespielt. Sie ist sehr laut und hat sehr tiefe Bässe. Techno macht Spaß, weil er den Takt vorgibt, in dem man sich auf der Tanzfläche bewegt. Eine der wichtigsten Angaben zu jedem Technostück sind die »BPM«, die »Beats per Minute«, also die »Schläge pro Minute«. Diese Zahl gibt an, wie oft es in einer Minute in diesen Stücken wummert. Ein Technolied mit 124 BPM hat 124 Schläge in der Minute, eines mit 62 BPM nur 62 – es ist also halb so schnell wie das erste.

Es kann vorkommen, dass der Rhythmus der Musik direkten Einfluss auf den Körper nimmt. Musik kann so stark auf uns wirken, dass sie unser Wohlbefinden beeinflusst, dass sie uns Angst macht oder Freude bereitet. Wissenschaftler haben herausgefunden, dass sich sogar unser Herzschlag verändern kann, je nachdem, ob gerade langsamer Techno (mit wenigen Schlägen in der Minute) oder schneller Techno (mit vielen Schlägen in der Minute) gespielt wird.

Der Herzschlag ist der natürliche Rhythmus des Menschen. Dein Herz schlägt ungefähr 85-mal in der Minute, das Herz eines Erwachsenen etwas langsamer, ungefähr 70-mal in der Minute. Bei Säuglingen klopft es erheblich schneller, rund 130-mal pro Minute. Dabei schlägt unser Herz natürlich nicht immer so regelmäßig wie eine Uhr.

Wenn wir Sport treiben oder aufgeregt sind, schlägt es schneller. Wenn wir gelangweilt vor dem Fernseher sitzen, klopft es langsamer, weil wir uns entspannen. Wenn wir schlafen, tickt es noch ruhiger. Der Rhythmus unseres Herzens zeigt uns also, in welcher Verfassung wir uns gerade befinden: aufgeregt, entspannt, hellwach oder im Tiefschlaf.

Musik kann unseren Körper mitreißen. Sie beruhigt unseren Herzschlag, wenn sie langsam ist, oder bringt ihn auf Hochtouren, wenn die »Beats per Minute« besonders schnell sind. Dann gewinnt die Musik Macht über uns. Dass Rhythmen uns beruhigen oder nerven können, lässt sich auch im Alltag beobachten: Beim regelmäßigen Ticken der Uhr können viele Menschen gut einschlafen; wenn eine Maus nervös im Dach herumrennt, also ohne erkennbaren Rhythmus, fällt es schwer, die Augen zu schließen.

Mit dem Rhythmus verhält es sich ähnlich wie mit der Melodie beim Sprechen: Wir erzeugen ihn meist, ohne dass wir uns dessen bewusst sind. Wenn wir nervös sind, klopfen wir mit den Fingern auf den Tisch oder mit dem Fuß ans Stuhlbein. Wenn wir gehen, tun wir das in der Regel sehr gleichmäßig – auch das ist ein Rhythmus. Wir bewegen uns langsam, wenn wir spazieren gehen, schnell, wenn wir laufen. Rhythmus kann man also ziemlich leicht herstellen. Die einfachste Form ist, gleichmäßig in die Hände zu klatschen.

Durch rhythmische Geräusche nehmen Menschen Kontakt miteinander auf. Schon unsere Urzeiteltern haben das wahrscheinlich getan, und früher, als es noch keine Telefone gab, haben Bewohner von Dörfern, die weit auseinanderlagen, durch Trommelzeichen miteinander »geredet«. Damit sie sich verstehen konnten, legten sie für jede Schlagfolge bestimmte Bedeutungen fest. Indianer haben statt Trommeln Rauchzeichen benutzt, um sich über große Distanzen auszutauschen. Die Idee ist die gleiche: das Kommunizieren durch den Rhythmus.

Selbst heute benutzen wir den Rhythmus noch als Sprache. Wenn ein Schiff in Seenot gerät und drei lange, drei kurze und noch einmal drei lange Morsezeichen absetzt (- - - ... - - -), wissen alle, dass dieser Rhythmus für die Buchstaben »S-O-S« steht. Die Tonhöhe der Zeichen ist dabei vollkommen identisch, es gibt also keine Melodie. Die Töne unterscheiden sich nur in ihrer Länge.

Im Fußballstadion klatschen die Fans im Rhythmus, um ihre Mannschaft anzufeuern. Das Klatschen peitscht die Spieler an, damit sie noch einmal angreifen und vielleicht noch ein Tor schießen. Die Trommeln, die im Zirkus geschlagen werden, bevor ein Akrobat den Salto mortale wagt, sorgen für Spannung. Die Trommeln, die bei einem Trauermarsch geschlagen werden, klingen dumpf und traurig. Das Trommeln, zu dem Soldaten in den Krieg ziehen, soll die Truppen ermuntern, vorwärtszumarschieren und nicht vor dem Feind zu fliehen.

Es ist logisch, dass ein Komponist, wenn er ein Wiegenlied schreiben will, einen besonders langsamen Rhythmus wählt. Wenn er einen Marsch schreiben will, muss er einen Rhythmus wählen, der sich anhört wie das Marschieren: rechts, links, rechts, links; eins, zwei, eins, zwei... Dabei spielt es eine wichtige Rolle, ob man schnell marschiert wie im Krieg oder eher langsam geht wie bei einer Beerdigung. Das muss ein Komponist berücksichtigen, damit seine Musik wirkt. Außerdem sollte er besser keinen falschen Rhythmus für seinen Marsch wählen, etwa: eins, zwei, drei – dann würde die Armee sofort ins Stolpern geraten, denn welcher Soldat hat schon drei Beine?

Es gibt natürlich auch andere Rhythmen, etwa wenn man tanzen möchte. Dann sollte die Musik beschwingt klingen und dazu anregen, verschieden große Schritte zu machen, sich vielleicht sogar zu drehen. Besonders gut geht das in einem Dreierrhythmus, in dem der erste Schlag lauter betont wird als die beiden anderen: EINS, zwei, drei, EINS, zwei, drei. Du kennst diesen Rhythmus sicher – es ist der Rhythmus des Walzers.

Wenn man will, dass der Zuhörer sich nicht wohlfühlt, sondern irritiert ist, könnte es eine gute Idee sein, den Rhythmus oft zu wechseln oder erst gar keinen entstehen zu lassen.

Rhythmus ist so etwas wie der Rahmen für die Musik. So wie die Holzbalken in einem Haus. Er ist das Gerüst des Klanges. Man kann es nach Belieben ausschmücken: mit großen und mit kleinen Steinen, mit Fenstern und Türen. Dabei geben die Schläge pro Takt an, in welcher Ordnung ein Musikstück aufgebaut ist. Der Takt ist eine Art Bauplan. In einem Viervierteltakt ist er in vier Viertelnoten aufgebaut, in einem Dreivierteltakt in drei Viertelnoten. Ein Dirigent schlägt bei einem Dreivierteltakt also dreimal pro Takt, bis ein neuer Takt beginnt. Bei einem Viervierteltakt schlägt er viermal. Meist ist sein Taktstock bei der EINS erhoben, damit die Musiker im Orchester wissen, wo sie sich gerade befinden. Es gibt viele unterschiedliche Takte: einen Sechsachteltakt etwa oder einen Zweihalbetakt. Das Geheimnis des Rhythmus ist also immer auch ein bisschen Mathematik, so wie das Geheimnis der Melodie.

In einem Dreivierteltakt stehen nicht unbedingt nur drei Viertelnoten. Es können auch mehrere schnellere Noten gespielt werden, etwa sechs Achtelnoten. Oder es können weniger Noten gespielt werden, etwa eine halbe und eine Viertelnote. Selbstverständlich kann es auch mal ganz still sein, dann schreibt der Komponist einfach eine Pause auf.

Am leichtesten ist das Geheimnis des Rhythmus zu verstehen, wenn man das Ganze selbst ausprobiert. Zum Beispiel mit den Händen. Man kann mit der linken Hand dreimal auf den Tisch schlagen und jeweils beim ersten der drei Schläge einmal mit der rechten Hand. Dann ist ganz deutlich ein Dreivierteltakt zu hören. Die linke Hand schlägt die drei Viertelnoten und die rechte den Taktbeginn.

Ein gutes Beispiel dafür, wie Rhythmus funktioniert, ist das Spiel »Ein Hut, ein Stock, ein Regenschirm – vorwärts, rückwärts, seitwärts, ran«. Wir gehen je zwei Schritte bei »Ein Hut« und »ein Stock« – den zweiten Schritt machen wir, ohne dass wir etwas sagen. Wir machen einfach eine Pause beim Sprechen und gehen trotzdem weiter. Bei dem längeren Wort »Re-gen-schirm« machen wir dann einen Schritt für jede Silbe. Und bei »vorwärts«, »rückwärts« und »seitwärts« sprechen wir sogar zwei Silben, während wir nur einen Schritt machen. Bei »ran« schieben wir die Füße dann wieder zusammen und haben noch Zeit, den Reim von vorne zu sprechen.

Dieses Spiel zeigt, wie vielfältig ein Rhythmus sein kann und dass wir die einzelnen Schritte (also die Schläge) beim Sprechen entweder in mehrere Silben unterteilen oder auch einen Schritt lang mal nichts sagen können. Trotzdem bleibt der Rhythmus immer der gleiche, denn unsere Schritte sind ja immer gleich schnell. Und noch etwas passiert bei diesem Spiel: Der Rhythmus bekommt durch den Satz, den wir sprechen, eine Melodie.

Melodie, Harmonie und Rhythmus – das sind die Grundpfeiler der Musik. Sie sorgen dafür, dass wir Ordnung in den Krach bringen. Mit der Melodie und dem Rhythmus können wir die Höhe der Töne und ihre Geschwindigkeit bestimmen. Und all das ist so alt wie die Menschen selbst.

Nicholas Conard ist Archäologe und gräbt nach Überresten alter Kulturen. Im Achtal, zwanzig Kilometer westlich von Ulm, hat er Überreste menschlichen Lebens aus der Urzeit vermutet. Conard wollte Knochen, Gefäße oder Werkzeuge finden und musste sich dafür durch einige Erdschichten schaufeln. Irgendwann war er in der Schicht des Aurignacien angekommen, von der die Erde vor ungefähr 35.000 Jahren bedeckt war.

Nach einigen Tagen blinkte etwas Weißes durch den Sand. Zunächst dachte Conard, dass er auf den Knochen eines Urzeitmenschen gestoßen war. Vorsichtig pinselte er die Erde zur Seite und sah, dass es sich tatsächlich um einen Knochen handelte. Er war leicht gebogen, hohl und hatte Löcher. Als Conard seine Handschuhe anzog und das Fundstück betrachtete, hielt er einen fast 22 Zentimeter langen Gegenstand mit fünf Löchern in den Händen. Am unteren Ende war der Knochen abgebrochen, am oberen Ende war eine kleine Welle eingearbeitet – wahrscheinlich ein Mundstück. Kein Zweifel: Nicholas Conard hatte eine Flöte gefunden. Die älteste, die bisher entdeckt wurde.

Auf der Knochenflöte konnte man nicht mehr spielen, aber der Archäologe ließ eine neue bauen, ebenfalls aus einem Knochen. Als Conard endlich hineinblies, hörte er einen sehr schönen Ton: einen hohlen, aber deutlichen Klang, der sich veränderte, je nachdem, welche Löcher er zuhielt. Mit seinem Fund hatte er bewiesen, dass schon Urmenschen in der Lage waren, Instrumente zu bauen und zu spielen.

Neue Klänge haben sich immer entwickelt, wo die Menschen sich entwickelt haben. Eine der ersten und gleichzeitig wichtigsten Entwicklungen war, dass die Nomaden, die auf der Suche nach Nahrung durch die Gegend streiften, sesshaft wurden. So sind die ersten Dörfer entstanden, in denen sich nun mehrere Flötenspieler oder Trommler getroffen und vielleicht auch gemeinsam musiziert haben.

Reisen wir in eine andere frühe Kultur, nach Mesopotamien, nach Vorderasien zwischen die beiden Flüsse Euphrat und Tigris, dorthin, wo heute der Irak liegt. Hier stehen noch immer die Überreste des Königsgrabes in Ur: einer großen Tempelanlage, in der die Babylonier ihre Götter angebetet haben. Sie verehrten die Muttergöttin Baba, die Venusgöttin Inana und den Mondgott Nanna. Im Königsgrab von Ur haben Archäologen eine große, goldene Leier gefunden, also eine Art kleine Harfe. Sie wurde wahrscheinlich schon 2500 Jahre vor Christi Geburt gespielt.

Dass Musik besonders in Tempeln eine große Rolle spielte, liegt auf der Hand. Sie kann einen fast magischen Einfluss auf die Menschen haben: Musik kann die Körper bewegen, für gute Laune sorgen, Angst oder Freude verbreiten. Vielleicht kann sie auch Dinge bewirken, die übernatürlich und gespenstisch erscheinen. Dinge, die einfach göttlich sind.

Es ist nicht verwunderlich, dass die Priester der frühen Kulturen dachten, die Musik sei von ihren Göttern auf die Erde gekommen und man könne durch sie zu den Göttern »sprechen«. Die Priester hatten erkannt, dass Musik niemanden gleichgültig ließ. Lange Zeit kannten die meisten Menschen lediglich das Rauschen des Windes, das Plätschern des Wassers, das Schreien der Kinder oder das Singen der Eltern – ja, und vielleicht den Ton einer Flöte. Die Bewohner von Mesopotamien wohnten in kleinen Hütten, und wenn sie zum Tempel vor Ur kamen, waren sie sicherlich schon durch seine gigantische Architektur beeindruckt. Wenn sie dann noch den wunderschönen Klang einer Harfe hörten, müssen sie tief berührt und wie verzaubert gewesen sein. Vielleicht so, als würde uns etwas widerfahren, das wir nie für möglich gehalten hätten. Etwas so Schönes und so Beeindruckendes, dass man es sich nicht einmal in seinen kühnsten Träumen vorstellen kann. So ungefähr muss es für die Mesopotamier gewesen sein, wenn sie den Klang einer Harfe hörten. Ein kleines Wunder, das nur von den Göttern kommen konnte. Ein Wunder, zu dem allein die Priester des Tempels imstande waren.

Mit Musik konnten die Priester also zeigen, dass sie in Verbindung mit einer höheren Macht standen. Priester hatten Einfluss auf die Menschen, auf ihre Gefühle, auf ihr Leben – und so glaubten ihre Untertanen, sie hätten durch die Musik die Fähigkeit, mit den Göttern zu sprechen. Im Glauben der Mesopotamier haben die Götter über Leben und Tod entschieden. Es war deshalb besser, sich nicht mit ihnen und ihren Vertretern auf Erden anzulegen.

Priester und Könige haben die Religion im Laufe der Geschichte immer wieder als Mittel der Macht benutzt. Sie haben ihren Untertanen zu verstehen gegeben, dass die Götter von ihnen erwarteten, Steuern zu bezahlen und ihre Herrschaft anzuerkennen. Wer gegen diese Regeln verstieß, wurde nicht nur von den Priestern bestraft, sondern musste auch die Strafe der Götter fürchten. Das war übrigens nicht nur in Mesopotamien so, sondern überall auf der Welt.

Die Inder glaubten, dass die Musik eine Erfindung ihres obersten Gottes Nada Brahma sei. Brahma bedeutet: das kosmische Prinzip der Schöpfung, also die Entstehung allen Lebens. Der Name Nada bedeutet »Klang«. Der Name des höchsten Gottes der Inder zeigt also, dass die Inder die Schöpfung und die Musik für das Gleiche hielten. Auch deshalb glaubten sie an die überirdische Macht der Klänge. Durch Musik, dachten sie, lasse sich sogar die Sonne verdunkeln oder Regen machen.

Für die Inder war alles, was in der Welt existierte, Klang. Und das hat letztlich auch mit der Obertonreihe zu tun. Wenn jeder Ton unendlich viele Untertöne hat, die wiederum andere Töne und Gegenstände zum Schwingen bringen, müsste doch eigentlich die ganze Welt durch diese Schwingungen miteinander in Verbindung stehen. Außerdem glaubten die Inder, dass jeder Ton aus der kosmischen Harmonie komme und in sie zurückkehre. Für sie war der Klang also lediglich das erneute Hören ewiger kosmischer Harmonien. Damit hängt es vielleicht auch zusammen, dass die Inder an die Wiedergeburt glauben. Denn wenn Klänge dauernd wiedergeboren werden, müsste es mit den Menschen doch genauso sein.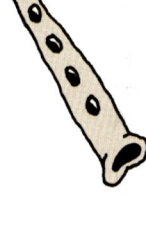

Die Inder haben aber nicht nur an die Musik geglaubt, sondern auch begonnen, ihr wissenschaftliches Geheimnis zu lüften. Sie haben entdeckt, dass eine Saite auch in ihren Hälften schwingt. Allerdings haben sie das Intervall zwischen dem tiefen und dem höheren C nicht in acht, sondern in zwölf Töne aufgeteilt. Sie haben eine Wissenschaft aus der Musik gemacht, unterschiedliche Stimmungen und Tonarten festgelegt und jeder von ihnen bestimmte Wunder zugeordnet – von einer Tonart heißt es sogar, dass derjenige, der sie spielt, in Flammen aufgehen würde.

Das Unaussprechliche

Der Dirigent Daniel Barenboim
versucht zu erklären, was Musik ist

Bevor ich hier über den Klang schreibe, muss ich erst einmal feststellen, dass man über Musik eigentlich gar nicht sprechen kann — geschweige denn schreiben. Das ist unmöglich! Aber vielleicht gehört es zu den schönsten Dingen der Musik, dass wir — als Musiker, als Klavierspieler oder Dirigenten — Spaß daran haben, das Unmögliche zu versuchen. Denn der Versuch ist ein spannender Weg. Das Unmögliche zu versuchen steckt voller Abenteuer und neuer Erkenntnisse. ﹅﹅﹅ Welche Worte sind geeignet, über das zu schreiben, was wir nur hören können? Und überhaupt: Was ist Musik? Es gab einmal einen sehr bekannten italienischen Komponisten, Ferruccio Busoni. Der hat behauptet: »Musik ist nur klingende Luft.« Warum sollte man über dieses klingende Nichts Worte verlieren? Und welche? Aber es gibt auch ganz andere Deutungen von Musik. Zum Beispiel vom Philosophen Arthur Schopenhauer. Der hat gesagt, in der Musik sei das »An sich der Welt« zu hören. Damit meinte er, dass alles, was unsere Welt ausmacht, in der Musik zu finden ist: die Natur, der Mensch — einfach alles. ﹅﹅﹅ Ja, was denn nun? Was ist die Musik? Alles oder nichts? ﹅﹅﹅ Musik beginnt mit dem Klang. Auch wenn der Klang nicht unbedingt Musik ist. Der Klang ist nur das Ausdrucksmittel der Musik. In der Regel ist alles, was wir hören, Klang. Musik ist eine Art geordneter Klang — ein Klang, der von Menschen gemacht wird. ﹅﹅﹅ Eines der schönsten Probleme des Klanges ist, dass er ganz andere Eigenschaften hat als ein Auto, ein Tisch oder ein Stuhl. Der Klang erklingt und ist irgendwann wie-

der verschwunden. Das Auto, der Tisch oder der Stuhl bleiben da. Aber der Klang löst sich auf – in Stille. ⌒⌒⌒ *Ich bin der festen Überzeugung, dass die Stille genauso zum Klang gehört wie der Krach. Beides steht in einer engen Beziehung. Und deshalb hat die Musik auch keinen Anfang und kein Ende. Ein Musikstück zum Beispiel beginnt nicht erst mit der ersten Note und endet nicht mit dem letzten Ton – es kommt aus der Stille und es endet in ihr.* ⌒⌒⌒ *Das ist so wie mit einem Löffel: Man kann ihn vom Boden aufheben und festhalten. Sobald man ihn loslässt, fällt er aber wieder auf den Boden. Das ist das Gesetz der Schwerkraft. Und so ist das auch mit dem Klang: Er wird zur Stille, wenn er nicht gehalten wird. Er stirbt, wenn wir ihn nicht am Leben halten. Und das ist vielleicht ein Grund, warum Musik viel über uns Menschen aussagt: Auch wir vergehen – unser Leben ist zeitlich begrenzt. Genauso wie der Klang. Jeder Klang ist immer von Stille umgeben.* ⌒⌒⌒ *Wie wichtig die Stille in der Musik ist, merke ich, wenn ich selbst in einem Konzert am Klavier sitze oder dirigiere. Wenn ich am Ende eines Stückes ankomme, wenn der letzte Ton langsam stirbt, finde ich es immer störend, wenn die Leute schon applaudieren. Für mich gehört die Stille nach einem Musikstück genauso dazu wie jeder einzelne Ton: Jede Musik kommt aus der Stille und endet in ihr. Jeder Klang wird geboren und muss sterben.* ⌒⌒⌒ *Und vielleicht ist das für mich die wichtigste Rolle der Musik: Sie ist uns Menschen, dem Zyklus unseres Lebens, sehr ähnlich. Wir benutzen sie, um uns auszudrücken, um unsere Gefühle ohne Worte mitzuteilen, um Empfindungen zu wecken. Musik ist ein zutiefst menschliches Klingen. Und das macht sie so besonders. Sie gehört zu uns wie die Sprache, wie unsere Gefühle – wie unser Leben. Und deshalb gibt es vielleicht doch einen Satz, mit dem man die Musik beschreiben kann: Musik ist Leben.*

Die Welt ist Klang – Musik in der Antike

Unsere Reise durch die Musikgeschichte beginnt mit einem großen Problem: Wir wissen nicht genau, wie sich die Musik vor langer Zeit angehört hat. Musik verklingt, sobald sie gespielt wird. Man bläst eine Flöte, freut sich an den Tönen – und sie verhallen in den Weiten der Welt. Bücher können wir selbst nach Tausenden von Jahren noch lesen, Bilder können wir anschauen und Tempel erkunden. Musik aber muss man immer wieder neu zum Klingen bringen, um sie zu hören.

Um die Musik zu hören, die früher gespielt wurde, brauchen wir die alten Instrumente und vor allen Dingen die alten Noten. Aber keine der antiken Hochkulturen hat ihre Musik aufgeschrieben. Wahrscheinlich wurden beliebte Melodien von einem Spieler zum anderen weitergegeben. Irgendwann ging eine Kultur unter, und ihre Musik verstummte für immer. Wir können uns die Klänge der alten Mesopotamier, der Inder und Chinesen also nur vorstellen.

Von den Ägyptern wissen wir, dass sie Flöten, Harfen und Trompeten kannten. In einigen ihrer Hieroglyphen können wir auch lesen, wie diese Instrumente gespielt wurden. Aber wie die Musik der Ägypter wirklich geklungen hat, ob sie unserer ähnelte oder ganz anders war, wissen wir nicht. Auch die Inder haben aufgeschrieben, wie ihre Instrumente zu halten waren, und haben die sogenannte Tabulatur erfunden, auf der abzulesen ist, welche Griffe während des Spieles gemacht wurden. Aber eine ganze Melodie können wir aus diesen Tabulaturen nicht ableiten. Die Notizen waren wohl eher als Gedankenstützen für die Musiker gedacht. Heute können wir uns aus ihnen keinen Reim mehr machen. Wir können also nicht erforschen, wie die Musik der unterschiedlichen Kulturen früher geklungen hat. Alles, was wir wissen, ist, dass Musik in frühen Zeiten einen unglaublichen Eindruck auf die Menschen gemacht haben muss.

So wie die Mesopotamier, die Inder und die Ägypter haben auch die Chinesen an die religiöse Kraft des Klanges geglaubt. Sie trauten der Musik allerdings noch viel mehr zu. Wenn der Klang die Menschen verzaubern kann, müsste er dann nicht auch Einfluss auf ihr Zusammenleben haben? Auf diese Idee kam der Rechtsgelehrte Konfuzius um 500 v. Chr. Er hat eine ganze Philosophie der Musik geschrieben, in der er ihr nicht nur eine religiöse, sondern auch eine gesellschaftliche Kraft zugesprochen hat. Konfuzius glaubte, dass Menschen, wenn sie zusammenleben, durch die Musik beeinflusst werden, dass sie durch wilde Klänge aufgewiegelt und durch milde Klänge beruhigt werden. Damit war die Musik also nicht mehr nur ein Instrument der Religion, sondern auch des Staates.

Im antiken Griechenland spielte die Musik eine wichtige Rolle. Die Griechen waren große Wissenschaftler und Philosophen. Einer von ihnen war Pythagoras. Pythagoras hat herausgefunden, wie man die Länge der Seiten eines rechtwinkligen Dreiecks berechnet: Bis heute lernen wir seine Formel $a^2+b^2=c^2$ im Matheunterricht. In seiner Jugend soll sich Pythagoras in Ägypten und Babylonien aufgehalten haben. Dort hat er sicher auch etwas über die Musikkultur dieser Länder erfahren.

Pythagoras war ein Tausendsassa. Er war Wissenschaftler, Mathematiker, Prediger, ein vorzüglicher Redner und ein wichtiger Politiker. Musik ist immer auch ein bisschen Mathematik, und vielleicht interessierte sich Pythagoras deshalb besonders für den Klang. Er hat sich mit den schwingenden Saiten beschäftigt und erforscht, warum sie auch in ihren Hälften und Dritteln schwingen. Pythagoras war der Erste, der diese Erkenntnisse aufgeschrieben hat, und er hielt die Abstände der Oktave, der Quinte, der Quarte und der Terz (also der wichtigen, für uns schönen Tonschritte) für eine Art Weltformel. Für seine Anhänger, die Pythagoreer, lag im mathematischen Aufbau des Klanges der Aufbau der ganzen Welt verborgen. Was uns in der Musik gefällt, so dachten sie, müssten wir auch im Leben schön finden: Gleichmäßigkeit, Ordnung und ein darin verborgenes System.

Die Musik gehörte in Griechenland bald zu einer der wichtigsten Wissenschaften. Der Philosoph Platon hat dabei die Gedanken des Chinesen Konfuzius weiterentwickelt. Für Platon war die Musik ein wichtiger Grundpfeiler der Stabilität des Landes. Er behauptete sogar, dass jeder, der die Regeln der Musik antaste, auch einen Teil des Staates umstoße. Für ihn war Musik so etwas wie die geheime Absicherung der Mächtigen. Hörten die Menschen wilde Musik, war die Macht der Herrscher in Gefahr. Hörten sie beruhigende Musik, konnte der Staat gedeihen.

Für Platon gab es zwei Arten von Musik, die beruhigende, geordnete und die aufrührerische und chaotische Musik. Die eine, so dachte er, diene dem Volk, die andere verführe es. Beide Arten wurden zwei verschiedenen Göttern zugeordnet. Die wilde Musik dem Gott Dionysos, der auch Gott des Weines, der Freude, der Fruchtbarkeit und der Ekstase war. Die beruhigende Musik dem Gott Apollon, dem Gott des Lichtes, des Frühlings, der sittlichen Reinheit und der Mäßigung. Die Begriffe der dionysischen und der apollinischen Kunst werden bis heute benutzt.

Die Musik der Griechen war plötzlich also nicht mehr nur etwas, womit die Herrscher ihre Macht behaupten konnten. Musik barg auch eine Gefahr. Die Führer Griechenlands hatten Angst, dass ihr Volk sich an der Musik berauschen könnte, und befürchteten, dass die Menschen darüber die Regeln des Staates vergäßen.

Tatsächlich liebten die Griechen die Musik. Sie gingen regelmäßig in die Theater, wo große Tragödien meist mit einem Chor aufgeführt wurden. In diesen Chören sangen Männer und Kinder abwechselnd Gedichte im Rhythmus der Sprache. Meist ging es im griechischen Theater um Heldengeschichten, und die Klänge des Chores machten sie noch schöner, noch heldischer, noch übermenschlicher. Große Dichter wie Aischylos und Sophokles haben eigene Chöre zu ihren Stücken geschrieben. Doch irgendwann wurde die Musik genauso wichtig wie der Text, und der Dichter Euripides überließ die Vertonung seiner Werke professionellen Komponisten.

Die Griechen waren Tüftler, und natürlich tüftelten sie auch am Klang. Welche neuen Klänge konnte man erfinden? Und wie funktionierte die Musik überhaupt?

Einer, der sich diese Fragen stellte, war Aristoxenos von Tarent. Er lebte im 4. Jahrhundert v. Chr. und wollte Pythagoras' Theorie erweitern. Aristoxenos hat die einzelnen Noten noch einmal genau untersucht. Für ihn bildete nicht die Oktave (also der Abstand von acht Tönen) die Grundlage der Musik, sondern die Quarte (der Abstand von vier Tönen). Diesen Abstand (heute sagen wir »große Quarte«) nannte er »Tetrachord«.

Aristoxenos fand heraus, dass man den Viertonschritt der Quarte unterschiedlich gestalten kann, dass die Abstände von einem Ton zum anderen kleiner oder größer sein können. Wenn man zwei Tetrachorde zusammensetzt, entsteht wieder eine Oktave, so wie wir sie heute kennen. Das Besondere an dieser Entdeckung war, dass die beiden Tetrachorde (je nachdem, ob es sich um fröhliche oder traurige Tetrachorde handelt) unterschiedlich klingen. Heute nennen wir diese Tonarten Dur (wenn es fröhlich klingt) oder Moll (wenn es traurig klingt). Neben dieser wegweisenden Entdeckung hat Aristoxenos die Begriffe Intervall, Ton, Halbton und Rhythmus erfunden.

Welche Bedeutung die Musik in der nächsten Hochkultur hatte, wissen wir aus den »Asterix«-Heften. Zur Zeit der Römer erfüllte die Musik unterschiedliche Aufgaben. Es gab Staatsmusik (etwa unter Julius Caesar) und Volksmusik. Für diese Volksmusik ist bei den Galliern in den »Asterix«-Heften der Barde Troubadix mit seiner Leier verantwortlich. Troubadix muss so schlecht gespielt haben, dass er beim Festessen geknebelt und an einen Baum gefesselt wurde. Eine andere Art der Volksmusik erklang bei den Feiern und Orgien der Römer. Auch das kennen wir aus den »Asterix«-Heften: Die römischen Krieger gaben sich dem italienischen Wein, dem guten Essen und der Liebe hin – begleitet von Musik.

Die Musik der Mächtigen wurde in Rom bei Kult- und Leichenfeiern, bei Kaiserkrönungen oder bei Triumphzügen gespielt. Auch in Kriegen spielte die Musik eine große Rolle. Im Heer sorgten Trompeten für die Angriffssignale. Überhaupt haben die Römer stets darauf geachtet, welche Musik zu welchem Anlass gehört wurde. Im Cirkus Maximus, in dem Gladiatoren bis auf den Tod miteinander kämpften und Menschen den Löwen zum Fraß vorgeworfen wurden, spielte man hauptsächlich Trompeten. Sie waren laut genug, dass die mehr als 40.000 Zuschauer in den Stadien sie hören konnten. Trompeten und große Trommeln wurden auch bei den Triumphzügen eingesetzt. Es gibt Überlieferungen, nach denen sowohl Kaiser Marc Aurel als auch Julius Caesar bei ihren Triumphzügen von Musikern begleitet wurden. Wenn ein Feldherr oder Kaiser allein gefeiert werden sollte, begleitete ihn allerdings meist nur ein Flötenspieler.

Der römische Staat war in Zenturien organisiert. Die gesamte Bürgerschaft wurde in 193 Zenturien unterteilt, von denen jede eine Stimme in der römischen Volksversammlung hatte, um über die Geschicke des Landes zu entscheiden. Interessant ist, dass in der Zenturienverfassung vorgeschrieben war, dass zwei Stimmen an Berufsmusiker gingen. Für die alten Römer waren die Musiker also so wichtig, dass sie an der Führung des Staates beteiligt wurden.

Seit der frühen Menschheitsgeschichte hat sich die Rolle der Musik kaum verändert: Musik hat die Menschen gehorsam gemacht, sie begeistert oder angestachelt. Musik beeinflusst die Menschen, verzaubert und betört sie. Mit dem Mittelalter beginnt nun eine neue Zeitrechnung, und auch die Musik bekam eine neue Rolle. Endlich haben wir es jetzt mit Klängen zu tun, die aufgeschrieben wurden – mit einer Musik also, die wir heute noch spielen können.

Gottesklang im Mittelalter – Mönche und Minnesänger

Wir befinden uns im Jahre 800 nach Christi Geburt in Rom. Es ist Weihnachten, und im Petersdom, der Kirche des Papstes, wird eine Messe gefeiert. Die große Kirche ist festlich geschmückt, der Heilige Vater trägt ein weißes Gewand. Chöre singen.

Im Mittelalter haben sich die Kirche und die Könige die Macht geteilt. Die Könige lenkten die Geschicke des Landes, und die Kirche überwachte, dass die Menschen nach den Gesetzen Gottes lebten.

Papst Leo III. lebte allerdings selbst nicht immer nach den Regeln der Bibel. Er hatte viele Frauen (die ein Papst nicht haben darf) und er hatte gelogen (was ein Papst ebenfalls nicht tun sollte). Die Adeligen forderten Leos Absetzung, ja, sie wollten ihn sogar umbringen. Auf einer Reise wurde er einmal vom Pferd gerissen und verschleppt. Man wollte ihn mit einem Schwert blenden und ihm die Zunge herausschneiden. Doch Leo konnte entkommen. Spätestens nach diesem Angriff war ihm klar, dass seine Macht gefährdet war.

Leos Vorgänger, Papst Hadrian, hatte gute Kontakte zum Reich der Franken unterhalten. Es war das größte Reich Europas und erstreckte sich von Dänemark über weite Teile Deutschlands bis nach Frankreich. In vielen Provinzen dieses Reiches verlor Leo sein Ansehen, hatte mit Ungehorsam und öffentlichem Protest zu kämpfen. Er wusste, dass ihn nur noch einer an der Macht halten konnte. Und das war der König der Franken: König Karl.

Am Weihnachtstag des Jahres 800 waren viele Bürger Roms zum Gottesdienst erschienen. Sie waren nicht nur gekommen, um die Geburt Jesu zu feiern, sondern auch, um König Karl zu sehen, der extra zur heiligen Messe angereist war. Karl war so beliebt und so mächtig, dass die Leute ihn »Karl den Großen« nannten.

Als der König vor dem Altar kniete, um zu beten, setzte Leo ihm eine Krone auf das Haupt. Den Zuschauern im Petersdom stockte der

Atem. Es war die goldene Kaiserkrone! Damit hatte Leo für alle sichtbar auf seine eigene Macht verzichtet. Er hatte Karl zum Kaiser gekrönt und sich damit selbst unterworfen. Karl wurde gefeiert, Chöre sangen und ehrten Gott und den neuen Kaiser. Der Unterschied zwischen dem alten König Karl und dem neuen Kaiser Karl war, dass er ab sofort nicht nur der weltliche Führer seines Landes war, sondern auch der geistliche, also der kirchliche Führer. Karl konnte nun auch über die Kirchen bestimmen, musste dafür aber Papst Leo schützen.

Doch was hat dieser große Moment der Weltgeschichte mit der Geschichte des Klanges zu tun? Die Antwort ist einfach: Fast jede geschichtliche Veränderung verändert auch die Musik. Nachdem Karl zum Kaiser gekrönt worden war, wollte er die Musik in den Kirchen seines Reiches vereinheitlichen. In allen Kirchen sollte also die gleiche Musik erklingen. Deshalb wurde nun mit großem Ehrgeiz daran gearbeitet, eine Notenschrift zu entwickeln.

Karl wusste um die Bedeutung der Kirchen. Sie waren die wichtigsten Machtzentren im Mittelalter, die einzigen Orte, an denen die Menschen regelmäßig zusammenkamen. In den Kirchen verkündeten die Priester ihnen, was gut und was böse war, was sie durften und was nicht, hier wurde die Treue zum Papst und zum Kaiser gepredigt. Die Mächtigen brauchten die Kirchen also, um ihre Macht zu erhalten.

Es gab Tausende von Kirchen im Reich der Franken, die oft Hunderte Kilometer voneinander entfernt lagen. Der König benötigte Wochen, um sein Land zu durchqueren, und konnte nie sicher wissen, was in den einzelnen Provinzen seines Reiches passierte. Zumal das Leben, die Kulturen und die Gesetze in den einzelnen Gebieten sehr unterschiedlich waren.

Schon Karls Vater Pippin III. wollte die unterschiedlichen Regeln der Kirchen im Frankenreich angleichen und wünschte sich, dass in allen Kirchen das Gleiche gepredigt wurde. Er wusste, dass ein König sich seiner Macht sicher sein konnte, solange er bestimmte, was in den Kirchen verkündet wurde. Karl der Große wollte diese Idee jetzt vollenden.

Der Gottesdienst in den Kirchen folgt einer sogenannten Liturgie, in der die Abfolge von Gebeten, Lesungen und Gesängen festgelegt ist. Bislang war die Liturgie in den Kirchen des Frankenreiches unterschiedlich. Die Priester feierten den Gottesdienst, wie es in ihrer Region üblich war. Karl der Große begann nun, den einzelnen Kirchen im ganzen Reich vorzuschreiben, wie der Gottesdienst auszusehen hatte. Eine erste Änderung war, dass er von jedem seiner Bürger verlangte, das Vaterunser zu kennen. Doch wie konnte er durchsetzen, dass in allen Kirchen seines Landes die gleichen Lieder gesungen wurden und die gleiche Musik gespielt wurde? Es gab schließlich noch keine Möglichkeit, Musik aufzuschreiben. Die Noten waren noch nicht erfunden.

Erst jetzt, als es darum ging, die Liturgie der Kirchen und ihre Musik zu vereinheitlichen, wurde diese Frage interessant. Wie schreibt man Klänge auf? Es dauerte Jahrhunderte, bis dieses Problem befriedigend gelöst wurde.

Klang schreiben (Teil eins) – Die Entstehung der Noten

Stell dir vor, du lebst im Mittelalter und es gibt keine Noten. Ein Priester bittet dich, ein Lied aufzuschreiben. Zum Beispiel »Hänschen klein«, weil ein anderer Priester in einer weit entfernten Kirche es auch singen will. Da keiner der beiden Priester Zeit hat, zu reisen, sollst du in einem Brief erklären, wie man »Hänschen klein« singen kann. Keine leichte Aufgabe, oder?

Es gibt unterschiedliche Möglichkeiten, Klang zu Papier zu bringen. Man könnte zum Beispiel hinter jede Silbe ein Zeichen setzen, um zu zeigen, ob man höher, tiefer oder auf der gleichen Höhe singen soll. Zum Beispiel: »Häns↓chen→klein↑ging↓al→lein.« Dann wüsste jeder, dass dieses Lied hoch beginnt, tiefer wird und dass die Silben »chen« und »klein« die gleiche Tönhöhe haben. Keine schlechte Idee!

Allerdings wissen wir so noch immer nicht, mit welchem Ton das Lied beginnt, und auch nicht, wie viel tiefer wir von »Häns« zu »chen« singen sollen oder wie viel höher von »klein« zu »ging«. Wir wissen auch nicht, dass man »ging« nicht so hoch singt wie »Häns«. Es fehlen also ziemlich viele Informationen, um »Hänschen klein« nachsingen zu können. Ganz abgesehen davon, dass wir nicht einmal wissen, wie lange jede Silbe gehalten werden soll, und keine Information über den Rhythmus haben. Mit den Pfeilen kann also nur ein ungefähres Bild der Melodie übermittelt werden.

Die Sache mit dem Rhythmus ließe sich relativ schnell klären. Man könnte für einen langen Ton einfach einen Strich über oder neben das Wort machen und für einen kurzen Ton einen Punkt. Das würde dann so aussehen: »Häns (–) ↓ chen (.) ⟶ klein (–).« Dann wüssten wir, dass die Silben »Häns« und »klein« länger gesungen werden als das kurze »chen«. Aber wir wissen noch nicht, wie lange ein Ton genau gehalten wird.

Im 9. Jahrhundert hatte man keine bessere Möglichkeit als diese, um Musik aufzuschreiben. Die kleinen Häkchen, Punkte und Striche über den Buchstaben gaben wenigstens eine Orientierung, wie sich ein Lied ungefähr anhören könnte. Mönche haben Musik aufgeschrieben, indem sie zeigten, ob eine Melodie nach oben oder nach unten führte, ob die Töne lang oder kurz waren. Die jeweiligen Zeichen wurden einfach über die Wörter gesetzt. Meist wurde das mit kleinen Häkchen getan – manche machten auch einen Bogen von unten nach oben und wieder nach unten. Man unterschied zwischen gebundenen Noten, die man ohne Pause aneinanderhängt, und getrennten Noten, zwischen langen und kurzen Noten.

Diese ersten, ganz einfachen Musikzeichen nennt man Neumen. Das Wort kommt aus dem Griechischen und bedeutet so viel wie »Wink«. Warum diese Zeichen Neumen heißen, weiß man nicht genau. Es könnte sein, dass die Menschen einfach den »Wink« des Dirigenten in Schriftzeichen übersetzt haben. Denn der Dirigent konnte mit seiner Hand nach oben oder nach unten zeigen, um den Sängern zu sagen, wie sie singen sollten. Genauso ist es aber möglich, dass die Neumen dem Dirigenten gezeigt haben, wie er zu »winken« hatte, damit die Sänger gemeinsam singen konnten. Wie auch immer: Die Neumen waren eine Art erste »Noten«. Und mit ihnen wurden Lieder der Kirchen, aber auch die Musik der Straße im Mittelalter notdürftig aufgeschrieben.

Von was für einer Musik reden wir eigentlich, wenn wir von der Musik zur Zeit Karls des Großen reden? Es ist schwer, diese Frage genau zu beantworten, eben weil die Musik noch nicht richtig aufgeschrieben wurde. Vielleicht kann man sich ihren Klang am besten vorstellen, wenn man sich die Kirchen vorstellt, in denen sie gesungen wurden. Wie großartig und überwältigend müssen die großen Steinkathedralen mit ihren gigantischen Türmen oder die prunkvollen Klöster für die Bauern gewesen sein, die selbst in bescheidenen Holzhütten wohnten. Wie atemberaubend muss der Gesang während der Messe auf sie gewirkt haben.

Die Mönche hatten ihr Leben in den Klostermauern der Lobpreisung Gottes gewidmet. Sie standen früh am Morgen auf, beteten, aßen, lasen und beteten erneut. Ihr Tagesablauf war strengen Regeln unterworfen. Jede Stunde war genau verplant. Mehrmals täglich trafen sich die Mönche in der Kirche des Klosters, um zu singen. Dabei wurden sie nicht von Instrumenten begleitet – man hörte lediglich ihre Stimmen.

Vielleicht wurden während der Messe Fackeln angezündet, und die hohen Decken der Kirche, ihre langen Gänge und Gewölbe sorgten für einen besonderen Hall. Der Hall hat den Klang der Männerstimmen noch größer gemacht. Die Mönche, dreißig oder vierzig Männer, trugen Kutten mit Kapuzen und sangen ihre Gebete. Die erste Strophe wurde von einem Chor mit hohen Stimmen gesungen, die nächste von einem Chor mit tiefen Stimmen. Oft stand der zweite Chor an einer anderen Stelle der Kirche. Die folgende Strophe wurde vielleicht nur von einem einzelnen Mönch gesungen. Der Wechsel der Stimmen und das Singen an unterschiedlichen Orten sorgten für Spannung und Aufregung.

Schon antike Kulturen feierten ihre Götter mit Musik. Im Mittelalter war das nicht anders. In den Messen war genau festgelegt, wann der Priester sprach und wann welches Lied gesungen werden sollte. Aber warum singen Menschen überhaupt, wenn sie zu Gott sprechen? Es hat wohl damit zu tun, dass die Sprache den Menschen oft nicht ausreicht, wenn sie etwas ganz Besonderes ausdrücken wollen.

Es ist etwas anderes, ob man »Du Blödmann« schreit oder »Du Blödmann« singt. Das hört sich irgendwie anders an – schöner und dadurch nicht mehr ganz so böse. Besonders wenn man verliebt ist, scheint unsere Sprache viel zu klein für solch große Gefühle zu sein. In diesem Fall beginnen die Menschen, ihre Worte durch den Gesang zu erhöhen. Sie suchen eine höhere Schönheit.

Als Karl der Große die Liturgie der Kirchen vereinheitlichen wollte, wünschte er sich, dass in allen Kirchen das Gleiche gesungen wird. Einige Kirchenmänner erinnerten sich an den alten Papst Gregor, der bereits 200 Jahre zuvor versucht hatte, die Liturgie, also die Abfolge des Gottesdienstes, neu zu ordnen. Gregor hatte in einem Katalog alle Gesänge aufgelistet, die zu seiner Zeit in den Kirchen gesungen wurden, und genau das haben die Mönche und Kirchenväter im 9. Jahrhundert auch versucht. Heute nennt man die Lieder, die Papst Gregor gesammelt hatte, übrigens die »gregorianischen Gesänge«.

Aus den alten Büchern können wir ungefähr erahnen, wie diese Gesänge geklungen haben. Es waren meist langsame Melodien, die auf Lateinisch gesungen wurden. Die Texte passten zum Gottesdienst, betrafen die einzelnen Wochentage, die Jahreszeiten oder auch die Feiertage der Kirche.

Die Melodien der gregorianischen Gesänge wurden der Sprache nachempfunden, klangen also wie melodisches Sprechen. Meist bekam dabei jede Silbe eine eigene Note. Diesen Gesangs-

stil nennt man »syllabisch«. Aber es gab auch Wörter, die über viele Noten gestreckt wurden. Wir kennen das aus dem Fußballstadion, wenn die Fankurve »Heeeeoeheoheee!« ruft und dabei die Stimme nach oben und unten leiern lässt. Wenn man so singt, überhöht man die Sprache ganz besonders, weil die Wörter gedehnt und wirklich zu Musik werden. Eine Silbe wird dann mit mehreren verschiedenen Tönen gesungen. In der Musik nennt man das »melismatisch«.

Mit ihrer Musik haben die Mönche ihre Freude über Gott ausgedrückt. Viele gregorianische Gesänge enden mit dem Wort »Halleluja«. Das kommt aus dem Hebräischen und bedeutet »preiset«, also »lobet«. Gemeint war natürlich: »Lobet den Herrn«, »Lobet Gott«. Und weil das Lob Gottes eines der wichtigsten Anliegen der Kirche war, wurde das »Halleluja« besonders ausgeschmückt und mit vielen Noten verziert.

Die gregorianischen Gesänge bekamen eine große Spannung, weil sich die Chöre und einzelne Sänger abwechselten. Gesungen wurde aber immer nur eine Stimme; das heißt, jeder, der gerade sang, hat die gleiche Melodie gesungen wie alle anderen auch. Dadurch klangen die Chöre besonders mächtig, besonders getragen, besonders heilig.

Gregorianische Gesänge werden auch heute noch gesungen, in Klöstern wie Maria Laach zum Beispiel. Und vielleicht kaufen viele Menschen die CDs moderner Mönche, weil der gregorianische Gesang sich für uns noch immer anhört, als könne man durch ihn Kontakt mit Gott aufnehmen. Doch ob die Gesänge der Mönche heute tatsächlich so klingen wie die der Mönche im Mittelalter? Daran darf man zweifeln. Erstens wissen wir nicht genau, wie sich ihre Melodien genau angehört haben. Und zweitens ist es schwierig, sich die Musik einer alten Zeit in unserer Gegenwart vorzustellen. Heute leben wir ganz selbstverständlich mit dem Krach von Autos, wir hören unterschiedliche Musik im Radio, kennen die Entwicklung der Musikgeschichte von der Klassik bis zum Pop. Kurz gesagt: Wir leben anders als die Bauern im Mittelalter. Unsere Ohren sind andere Klänge gewöhnt. Man kann sich heute nur schwer vorstellen, was die Menschen im Mittelalter empfunden haben, wenn sie die gregorianischen Gesänge in ihren Kirchen gehört haben.

Große Erfindungen werden meist dann gemacht, wenn die Menschen merken, dass ihnen etwas fehlt. Dann beginnen sie zu tüfteln. Nehmen wir zum Beispiel den MP3-Player. Der Computer war längst erfunden, das Internet kam auf Touren, immer mehr Menschen haben Musik ins Netz gestellt, die man schnell herunterladen konnte. Aber es gab kein Gerät, das man mitnehmen konnte, um diese Musik beim Laufen, auf dem Fahrrad oder im Zug zu hören. Wer joggt schon mit einem Laptop? Also haben sich Fachleute überlegt: »Wir brauchen ein kleines Gerät, auf das so viel Musik wie möglich passt. Man muss es an den Computer anschließen und mitnehmen können.« Verschiedene Firmen haben daraufhin den MP3-Player entwickelt, der immer kleiner und leistungsstärker wurde. So ähnlich kann man sich auch die Entwicklung der Notenschrift vorstellen.

Noch im 11. Jahrhundert haben die Mönche an vielen Orten daran getüftelt, die Höhe und die Länge der einzelnen Töne aufzuschreiben. Einer dieser Mönche war Guido von Arezzo. Viel ist nicht über ihn bekannt, nur dass er in einem Benediktinerkloster lebte, 1050 gestorben ist und als Erfinder der Noten gilt.

Guido von Arezzo hat sich überlegt, dass die Stimme sich beim Singen nach oben und unten bewegt. In unserer normalen Schrift lässt sich das nicht abbilden, denn sie wird ja nur von links nach rechts geschrieben. Also brauchte er eine Hilfe, um zu zeigen, wie hoch ein Ton gesungen werden sollte. Guidos simpler Einfall war, Linien zu ziehen, um auf ihnen zu schreiben. Auf welcher Linie man schreibt, verrät, wie hoch oder tief ein Ton gesungen wird.

Damit die Noten wirklich in allen Kirchen gleich klangen, legte Guido Tonhöhen für jede Linie fest. Der Rest ergab sich fast von selbst. Er setzte einfach die alten Neumen, also die Häkchen, mit denen man

Tonhöhen schon vorher aufgeschrieben hatte, auf die Linien. Das hatte den Nachteil, dass die Zeichen noch nichts über die Tonlänge verrieten. Später hat man einfach kleine Vierecke auf die Linien gesetzt. Diese Vierecke (die dann später unsere runden Noten wurden) verrieten etwas über die Länge der einzelnen Töne. Ein Viereck mit Hals war eine lange Note (longa), ein Viereck ohne Hals eine kurze Note (brevis). Ein Viereck, das mit der Spitze nach unten stand, war eine mittellange Note (semibrevis). Die Notenschrift war erfunden!

Allerdings gab es einen kleinen Unterschied zu unserer heutigen Notenschrift: Eine lange Note war dreimal so lang wie eine kurze. Heute ist eine halbe Note doppelt so lang wie eine Viertelnote. Die Dreiteilung wurde von den Mönchen als »perfekte Form« verstanden. Und das hatte auch einen Grund.

Im Mittelalter glaubte man an eine geheime Ordnung der Welt, die sich unter anderem in drei geheimnisvollen Zahlen offenbarte. Die Drei spielte dabei die wichtigste Rolle. Im Zentrum des christlichen Mittelalters stand die Dreifaltigkeit, also der Glaube an Gott den Vater, an seinen Sohn Jesus Christus und an den Heiligen Geist.

Eine weitere wichtige Zahl war die Vier. Sie umfasste für die Denker des Mittelalters alle Eigenschaften der Welt: die vier Himmelsrichtungen, die vier Jahreszeiten, die vier Temperamente (also die Launen der Menschen). Die Aufteilung der Welt in Drei und Vier war umso logischer, da drei mal vier zwölf ergibt und die Zwölf ebenfalls eine wichtige Zahl ist: Jesus hatte zwölf Jünger und es gibt zwölf Monate. In der Zahl Zwölf verschmelzen also Glaube und Welt. Übrigens gibt es auf dem Klavier innerhalb einer Oktave zwölf Noten.

Wenn man eine Kirche besucht, findet man die drei Zahlen überall. Viele Kirchen werden von zwölf Säulen getragen (oft steht an jeder Säule ein Apostel), an vielen Kirchentoren sieht man Abbildungen der zwölf Apostel, Bilder der Jahreszeiten oder der Temperamente. Die Baumeister des Mittelalters (und der Renaissance) haben in ihrer Architektur meist auf die Maße drei, vier und zwölf vertraut. In der Musik war das nicht anders – sie ist schließlich eine Art Architektur des Klanges. Und deshalb lag der »perfekten Notenschrift« zunächst auch das Verhältnis eins zu drei für die Notenlängen zugrunde. Eine lange Note war so lang wie drei kurze Noten.

Guido von Arezzo hat den Zeichen auf seinen Notenlinien Namen gegeben. Dabei war es ihm wichtig, dass sich die Namen seiner Noten singen ließen. Er nannte sie: do, re, mi, fa oder sol. Mit diesen Notennamen konnte man jede Melodie singen, indem man einfach die Namen der einzelnen Töne und ihre Tonhöhe sang. In Frankreich benutzt man diese Notennamen bis heute, weil sie sich viel besser singen lassen als unser C, D, E, F und G. Einer von Guidos Schülern hat damals übrigens vorgeschlagen, sich die Noten auf die Hand zu malen, denn so konnte ein Dirigent dem Chor allein mit seinen Fingern zeigen, welche Noten zu singen waren.

Die Grundlage für alle weiteren Notenschriften war gelegt. Viele Musiker haben versucht, Guido von Arezzos System zu verbessern – und das gelang ihnen auch. Zum Beispiel dem Komponisten Philippe de Vitry. Er schrieb im 14. Jahrhundert ein Buch mit dem Titel »Arte nova« (»Neue Kunst«). Darin hat de Vitry die Dreiteilung der Notenlängen aufgelöst und sie durch die heute gebräuchliche Zweiteilung ersetzt. So hat er das Musikschreiben zwar wesentlich erleichtert, aber gleichzeitig einen Glaubenskrieg ausgelöst. Die Dreiteilung der Notenlängen entsprach schließlich den Regeln der Kirche, und de Vitrys neue Zweiteilung verstieß gegen ihr Weltbild. All das hat besonders Papst Johannes XXII. wütend gemacht – er wollte bei der alten Dreiteilung bleiben, konnte sich damit aber nicht durchsetzen.

Dass man Musik nun aufschreiben konnte, führte dazu, dass sie immer komplizierter wurde. Bislang ließ sich ja nur singen und spielen, was man behalten konnte. Doch jetzt war es auch möglich, kompliziertere Melodien und Rhythmen zu interpretieren – man brauchte nur die Noten zu lesen.

Schon im 9. Jahrhundert gab es Versuche, einen Chor in zwei Teile zu spalten und die gleiche Melodie in unterschiedlichen Tonhöhen singen zu lassen. Ein Teil des Chores übernahm die führende Stimme (vox principalis), der andere die gleiche Melodie vier Töne höher. Diese zweite Stimme wurde »vox organalis« genannt. Das bedeutet übersetzt »Stimme des Werkzeuges«. Diese erste Mehrstimmigkeit nannte man »Organum«, also »Werkzeug«. Später leitete sich davon das Wort »Orgel« ab.

Noch spektakulärer gesungen wurde an der bekannten Pariser Kirche Notre-Dame. Das ist die Kirche, von der es heißt, dass der bucklige Glöckner hier die schöne Esmeralda liebte. In Notre-Dame hat man sich besonders mit neuen Rhythmen und der Mehrstimmigkeit beschäftigt. Das bedeutet, dass ein Chor nicht nur geteilt wurde, sondern auch unterschiedliche Melodien sang. Am beliebtesten waren dabei die sogenannten »Motetten«: Hier sangen Teile der Chöre zur gleichen Zeit verschiedene Texte – und in der unteren Stimme hörte man einen wiederkehrenden Rhythmus. Obwohl in diesen Motetten viele verschiedene Dinge zur gleichen Zeit passierten, stand am Ende kein Chaos, sondern ein schöner, geordneter Klang.

Viele Menschen hatten sich Gedanken darüber gemacht, wie man Musik notieren kann, seit Karl der Große die Liturgie der Kirchen in seinem Reich vereinheitlichen wollte. Sie haben großartige Lösungen gefunden. Am Ende stand ein Notensystem, das wir noch heute benutzen. Als dieser Durchbruch erreicht war, erlebte auch die Musik neue Höhepunkte. Plötzlich war es möglich, noch komplexere, noch schönere, noch größere Werke zu schreiben. Mit der Notenschrift kommt unsere Musikgeschichte nun also wirklich in Gang.

Wie hört sich Liebe an? – Die Kunst der Minne

Die Liebe zu Gott ist etwas Schönes, aber die Menschen brauchen auch etwas anderes: Frauen brauchen Männer, und Männer brauchen Frauen. Jeder von uns weiß, wie schwer es ist, jemandem seine Liebe zu gestehen. Man kann sich die Sache einfach machen, einen Stift nehmen und den Satz »Willst du mit mir zusammen sein?« auf einen Zettel schreiben. Daneben malt man einen großen Kasten für »Ja« und einen kleinen für »Nein«. Dann schiebt man das Blatt in der Schule über den Tisch zu der Person, die man liebt – und wartet ab. Aber wenn wir ehrlich sind, ist das ziemlich feige, oder? Andererseits gehört schon allerhand Mut dazu, in der Pause zu jemandem zu gehen und zu sagen: »Ich liebe dich.« Dieser kleine Satz ist nämlich ganz schön groß. »Ich liebe dich« – das sagt man nicht einfach so, ohne rot zu werden.

Bevor wir nun selbst rot werden, kommen wir lieber erst einmal zu etwas ganz anderem. Im Mittelalter gab es nicht nur Klöster, Päpste, Kaiser und Bauern. Einer der wichtigsten Stände des Mittelalters waren die Ritter. Männer, die nicht so schnell rot wurden! Damals wurde noch nicht das Deutsch gesprochen, das wir heute benutzen, denn auch die Sprache entwickelt sich, ähnlich wie die Musik, immer weiter. Manchmal verwandeln sich Worte und neue werden erfunden. Ritter ist so ein Wort. Es stammt aus dem Mittelhochdeutschen, also aus jener Sprache, die damals gesprochen wurde, und bedeutete eigentlich Reiter.

Nicht jeder konnte Ritter werden. Man musste ein Adeliger sein, um mit eiserner Rüstung auf dem Pferd für seinen Herrn in die Schlacht zu ziehen. Ritter waren angesehene Leute: gebildet und reich. Zu richtigen Ritterspielen gehörten sowohl der Lanzenkampf als auch die Dicht- und Sangeskunst. Auf großen Festen wurde darum gestritten, wer die schönsten (und nun sind wir wieder bei unserem Rotwerdethema) Liebeslieder vortragen konnte. Anders als den Mönchen, die mit ihrer Musik Gott preisen wollten, ging es den Rittern darum, weltliche Dinge zu besingen: den Krieg, die Politik oder eben die Frauen und die Liebe.

Besondere Experten dieser Kunst waren die französischen Trouvères, die Troubadoure. Sie besangen schöne Frauen, Kriege oder Heldentaten und unterhielten die Menschen bei Festen und Feiern. In Deutschland wurden diese singenden Dichter Minnesänger genannt.

Minne ist ebenfalls ein mittelhochdeutsches Wort und bedeutet: Liebe. Die Liebe war das Hauptthema der Minnesänger! Sie zu besingen galt als höchste Kunst, und über einen Zettel mit der Frage »Willst du mit mir zusammen sein?« hätten die Minnesänger nur müde gelächelt. Sie haben versucht, die Größe der Liebe auszudrücken, indem sie Gedichte und Melodien erfunden haben.

Einer der bekanntesten Minnesänger war Walther von der Vogelweide. In seinen Liedern klagte er über den Papst und mischte sich in die Politik ein. Aber natürlich beschäftigte ihn auch die Liebe. Eines seiner Lieder heißt: »Under der linden«.

Under der linden
an der heide,
dâ unser zweier bette was,
dâ muget ir vinden
schône beide
gebrochen bluomen unde gras.
Vor dem walde in einem tal,
tandaradei,
schône sanc diu nahtegal.

Unter der Linde
an der Heide,
wo unser beider Bett war,
dort könnt ihr finden
schön anzusehen
gebrochene Blumen und Gras.
Vor dem Wald in einem Tal,
tandaradei,
schön sang die Nachtigall.

Walthers Lied reimt sich, und wahrscheinlich hat es sich auch besonders weich und schön angehört. Spannend wird es, wenn er über das Tal am Waldrand singt. Plötzlich löst sich die menschliche Sprache in pure Laute auf. Man kann sich vorstellen, wie er sein »Tandaradei« gesungen haben wird – ein Wort, das keinen Sinn macht, außer dass es die Sprachlosigkeit, die Freude und die ungestüme Lust der Liebe symbolisiert. Hier wird die Sprache selbst zur Musik!

Im späten Mittelalter, also nach 1350, gab es große gesellschaftliche Veränderungen. Die Städte wurden größer, und neben den Bauern und Rittern wurden die Handwerker zu einem einflussreichen Stand. Sie hatten sich in sogenannten Gilden vereint, in denen Schuster, Schmiede oder Fassbinder besprochen haben, was für ihre Arbeit wichtig war. Und viele Handwerksmeister fingen an, Musik zu machen. Dafür trafen sie sich bei sogenannten »Meistersingen« und stritten – wie einst die Ritter – um die schönsten Lieder.

Eine der wichtigsten deutschen Städte im Mittelalter war Nürnberg, wo viele besonders stolze Handwerker lebten. Für sie gehörte das Singen zum guten Ton. Einer von ihnen war der Schuster Hans Sachs. Wenn er gerade keine Schuhe reparierte, dichtete er. Über 4000 sogenannte »Meisterlieder« hat Hans Sachs aufgeschrieben und fast 2000 Gedichte.

Für die Meister waren feste Regeln in ihrer Kunst sehr wichtig. Man konnte nicht einfach ein Lied singen, wie es einem in den Sinn kam. Die Regeln wurden in einer »Tabulatur« festgehalten, in einem großen Regelbuch. Natürlich musste ein gutes Meisterlied perfekt gedichtet sein: Es hatte in der »Bar-Form« zu stehen. Das bedeutet, dass in einer Strophe zwei ähnliche und eine vollkommen andere Zeile vorkommen mussten. Die ähnlichen Zeilen nannte man Stollen, die andere den Abgesang. Die Reihenfolge »Stollen, Stollen, Abgesang« war wichtig für jedes Meisterlied. Die Meister glaubten, dass dieser gleichmäßige Aufbau besonders schön für die Ohren sei. Durch ihre strengen Regeln haben sie vermieden, dass die Musik bloß wilder Klang war – sie wollten ihr eine Form und Ordnung geben. In ihren Gesangswettbewerben ging es darum, herauszufinden, wer in dieser Ordnung der Musik am meisten Leidenschaft zum Ausdruck bringen konnte. Wem das gelang, der war am Ende ein echter Meistersinger.

Musik in Bewegung –
Renaissance und Barock

Kleine Geschichtsstunde – Buchdruck und Reformation

Wann hört eine Epoche auf? Und wann beginnt eine neue? Wann war das Mittelalter zu Ende und wann fing die Neuzeit an? Genau lässt sich das nicht sagen. Es gab keinen bestimmten Tag, an dem die Menschheit plötzlich in einer neuen Zeit lebte – es waren eher unterschiedliche Ereignisse, die ein neues Denken, ein neues Leben und eine neue Musik provoziert haben. Zwei der größten Ereignisse am Ende des Mittelalters waren die Erfindung des Buchdrucks und die Spaltung der Kirche durch die Reformation. Sie haben das Zeitalter der Renaissance eingeläutet.

Der Buchdrucker Johannes Gutenberg hat Mitte des 15. Jahrhunderts in Mainz versucht, das Druckhandwerk zu revolutionieren. Er wollte schneller und vor allen Dingen günstiger drucken. Dafür hat er bewegliche Buchstaben aus hartem Metall gegossen, mit denen er jeden Text setzen und auf Papier bringen konnte.

Mit dem neuen Verfahren wurden Bibeln und Ablassbriefe gedruckt. Ablassbriefe waren kleine Zettel, die im Auftrag der Kirche angefertigt wurden. Die Kirche verkaufte sie an die Gläubigen: Wer gesündigt hatte, konnte einen solchen Ablassbrief kaufen. Im Gegenzug versprach die Kirche dem Gläubigen, dass Gott ihm vergeben würde. Die Ablassbriefe waren eine einfache Methode für die Kirche, Geld zu verdienen.

Ein halbes Jahrhundert nachdem Johannes Gutenberg in Mainz Ablassbriefe gedruckt hatte, begann ein Theologieprofessor in Wittenberg, diese Einnahmequelle zu kritisieren. Gefiel es Gott wirklich, dass die Kirche Geld von den Gläubigen nahm, die hofften, dann nicht in der Hölle schmoren zu müssen?

Der Professor, der sich diese Frage stellte, hieß Martin Luther. In seinen Erinnerungen hat er geschrieben, dass er in seinem Arbeitszimmer im Südturm des Wittenberger Augustinerklosters saß und über die Gerechtigkeit der Welt nachdachte, als er plötzlich eine Erleuchtung hatte. Wenn Gott gerecht ist, glaubte Luther, müsste er die Sünder zu sich nehmen, die ihre Sünden bereuen – ob sie Ablassbriefe bezahlt hatten oder nicht. Luther dachte, dass kein Priester und kein Papst entscheiden könne, wie viel ein Mensch für seine Sünden zu zahlen habe. Vergebung war für ihn allein eine Entscheidung Gottes. Luthers Überlegungen waren gefährlich, denn sie stellten mit den Ablassbriefen eine der wichtigsten Einnahmequellen der Kirche in Frage – und den Papst selbst.

Am 4. September 1517 verfasste Luther 97 Thesen gegen die Ablassbriefe. Zunächst waren diese Gedanken nur für seine Universitätskollegen gedacht. Später schrieb er noch einmal 95 Thesen, die er angeblich am 31. Oktober ans Hauptportal der Wittenberger Schlosskirche geschlagen haben soll. Ob das wirklich so war, darüber streiten die Historiker. Sicher aber ist, dass Luthers Thesen unter das Volk kamen und seine Ideen Anklang fanden – denn wer wollte schon Geld für seine Sünden bezahlen?

Luther ging noch einen Schritt weiter: Er gab den »Sermon von dem Ablass und Gnade« in Druck. Ein Bändchen, in dem er die Bürger warnte, den Ablass zu bezahlen. Und mehr noch, Luther wollte, dass alle Menschen die Bibel lesen können. Das war damals nicht üblich, die Bibel wurde nur in Gottesdiensten vorgelesen, und das meist auf Lateinisch. Luther übersetzte die Heilige Schrift ins Deutsche und gab sie ebenfalls in Druck. Alle Gläubigen sollten sich ihre eigene Meinung von Gottes Wort bilden können.

Spätestens jetzt sehen wir, wie wichtig der Buchdruck für den Verlauf der Geschichte war. Die Mächtigen ließen ihre Ablassbriefe und ihre Bibel-Interpretationen drucken, und Luther gab Werke mit seinen eigenen Ideen in Auftrag. Der Buchdruck machte es möglich, dass viele Meinungen veröffentlicht wurden und gab allen Menschen die Chance, sich eine eigene Meinung zu bilden. Schnell zeigte sich, dass gedruckte Ideen gefährlicher sein können als viele Waffen!

Die Kirchenfürsten waren aufgeschreckt und begannen, Luthers Bücher zu verbrennen. Er wurde aus der Kirche ausgeschlossen und brach endgültig mit dem Papst. Er wurde zum Wortführer der Reformation. Als die katholischen Städte 1529 auf dem Reichstag zu Speyer Luther und seine Gefolgsleute verbieten wollten, legten die evangelischen Stände die »Protestation zu Speyer« ein – mit Erfolg. Dieser Protestation verdanken die evangelischen Gläubigen, die Protestanten, noch heute ihren Namen.

Buchdruck und Reformation waren Ereignisse, die den Wechsel vom Mittelalter zur Neuzeit markieren. Außerdem entstand zu dieser Zeit ein vollkommen neues Weltbild: Kolumbus entdeckte Amerika, andere Seefahrer erkundeten weitere Kontinente. Immer mehr Menschen konnten an diesen neuen Entdeckungen und Gedanken teilhaben – denn sie waren nun für jedermann in Büchern nachzulesen.

Auf das Mittelalter folgte die Renaissance. Der Geist des Aufbruchs, der nun herrschte, hat auch die Musik beeinflusst. Wenn die Welt eine andere wird, verändert sich auch ihre Musik.

Musik bauen – Warum Klang Architektur ist

Der Buchdruck, die Reformation und die Entdeckung Amerikas waren revolutionäre Ereignisse. Sie haben das Leben grundlegend verändert. Ein neues Zeitalter war angebrochen, und vielleicht schauten die Menschen im 16. Jahrhundert gerade deshalb gern zurück in die Vergangenheit. Sie begannen, neue Formen für die Architektur und die Kunst zu suchen, wollten lieber helle und klare Tempel als dunkle mittelalterliche Kirchen bauen. Sie entdeckten die Schriften von Aristoteles und Platon wieder und eiferten den Ideen der Antike nach. Diese Phase der Geschichte nennt man heute Renaissance. Das bedeutet Wiedergeburt, und wiedergeboren wurde ein uralter menschlicher Geist, der Geist der Antike.

Einer der größten Architekten der Renaissance war Andrea Palladio. Er baute Kirchen und Herrenhäuser im antiken Stil – man kann sie noch immer in Italien, in Venedig oder Vicenza, besichtigen. Das Besondere war, dass Palladio die alten Tempel nicht nur nachbaute, sondern sich von ihren Proportionen und ihrer Erscheinung zu Neuem inspirieren ließ. Er richtete den Blick nicht nur in die Vergangenheit, sondern fügte seinen Entwürfen auch eigene, moderne Ideen hinzu.

In der Renaissance wurde zurückgeschaut und gleichzeitig nach vorn. Das war nicht nur in der Architektur so, sondern auch in der Malerei und Bildhauerei. Albrecht Dürer, Michelangelo oder Leonardo da Vinci haben keine mittelalterlichen Heiligenbilder mehr gemalt, in denen die Figuren vor einen farbigen oder goldenen Hintergrund gesetzt wurden. Die modernen Maler haben, so wie die Bildhauer der Antike, über die Proportionen von Menschen und Tieren nachgedacht. Sie haben versucht, alles so zu malen, wie es wirklich aussah: die Knochen, die Muskeln, die Haare, die Bäume, die Pflanzen und den Himmel.

Eine weitere Errungenschaft in der Malerei war die Zentralperspektive. Mit dieser Technik konnten Maler nun Landschaften, Menschen und Häuser in den richtigen Größenverhältnissen darstellen. Was weiter hinten stand, wurde kleiner gemalt, was weiter vorne stand, größer. Während die Künstler des Mittelalters weitgehend unbekannt geblieben waren und ihre Bilder nur selten unterschrieben hatten, begannen die Künstler der Renaissance, selbstbewusster zu werden. Für sie war nicht mehr Gott der Schöpfer aller Kunst, sondern sie selbst.

Die Renaissance hat natürlich auch die Komponisten beeinflusst. Doch die große Frage war, wie sich Musik auf die Antike zurückbesinnen sollte, so wie die Architektur und die Kunst es taten. Alte Tempel konnte man anschauen und nachbilden. Alte Musik nicht, sie war in der griechischen Kultur ja nicht aufgeschrieben worden. Die Musiker der Renaissance hatten also ein Problem: Sie hatten keine Vorbilder.

Musik hat sehr viel mit Architektur zu tun. Auch Klang muss schließlich gebaut werden. Musik wächst in die Höhe und in die Breite – so wie eine Kirche. In die Höhe wird Musik durch Töne gebaut, die zur gleichen Zeit erklingen und deshalb übereinanderstehen, also durch die Akkorde und die Harmonie. In die Breite wird Musik durch den Rhythmus und die Melodie gebaut – hier wandert sie von links nach rechts. Wenn man Musik als Kunst versteht, die in die Höhe und in die Breite verläuft, kann man in ihr durchaus einige Regeln der Architektur erkennen. Und viele Musiker der Renaissance haben die Musik so verstanden.

Doch wie hörte sich ihre Musik an? Wie hört sich ein griechischer Tempel an, der nach dem Mittelalter gebaut wurde? Die Antwort ist: ungefähr so, wie er aussieht. Schlicht, groß und in guten Proportionen. Die Komponisten der Renaissance legten in ihrer Musik großen Wert auf Ordnung. Dabei gingen sie vor wie die Architekten. Sie komponierten zwar nach dem antiken Ideal der Klarheit, entwickelten gleichzeitig aber auch eigene, moderne Formen. So wie Palladio in seinen Gebäuden.

Das wichtigste Merkmal der neuen Musik war, dass sie mehrstimmig wurde. Statt eine Melodie nur zu begleiten, erfanden die Renaissancekomponisten eine zweite Melodie, die zur ersten passte und genau so wichtig war wie sie. Beide Stimmen wurden gleichberechtigt nebeneinander gespielt oder gesungen. Diese Art zu komponieren nennt man Kontrapunkt. Einer der Meister dieser neuen Musik war Orlando di Lasso.

Wie eng die Musik mit der Architektur verbunden war, zeigt sich besonders in Venedig. Hier stand schon damals ein gewaltiges Gebäude: der Dom San Marco. Wenn man ihn betritt, steht man in einem Raum mit einer gigantischen Kuppel. In dem Hauptsaal befinden sich unterschiedliche Emporen. Dieses monumentale, klare und schöne Bauwerk hat die Komponisten inspiriert. Sie haben begonnen, mit der Architektur zu spielen, haben verschiedene Chöre auf verschiedene Emporen gestellt und sie verschiedene Melodien singen lassen. Dabei fanden sie heraus: Das klingt fürchterlich!

Durch die hohe Kuppel hat der Dom San Marco einen sehr langen Hall. Der Kontrapunkt, also das gleichzeitige Singen verschiedener Melodien, führte in Venedig dazu, dass man nur noch einen Klangbrei aus Echos und Nachhall hörte. Die Komponisten mussten also Kompositionen für diesen Dom erfinden, in denen die Harmonien nur langsam wechselten, damit am Ende doch noch ein voller, schöner Klang entstand. Die einzelnen Chöre wechselten sich ab oder sangen gemeinsam. Das Besondere war, dass diese Musik sich an der Architektur orientierte.

Weil San Marco eine wichtige Kirche war und weil es sehr schwer war, für diese Kirche zu komponieren, galt es als Ehre, in Venedig zu arbeiten. Unter anderem hat der Komponist Heinrich Schütz in San Marco studiert, der sich ganz besonders der Kirchenmusik gewidmet hat.

Die Musik von San Marco blieb wegen der einzigartigen Akustik des Doms eine Ausnahme. Die meisten Musiker der Renaissance komponierten nicht einfacher und langsamer, sondern überboten sich in immer komplizierteren Melodien und Harmonien. Der einst sachliche Stil, der sich an der Architektur der Antike orientiert hatte, wurde immer verspielter. Kleine melodische oder rhythmische Verzierungen wurden so oft benutzt, bis das Grundthema der Musik kaum noch zu erkennen war. Dabei sollte Musik doch eine Kunst für alle Menschen sein, besonders die Musik der Kirche. Eine Kunst, die jeder verstehen konnte – eine Kunst Gottes.

Die Kirchenväter bekamen Angst, dass man ihre Musik nicht mehr verstehen könnte. Nach Martin Luthers Reformation hatten besonders die katholischen Priester an Einfluss verloren. Um darüber zu beraten, beriefen sie zwischen 1545 und 1563 ein Konzil im italienischen Trient ein. Dabei haben sie auch über die Musik geredet. Die Kirchenmänner stellten fest, dass ihnen die Musik zu modern geworden war, zu kompliziert und zu unverständlich. Also stellten sie neue Regeln auf. Die wichtigsten waren, dass man den Text der Lieder verstehen sollte, dass keine Musik von den Straßen in den Kirchen gespielt werden durfte und dass die Komponisten auf kunstvolle Verzierungen weitgehend zu verzichten hatten.

Nun standen die Komponisten vor einem Problem. Natürlich wollten sie ihre neuen Errungenschaften nicht aufgeben und weiter mit allen Mitteln der Musik experimentieren. Trotzdem mussten sie den Beschlüssen des Konzils folgen.

Einer der wichtigsten damaligen Komponisten war Giovanni Pierluigi da Palestrina. Der letzte Teil seines langen Namens verrät die

Stadt, in der er geboren wurde: in Palestrina vor den Toren Roms. Palestrina versuchte, die Regeln der Kirche in seiner Musik zu befolgen und gleichzeitig modern zu sein. So wurde er zu einer Art Vorbild. Er verzichtete in seinen Werken nicht auf die Mehrstimmigkeit, er ließ zuweilen sogar acht Stimmen gleichzeitig singen. Aber Palestrina gelang es, all diese Stimmen so aufzuschreiben, dass sie sich trotz der komplizierten Strukturen schön zusammen anhörten.

Es gibt Akkorde, die das menschliche Ohr als schön, und andere, die es als störend empfindet. Palestrina hat gefordert, dass die Stimmen in schönen Abständen aufeinandertreffen sollten. Zwar ließen sich Reibungen beim Einsatz so vieler Stimmen nicht vermeiden, aber Palestrina löste jeden unschönen Akkord wieder auf. Seine Musik klang wirklich wie ein großes Gebäude: Die Proportionen stimmten, alles war harmonisch und trotzdem bombastisch. Seine Werke waren so erfolgreich, dass er 1571 zum Komponisten der päpstlichen Kapelle berufen wurde. Und tatsächlich hat Palestrina mit seiner Musiklehre, die er aus den Moden und den Verboten seiner Zeit entwickelt hat, die Kirchenmusik bis ins 19. Jahrhundert geprägt.

Natürlich spielte die Musik nicht nur in den Kirchen eine wichtige Rolle. Musik stellte für viele kluge Menschen eine besondere Herausforderung dar – schließlich wusste man nicht, wie sie in der Antike geklungen hatte. Umso intensiver wurde genau darüber gestritten.

Überall in Europa wurde in der Renaissance an der Musik getüftelt. Eine sehr beliebte Form, um Gefühle in Klang auszudrücken, waren die Madrigale. Komponisten wie Orlando di Lasso haben sie komponiert. Einem Madrigal liegt ein Gedicht zugrunde. Aus einzelnen Texten wurden einstimmige oder mehrstimmige Gesänge entwickelt. Später wurden diese Gesänge auch von Instrumenten begleitet. Meist ging es in Madrigalen um die Liebe. So gesehen sind sie eine Fortführung der Gesänge der Troubadoure.

Gute Madrigalkomponisten waren sehr begehrt, und die meisten blieben nicht lange in ihrer Heimat. Die schönsten Madrigale wurden in Italien geschrieben. Hier wurden sie in Salons, bei Festen, in Kneipen und zum Tanz aufgeführt. Viele europäische Komponisten reisten nach Italien, um mehr über die Kunst der Madrigale zu lernen.

Die größte Stadt Europas lag damals allerdings nicht in Italien sondern in England. In London lebten viele Künstler, von denen der Dichter William Shakespeare wohl der berühmteste war. Er arbeitete seit 1599 für das »Globe«-Theater am Rande der Stadt. Die Aufführungen dauerten oft stundenlang. Das Publikum begeisterte sich für seine Komödien und Tragödien, für »Hamlet«, »Romeo und Julia«, »Ein Sommernachtstraum« oder »König Lear«. Während der Aufführungen aßen, tranken und redeten sie und jubelten den Schauspielern zu. Die Welt wurde bei Shakespeare zur Bühne und die Bühne war ein Abbild der Welt.

England wurde zu Shakespeares Zeit von Königin Elisabeth I. regiert. Im Mittelpunkt des »elisabethanischen Weltbildes« standen die Religion, die Natur und der Mensch. Dem Menschen wurden vier verschiedene Charaktere zugeordnet: melancholisch (nachdenklich), cholerisch (aufbrausend), sanguinisch (heiter) und phlegmatisch (träge). Diese unterschiedlichen Charaktere wurden verschiedenen Kräutern, Blumen oder Tieren zugeordnet. Auf Bildern stand die Katze für den Choleriker, der Ochse für den Phlegmatiker, der Hirsch für den Melancholiker und der Löwe für den Sanguiniker. Man kann das auf vielen Gemälden sehen, zum Beispiel auf Albrecht Dürers Paradiesbild, in dem alle Tiere gemeinsam miteinander leben, ohne einander zu fressen. Natürlich haben auch Musiker versucht, die unterschiedlichen Temperamente in Klängen auszudrücken.

Der englische Madrigalekomponist John Dowland war bekannt dafür, dass er besonders melancholische Musik schrieb. Mit seinen nachdenklichen, romantischen Liedern begeisterte er die Menschen – und sogar den Königshof. Dowland war wahrscheinlich einer der ersten echten Popstars der Musik: leidenschaftlich, wild und populär. Komponisten wie er mussten keine Rücksicht auf die Regeln der Kirche nehmen, sie schrieben ihre Lieder für alle Menschen. Dowland war allerdings längst nicht so revolutionär wie sein italienischer Kollege Carlo Gesualdo, der ebenfalls Madrigale schrieb. Seine Stücke klangen wild und verstießen vollkommen gegen Palestrinas Musikregeln, weil sie mit den Misstönen, also mit aufrüttelnden, schiefen Klängen spielten. Für Gesualdo gehörte das Hässliche ebenso zur Musik wie die Schönheit. Wenn man seine Musik heute hört, kann man sich den Komponisten noch immer als einen sehr emotionalen Menschen vorstellen. Und das muss er auch gewesen sein. Als Gesualdo seine Frau mit einem Liebhaber im Bett erwischte, hat er beide ermordet.

Und wie komponiert man das alles? – Dur und Moll

Eine der wichtigsten Fragen haben wir bislang noch nicht beantwortet: Wie komponiert man das alles eigentlich? Wie macht man Musik? Woher weiß ein Komponist, welche Töne gut zusammenklingen? Welche Regeln gibt es? Kann jeder komponieren, oder ist das schwierig?

Grundsätzlich ist das Komponieren ziemlich leicht. Man muss nur die Noten und einige Regeln kennen. Zunächst braucht man eine Melodie und die passenden Harmonien, also die richtigen Begleittöne. Eine Melodie kann eigentlich jeder komponieren – man nimmt einfach einen Text und denkt sich Töne dazu aus, die als Noten auf die fünf Linien geschrieben werden (das geht natürlich auch ohne Text). Dann hat man bereits die Tonhöhen, die Tonlängen und den Rhythmus. Jetzt fehlt nur noch die Begleitung. Aber welche Noten klingen gut zu dieser Melodie? Und welche Noten sind das überhaupt?

Am besten kann man das an einem Klavier ausprobieren. Wenn du keines zu Hause hast (und wer hat das schon?), kannst du dir einfach ein Papierklavier aufmalen. Mit so einem Papierklavier ist vieles andere in diesem Buch übrigens auch leichter zu verstehen. (Du kannst es ja als Lesezeichen benutzen.)

Für das Papierklavier ziehst du erst einmal neun Linien in gleichem Abstand zueinander auf einem Blatt Papier. Dann hast du acht weiße Tasten. Jeder Taste gibst du einen Namen; am besten, du schreibst ihn unten auf die jeweilige Taste. Die erste heißt C, die wei-

teren D, E, F, G, A und H. Die letzte Taste ist wieder ein C – danach fängt beim echten Klavier alles wieder von vorne an.

Nun malst du oben auf die Linie zwischen dem C und dem D (also zwischen die ersten beiden Tasten) eine etwas kürzere und schmalere schwarze Taste. Das Gleiche machst du noch einmal zwischen der zweiten und der dritten Taste, zwischen dem D und dem E. Aber Achtung! Zwischen dem E und dem F liegt *keine* schwarze Taste! Erst zwischen dem F und dem G, dem G und dem A, dem A und dem H kannst du wieder schwarze Tasten malen. Zwischen dem H und dem C liegt wieder *keine* schwarze Taste.

Nun ist dein Papierklavier fertig! Von einer Taste zur nächsten ist es beim Klavier immer ein Halbtonschritt. Wenn du also eine Taste überspringst, hast du einen ganzen Tonschritt.

Ein Beispiel: Wenn du das C drückst (die erste Taste auf deinem Papierklavier), die nächste schwarze Taste auslässt und die nächste weiße drückst, bist du beim D. Vom C zum D ist es also ein Ganztonschritt. Wenn du allerdings vom E zur nächsten weißen Taste gehst, stellst du fest, dass keine schwarze Taste zwischen dem E und dem F liegt – es handelt sich also nur um einen Halbtonschritt.

Um zu komponieren oder eine Begleitung zu deiner Melodie zu erfinden, ist es wichtig zu wissen, in welcher Tonart man ein Stück aufschreibt. Es gibt Durtonarten und Molltonarten. Durtonarten benutzt man, wenn es fröhlich, Molltonarten, wenn es trauriger klingen soll.

Ob eine Tonart in Dur oder Moll steht, hängt vom Abstand der Töne ab, also von der Tonleiter. Man kann eine Tonleiter auf jedem beliebigen Ton beginnen. Wichtig sind nur die Abstände zwischen den einzelnen Tönen. In einer Durtonleiter hat man immer Ganztonab-

stände, außer zwischen dem dritten und vierten Ton und dem siebten und achten Ton – hier hat man Halbtonschritte. In einer Molltonleiter liegen die Halbtonschritte zwischen dem zweiten und dritten und dem fünften und sechsten Ton. Dieser Unterschied lässt die Tonleiter, also die Folge aller Töne, anders klingen: etwas fröhlicher oder etwas trauriger.

Die einfachste Tonart ist C-Dur. Wenn du dein Papierklavier anschaust, siehst du, dass alles genau passt, wenn du beim C zu spielen beginnst und nur die weißen Tasten drückst. Dann geht die Durregel genau auf. Der dritte und vierte Ton (E und F) und der siebte und achte Ton (H und C) liegen nebeneinander, ohne dass sie durch eine schwarze Taste getrennt werden. Die Halbtonschritte sind also an der richtigen Stelle.

Wenn du nun mit dem C beginnst und nur die weißen Tasten spielst, steht deine Komposition in C-Dur. Wenn ein Lied in C-Dur steht, ist es zunächst am einfachsten, eine Melodie zu erfinden, die nur aus weißen Tasten besteht. Denn dann befolgst du die erste wichtige Regel: die Regel der Durtonart. Übrigens, wenn du eine Molltonleiter spielen willst, ohne schwarze Tasten zu verwenden, musst du beim A anfangen, dann spielst du die a-Molltonleiter.

Aber es gibt noch viele andere Tonarten. Die ergeben sich daraus, mit welcher Note du die Tonleiter beginnst – und du kannst eine Tonleiter mit jeder Note anfangen. Wichtig ist nur, dass die Abstände zwischen den Noten bestehen bleiben – entweder nach der Dur- oder nach der Mollregel. Aus dem Anfangston deiner Tonleiter ergeben sich dann automatisch alle Tonarten.

Damit alles klappt und die Ganz- und Halbtöne an der richtigen Stelle stehen, muss man nun auch schwarze Tasten spielen. Wenn man einen halben Ton vom C nach oben geht, landet man auf einer schwarzen Taste, die man Cis nennt (das »is« hinter dem Buchstaben zeigt, dass es einen halben Ton nach oben geht). Wenn man vom D einen halben Ton nach unten geht, landet man auf der gleichen Taste, nennt sie nun aber Des (das »es« hinter dem Buchstaben zeigt, dass es einen halben Ton nach unten geht). Wenn man einen halben Ton nach oben will, malt man in der Notenschrift ein # vor die Note, will man einen halben Ton nach unten, ein »b«. Damit die Regeln der Tonleitern aufgehen, muss man also unterschiedlich viele Kreuze oder b benutzen, je nachdem, bei welchem Ton die Tonleiter beginnt. Aus der Tonleiter, den Kreuzen und b leitet sich die Tonart ab. Deshalb kann man an den Kreuzen oder an den b vor einem Stück auch erkennen, in welcher Tonart es steht.

Letztlich funktioniert jede Tonart gleich, in jeder kann man jedes Stück komponieren – man muss nur mit anderen Noten beginnen. Der einzige Unterschied ist, dass unterschiedliche Tonarten andere Stimmungen haben. Aber das ist Geschmackssache, und letztlich bleibt es jedem Komponisten überlassen, in welcher Tonart er komponiert und wie viele b und Kreuze er verwendet.

Manche Tonabstände hören sich gut zusammen an und andere nicht so gut. Terzen (Dreitonabstände) und Quinten (Fünftonabstände) empfinden wir als schön, andere Intervalle eher nicht. Das gilt auch für das Zusammenklingen der Töne.

Am leichtesten findet man die passenden Töne beim Komponieren nach einer einfachen Regel: In jeder Tonart gibt es drei Dreiklänge (also drei Töne, die zusammenklingen), die besonders gut für das Komponieren geeignet sind. In der Tonart C-Dur liegt der erste Dreiklang auf dem C. Um den zu hören, spielt man einfach den dritten und den fünften Ton nach dem C, setzt also eine Terz und eine Quinte auf das C. Dieser erste Dreiklang lautet also: C, E, G. Der zweite wichtige Dreiklang geht vom vierten Ton in der Tonleiter aus, also vom F. Das wären dann die Töne F, A und C. Der dritte Dreiklang geht vom fünften Ton der Tonleiter aus, also vom G und man würde G, H und D spielen.

Das Geheimnis dieser drei Dreiklänge ist, dass alle Noten der Tonleiter in ihnen vorkommen – man kann also jeden Ton mit ihnen begleiten. Der erste Dreiklang heißt übrigens Tonika, der zweite Subdominante und der dritte Dominante.

Nun ist es ganz einfach, zu komponieren: Man sucht sich einfach den Dreiklang aus, der zu den Tönen in der Melodie passt (oder besser noch: Man komponiert eine Melodie, die zu den Dreiklängen passt, zur Tonika, Subdominante und Dominante). Wenn du also ein F begleiten willst, kannst du ein A oder ein C dazu spielen. Wenn du ein C begleiten willst, kannst du ein E oder G oder ein F oder A dazu spielen.

Leider wird es nun doch ein bisschen komplizierter: Genauso wie in den Tonleitern und Tonarten gibt es auch bei den Akkorden Dur- und Mollregeln. Komponiert man ein Stück in Moll, gilt die Mollregel, komponiert man in Dur, gilt die Durregel. Ein Durakkord besteht aus einer großen und einer kleinen Terz, ein Mollakkord aus einer kleinen und einer großen Terz. In einem Durstück sind Tonika, Subdominante und Dominante immer Durdreiklänge, in einem Mollstück sind Tonika und Subdominante Molldreiklänge und die Dominante steht immer in Dur.

Für die Komponisten war nun zweierlei wichtig: die Melodie und der ruhige, kontinuierliche Bass. Die Melodie kann so wild sein, wie sie will – aber der Bass, also die tiefe Stimme in einem Chor oder Orchester, sollte die Menschen beruhigen.

Wenn unser Lied nun mit den Tönen C und G beginnt, könnte man unter beide Noten eigentlich den gleichen Ton legen – das tiefe C. Es passt zum C, weil es derselbe Ton ist, und zum G, weil es vom C zum G eine Quinte ist (das G ist Teil der Tonika). So wird in der Melodie von einem Ton zum anderen gesprungen, während der gleiche Ton im Bass liegen bleibt. Das klingt beruhigend und bringt die Melodie gut zur Geltung.

Viele Komponisten haben die Bassstimme gar nicht in Noten aufgeschrieben, sondern den Musikern selbst überlassen, wie sie den Bass spielen. Weil die Regeln für den Bass so einfach sind und man nur die richtigen Dreiklänge herausfinden musste, konnten die Musiker ihre eigene Begleitung zu den Melodien erfinden.

Nur wenn sich ein Komponist genau vorgestellt hat, welche Töne am besten passen, hat er unter die Melodie kleine Zahlen geschrieben. Eine

Drei stand dafür, dass man die Terz des Melodietons spielen sollte, also die Note, die drei Töne höher liegt, eine Fünf dafür, dass man die Quinte, also die Note, die fünf Töne höher liegt, spielen soll. Natürlich konnte man auch mehrere Zahlen unter die Note schreiben – dann würde ein Orgelspieler zum Beispiel mit mehreren Noten die Melodie begleiten.

Dass Komponisten den Bass nicht in Noten, sondern in Zahlen geschrieben haben, ist eine Besonderheit für die Zeit des Barock. Das Barock ist jene Epoche, die auf die Renaissance folgte. Den durchgängigen Bass nennt man übrigens auch Generalbass oder »Basso continuo«. Und weil es im Barock zwar unglaublich viele verschiedene Stile und Kompositionen gab, die meisten aber mit diesem Generalbass aufgeschrieben wurden, wird das Barock in der Musiksprache auch das »Generalbasszeitalter« genannt.

Gesungene Schauspiele – Die Erfindung der Oper

Die Oper ist eine merkwürdige Kunst. Menschen stehen auf der Bühne und tun so, als ob das, was sie spielen, echt sei. Dabei merkt man natürlich sofort, dass es sich um eine Inszenierung handelt – spätestens, wenn sie den Mund aufmachen und singen! Welcher normale Mensch singt schon, wenn er etwas zu sagen hat? Die Oper scheint das nicht zu stören. Zwei Menschen erklären sich in einem Duett ihre Liebe, ein Held trauert in einer Arie um seinen toten Freund, ein Volk singt im Chor, wenn es seinem König zujubelt oder auf die Barrikaden geht. Und all das wird auch noch von einem Orchester begleitet.

Trotzdem begeistert die Oper die Menschen seit über 500 Jahren. Vielleicht liegt es daran, dass die Oper von einer Wirklichkeit erzählt, die sich erst in der Kunst zeigt. Einer Wirklichkeit der echten Gefühle.

Einer Wirklichkeit der Empfindungen. Einer Wirklichkeit der Sehnsucht. Um die merkwürdige Kunst der Oper zu verstehen, ist es gut, zu wissen, wie sie entstanden ist. Warum haben die Menschen begonnen, auf der Bühne ganze Schauspiele zu singen?

Die Oper wurde nicht einfach erfunden, sie hat sich langsam entwickelt. Zum Beispiel aus den Madrigalen, also den Liedern, in denen die Liebe besungen wurde. Irgendwann ist die Idee entstanden, dass mehrere Madrigale an einem Abend von unterschiedlichen Personen gesungen werden könnten – und dass man eine Handlung zwischen den einzelnen Liedern erzählen könnte. Aber das war nur eine Vorform der Oper.

Die Italiener haben die Theaterstücke der »Commedia dell'Arte« geliebt: Komödien, die von der Liebe und lustigen Verwechslungen erzählen. Bei der »Commedia dell'Arte« treten in jedem Stück die gleichen Charaktere auf: der Spaßmacher Harlekin, das Schlitzohr Brighella und die schöne Colombina. Natürlich kreisen alle Liebesgeschichten um die hübsche Colombina!

Die »Commedia dell'Arte« war eine Kunst des Volkes, bei der jeder wusste, wer gut und wer böse ist. Sie funktionierte wie ein Puppentheater, in dem ja auch die gleichen Charaktere in unterschiedlichen Stücken auftreten: der Kasper, der Seppel, die Großmutter, der Räuber und der Polizist. Kinder wissen genau, zu wem sie halten müssen, wer lustig ist und wer böse. Irgendwann haben die Schauspieler der »Commedia dell'Arte« begonnen zu singen, weil es den Leuten gefiel. Die einzelnen Gesangsstücke blieben allerdings nur kurze Einlagen innerhalb des Schauspiels, aber der Schritt zur echten Oper war nicht mehr groß.

Auch anderenorts begann der Gesang nun eine immer wichtigere Rolle zu spielen, zum Beispiel in den Hirtenspielen, die an den Höfen aufgeführt wurden. Könige und Fürsten liebten Theaterstücke mit idyllischen, kurzen Bauernszenen. Auch in den Kirchen wurden biblische Stoffe jetzt mit Gesang aufgeführt.

Die Menschen fingen also an zu singen, wo sie vorher nur gesprochen hatten. Gesungen wurde meist an Stellen, an denen eine Person allein auf der Bühne stand und sich Gedanken machte. Schließlich versteht das Publikum viel besser, wie sich ein Schauspieler in seiner Rolle fühlt, ob er traurig ist, nervös oder verliebt, wenn er laut in Musik denkt. Die Musik betont den Text. Sie spiegelt die Seele. Das Lied konnte also mehr erzählen als das reine Sprechen.

Das, was wir heute Oper nennen, wurde allerdings erst im 16. Jahrhundert in Florenz erfunden. Damals traf sich ein eingeschworener Kreis von musikinteressierten Männern in der Villa des Edelmannes und Musikliebhabers Jacopo Corsi. Die Männer nannten sich »Camerata Fiorentina« und diskutierten die Geheimnisse des Klanges. Zu dieser Gesellschaft gehörten Dichter, Denker und Komponisten wie Jacopo Peri, Giulio Caccini und Vincenzo Galilei. Vincenzo war der Vater von Galileo Galilei, dem bekannten Wissenschaftler, der behauptet hatte, dass sich die Erde um die Sonne dreht. Außerdem war Vincenzo ein wichtiger Vordenker der Madrigale. Er schrieb ein Buch mit dem Titel »Dialog über die antike und die moderne Musik«. Darin forderte er, das Drama der griechischen Dichter Euripides, Sophokles und Aischylos neu zu beleben.

Weil die Männer der »Camerata« nicht wussten, welche Rolle die Musik in der Antike wirklich gespielt hatte, versuchten sie, sich vorzustellen, wie sich das griechische Theater angehört haben könnte. Alles, was sie wussten, war, dass es Musik und Chöre gab. So haben sie die alten Texte studiert, sie etwas umgedichtet und begonnen, ihre eigene Musik zu schreiben. Musik, die möglichst leidenschaftlich klingen sollte, die das, was gesagt wurde, in musikalischen Gefühlen ausdrückte. Der Gesang war für die »Camerata« also eine Fortsetzung der Sprache, eine Überhöhung des Textes. Und eben deshalb wird in der Oper bis heute gesungen: um Gefühle auszudrücken, die Worte allein nicht ausdrücken können.

Im Winter 1597 wurde in Florenz Karneval gefeiert. Ein Fest, das mit der Maskerade spielt. Der Hausherr der »Camerata«, Jacopo Corsi, hatte eine geniale Idee. Sein Freund Jacopo Peri, den alle »Il Zazzerino«, den »Langhaarigen«, nannten, war Komponist. Corsi wollte für seine private Karnevalfeier ein antikes Theaterstück vollständig in Musik komponieren. Die beiden nahmen sich dafür die Geschichte der Nymphe Dafne vor. Dafne wird von Gott Apollon geliebt – aber sie liebt Apollon nicht. Also beschließt sie zu fliehen und verwandelt sich am Ende in einen Baum.

Peri hat für »Dafne« Lieder komponiert, die man in der Oper Arien nennt. Sie werden nur von sogenannten Accompagnatos unterbrochen. Das sind musikalische Begleitungen für eine Art Sprech-gesang – man kann auch Rezitative dazu sagen. Peris »Dafne« war also ein Schauspiel, das vollkommen von Musik begleitet wurde: die erste Oper der Welt! Leider sind die Noten verschollen und wir wissen nicht genau, wie sich »Dafne« angehört hat. Aber sie muss einen ungeheuren Eindruck auf die Zuschauer gemacht haben.

Das Ereignis im Hause Corsi hat auch die noblen Italiener begeistert. Als Heinrich IV. von Frankreich und Maria de' Medici im Jahre 1600 geheiratet haben, wurde im prunkvollen Palazzo Pitti Jacopo Peris zweite Oper aufgeführt. Sie trug den Titel »Euridice« und erzählt ebenfalls eine antike Sage: Eurydike ist die Freundin des Sängers Orpheus, der sie aus dem Totenreich befreit, indem er die Wesen der Unterwelt durch seinen Gesang bezaubert. Spätestens mit diesem Werk war die Oper endgültig geboren, und die Menschen begannen sie zu lieben. Kein Wunder, denn eine Oper verbindet alle Künste: die Sprache, die Musik, das Schauspiel und durch das Bühnenbild auch die Malerei und die Architektur.

Einer der wichtigsten frühen Opernkomponisten war Claudio Monteverdi. Er war Kapellmeister am Dom San Marco in Venedig und schrieb mit »Die Rückkehr des Odysseus« und »Die Krönung der Poppea« Opern, die auch heute oft aufgeführt werden.

Monteverdi entwickelte die Ideen der »Camerata Fiorentina« am Anfang des 17. Jahrhunderts weiter. Auch für ihn stand der antike Text im Vordergrund, ja, er war sogar der Meinung, dass musikalische Regeln gebrochen werden müssen, um die Dramatik des Wortes zu zeigen. Kritiker beschwerten sich darüber, dass seine Musik so viele »schräge Töne«, so viele Dissonanzen enthielt. Sie fanden seine Opern nicht schön genug. Aber Monteverdi verteidigte die hässlichen Momente seiner Musik. Welches Theaterstück oder welches Leben ist schon immer schön? Können Schmerz, Tod und Trauer überhaupt schön klingen? Für Monteverdi durfte der Klang auch wehtun und aufrütteln, und mit dieser Auffassung hat er einen neuen, revolutionären Stil in der Musik geprägt. Gleichzeitig hat er eine Diskussion in Gang gebracht, die bis heute unter Komponisten geführt wird: Was ist wichtiger – das Wort oder die Musik?

Die Oper war in der Welt und sollte die Welt erobern. Zunächst wurde sie in Italien immer beliebter. Komponisten wie Alessandro

Scarlatti, Nicola Porpora oder Giovanni Battista Pergolesi haben neue Opern komponiert. Auch in Frankreich wurde die Oper begeistert aufgenommen. Hier kannte man bereits das höfische Ballett und war sehr interessiert daran, die Oper zu importieren. Einer der wichtigsten französischen Komponisten war Jean-Baptiste Lully, der seine Opern »lyrische Tragödien« nannte und ihnen Orchestervorspiele voranstellte, die man Ouvertüren (Eröffnungen) nennt. Lully lernen wir etwas später noch genauer kennen.

Italienische Komponisten galten damals als Meister des Klanges und waren auch an den großen Höfen in Wien und Dresden beschäftigt. Natürlich haben sie auch hier die neue Kunst der Oper zum Klingen gebracht. Nur in England dauerte es etwas länger, bis die Begeisterung das Land erfasste. Kein Wunder, denn man hatte ja Shakespeares große Schauspiele. Erst als der Komponist Henry Purcell dem Theater das Singen beibrachte, war endlich ganz Europa opernbegeistert.

Es wurde ein eigener Beruf, Texte für Opern zu verfassen. Diese Dichter werden Librettisten genannt. Einer der wichtigsten von ihnen war Pietro Metastasio. Er stellte neue Regeln für die Oper auf. Eine seiner wichtigsten Regeln war, dass der Ort und die Zeit, in denen eine Oper spielt, möglichst gleichbleibend sein sollten. Diese Regel hatte ganz praktische Gründe, schließlich konnten Theater nicht für jede Arie ein neues Bühnenbild bauen. Also war es gut, möglichst viele Szenen an einem Ort spielen zu lassen. Für Metastasio bestand die ideale Oper aus drei Teilen, die man Aufzüge oder Akte nennt, und aus 24 Nummern, also aus 24 Rezitativen oder Arien. Diese Arien sollten in der sogenannten »Da-capo-Form« geschrieben sein. »Da capo« ist italienisch für »von Anfang« und bedeutet, dass eine Arie irgendwann wieder von vorne beginnt. Das war Metastasio wichtig, weil das Publikum den gesungenen Text so besser verstehen konnte.

Metastasios Opern hatten sehr ernste Handlungen. Deshalb wurden sie auch »Opera seria« genannt (»seria« bedeutet »ernst« oder »seriös«). Doch trotz der verwickelten und oft traurigen Stücke sollte am Ende alles wieder gut werden, denn Metastasios Opern haben genauso funktioniert wie das Kino unserer Zeit. Eine seiner wichtigsten Opernregeln besagte, dass es stets ein Happy End geben sollte.

Cecilia Bartoli

Eine Geschichte des Grauens

Die Sängerin Cecilia Bartoli
über die Kunst der Kastraten

Frau Bartoli, warum ist die Oper so besonders? ⟋⟍ *Die Oper ist eine der schönsten Künste! Allerdings ist ihre Geschichte nicht immer rühmlich. Die Geschichte der Oper ist auch eine Geschichte des Grauens: Für den perfekten Klang mussten viele Tausend Kinder leiden.* ⟋⟍ Was hatten Kinder mit der Oper zu tun? ⟋⟍ *In der Zeit der frühen Opern war die Kirche sehr mächtig. Der Papst hatte allen Frauen verboten, auf der Bühne zu singen. Das war ein großes Problem, denn natürlich wollten Komponisten trotzdem nicht auf Frauenstimmen verzichten. Und hier kommen die Kinder ins Spiel: Die Stimme eines Menschen entwickelt sich im Laufe des Lebens. Wenn Kinder in die Pubertät kommen, verändert sich auch der Klang ihres Singens. Besonders fällt das bei den Jungen auf, die eine tiefe Stimme bekommen, wenn sie Männer werden. Normalerweise singen Frauen im Alt (das ist die tiefste Frauenstimme) oder im Sopran (das ist die hohe Frauenstimme). Die Männer singen im Bass (das ist die tiefste Stimme der Männer), im Bariton (etwas höher) oder im Tenor (die höchste Männerstimme). Alle Kinder vor dem Stimmbruch, egal ob Jungen oder Mädchen, singen im Alt oder im Sopran. Ihre Stimmen hören sich also eher wie Frauenstimmen an. Natürlich waren Kinder zu klein, um an Opernhäusern aufzutreten und die Sopranrollen zu übernehmen. Aber es gab eine Möglichkeit, die hohe Stimme der Jungen zu bewahren, auch dann, wenn sie erwachsen wurden. Allerdings war das ein grauenhaf-*

ter und sehr schmerzvoller Eingriff: die Kastration. ⟨∽⟩ Was genau passiert bei einer Kastration? ⟨∽⟩ Bei einer Kastration werden den Jungen die Hoden abgeklemmt. Und so schrecklich sich das anhört, so fürchterlich muss diese Prozedur auch gewesen sein. Viel schlimmer aber waren die Folgeschäden. Nach einer Kastration wächst der Kehlkopf nicht und die Stimme wird nicht tiefer. Kastraten bekommen in der Regel keine Körperbehaarung, sie haben oft mit Muskelschmerzen und Müdigkeit zu kämpfen – und viele von ihnen werden depressiv. Natürlich können sie auch keine Kinder mehr zeugen. ⟨∽⟩ Doch all das war der Kirche, den Komponisten, den Königen und den Opernhäusern weitgehend egal. Für sie war die hohe Stimme der Kastraten wie eine Droge. Ganz Europa war süchtig nach diesen perfekten, unschuldigen, schönen Stimmen. ⟨∽⟩ Warum haben die Eltern das zugelassen? ⟨∽⟩ In Neapel, einer Stadt im Süden Italiens, wurden besonders viele Jungen kastriert. Ihre Eltern bekamen viel Geld dafür und hofften, dass ihre Söhne später einmal eine 12- oder 13-köpfige Familie ernähren könnten. Es ging für sie also nicht um die Kunst, nicht um den Klang, sondern um das pure Überleben. ⟨∽⟩ Das Problem war, dass nicht bei jedem Jungen, der eine schöne Stimme hatte, sicher war, ob diese Stimme auch nach der Kastration erhalten blieb. Deshalb wurden viel mehr Jungen kastriert, als später auf der Opernbühne standen. Im 18. Jahrhundert wurden über 4000 Jungen aus den Armenvierteln in Süditalien kastriert. Und wofür? Nur, um am Ende vielleicht zwei gottgleiche Sänger zu haben. ⟨∽⟩ Klingt die Stimme eines Kastraten wie eine echte Frauenstimme? ⟨∽⟩ Sie hört sich etwas anders als eine normale Frauenstimme an: Männer haben eine größere Lunge und mehr Kraft. Deshalb sind ihre Töne viel stärker und kraftvoller als die von Frauen. Kastraten konnten Noten singen, die kein anderer Mensch singen konnte: sehr tief, sehr hoch – und das mit einer unendlichen Stärke. ⟨∽⟩ Waren die Kastraten Stars? ⟨∽⟩ Die bekanntesten Kastraten der Oper waren die Sänger Farinelli und Caffarelli – beide kamen aus armen Verhältnissen und haben mit ihrem Gesang Könige und das ganze Land begeistert. Die bekanntesten Komponisten haben Stücke für Kastraten geschrieben: Nicola Porpora, Antonio Caldara und Georg Friedrich Händel. Kastraten waren so etwas wie Popstars ihrer Zeit, und Farinelli war sogar einmal Minister! ⟨∽⟩ Zum Glück gibt es das heute nicht mehr. ⚬⚭ *Wenn man es sich genau überlegt, gibt es so eine Art Kastraten, also einen Menschen, der mit den Unterschieden zwischen Mann und Frau spielt, ja auch heute noch in der Popmusik: Boy George, ein Popstar der Achtzigerjahre, hat sich gern als Frau verkleidet. Michael Jackson hat sich immer wieder operieren lassen. Letztlich war auch er ein Zwitter, bei dem man nicht mehr zwischen Schwarz oder Weiß und Mann oder Frau unterscheiden konnte. Letztlich ist das die Fortsetzung des Kastratentums im 21. Jahrhundert – nur ohne Kastration.* ⚬⚭ *Aber zum Glück kommt die Oper inzwischen ohne Kastraten aus. Heute werden die Rollen der Kastraten entweder von sogenannten Countertenören gesungen, von Männern, die ihre Stimme so führen können, dass sie sich fast wie Frauenstimmen anhört, oder von Frauen – so wie von mir.*

Zwischen 1618 und 1648 tobte ein schrecklicher, dreißig Jahre dauernder Krieg in Europa. Für diesen Krieg gab es viele Gründe: Katholiken kämpften gegen Protestanten, Österreich und Spanien kämpften gegen Frankreich, die Niederlande, Dänemark und Schweden. Das Ergebnis war verheerend: Die Pest brach aus, Seuchen gingen um, die Armut wuchs und viele Millionen Menschen starben. Erst mit dem Westfälischen Frieden kam Europa wieder zur Ruhe. Doch in Deutschland blieben die Verhältnisse kompliziert. Es wurde nicht von einem einzigen König, sondern von unterschiedlichen Fürsten regiert.

Für viele ist der Westfälische Frieden ein Wendepunkt der Geschichte. Dabei hatte das neu geordnete Europa noch immer die alten Probleme. Eines der größten war die Spaltung der Kirche. Im Friedensbeschluss wurde festgelegt, dass Katholiken und Protestanten nebeneinander existieren sollten. Aber die katholische Kirche fürchtete um ihre Macht. Der Papst und die Bischöfe taten alles, um ihre Gläubigen zu begeistern. Sie wollten ihre Vormachtstellung durch eines der wichtigsten Statussymbole unter Beweis stellen: die Architektur.

Die Kirchen wurden immer prunkvoller, und es wurde modern, sie mit Blattgold oder mit aufwendigen Malereien zu dekorieren. Die einst geraden Linien wurden immer verschnörkelter. Engel und andere Skulpturen wuchsen aus den Säulen; Nymphen, Pane und Allegorien (Figuren, die für die Jahreszeiten, die Stimmungen der Menschen oder andere Dinge stehen) schmückten die Gotteshäuser. Das Barock entwickelte eine neue Mode – die Mode des Prunks!

Natürlich wollten auch Könige und Fürsten ihre Macht zur Schau stellen und begannen, neue Paläste und Residenzen zu bauen. Skulpturen und Gebäude schwangen sich in gewundenen Formen in den Himmel. Alles geriet in Bewegung, die Architektur, die Malerei und die Musik. Auch die Kleidung der Menschen veränderte sich. Es wurde modern, weiß gepuderte Perücken zu tragen: Wer blass aussah, zeigte, dass er es nicht nötig hatte, auf den Feldern zu arbeiten. Dick zu sein galt nicht als hässlich, sondern als reich. Wer dick war, zeigte, dass er sich gutes Essen leisten konnte, während der Rest der Bevölkerung hungerte. Im Barock ging es darum, zu zeigen, was man hatte.

Eine aufregende Zeit für Künstler! Kirchen und Könige bezahlten viel Geld für neue Werke, die Künstler konnten sich austoben und neue Formen und Klänge erproben. Gut zu sehen ist das besonders in der italienischen Architektur und Malerei. Baumeister wie Gianlorenzo Bernini haben die Formen der Renaissance abgewandelt und viele neue Kirchen gebaut. Zum Prunkstück wurde der Petersdom in Rom, den man neu ausbaute, die Kirche des Papstes. Große Maler wie Caravaggio entwickelten den Stil der Renaissance weiter und beerbten den großen Michelangelo. Sie malten Menschen, Allegorien, dunkle Himmel, Wolken und Sonnenstrahlen – Bilder, auf denen die Leute nicht mehr herumstanden, sondern in Bewegung waren, als würden sie auf einer Theaterbühne stehen. Und natürlich veränderte sich auch die Musik.

So wie die Maler neue Bilder erfanden und die Architekten ihre Kirchen und Paläste verschnörkelten, suchten auch die Komponisten nach mehr Bewegung. Antonio Vivaldi war wegen seiner roten Haare in Venedig als »roter Priester« bekannt. Er war zum Priester ausgebildet worden, gab sich aber auch seiner Leidenschaft, der Musik, hin und leitete das Mädchenorchester des Ospedale della Pietà. Viele Besucher aus ganz Europa kamen, um die Musik dieses Orchesters zu hören.

Besonders gern komponierte Vivaldi Violinkonzerte. Hier spielt eine einzelne Geige mit dem Orchester zusammen. Solche Solokonzerte konnte man für fast jedes Instrument schreiben, im Barock waren die Trompete und die Geige besonders beliebt. Wenn es in einem Konzert kein Soloinstrument gibt, spricht man übrigens von einem »Concerto grosso«, einem großen Konzert. Hier spielt das Orchester allein, und der Komponist kann einzelne Instrumentengruppen miteinander ins Gespräch bringen, sie fragen und antworten lassen.

Vivaldi schrieb Konzerte, Solostücke, Opern und Sonaten. Das Wort Sonate kommt aus dem Lateinischen und bedeutet »klingen lassen«. Sonaten wurden durch den italienischen Komponisten und Geiger Arcangelo Corelli populär. Es handelt sich um Stücke, die in verschiedene Teile, sogenannte Sätze, gegliedert sind. In jedem Satz werden unterschiedliche Tänze vorgestellt. Sonaten wurden in der Kirche und an den Königs- und Fürstenhöfen gespielt. In der Kirche musste ein schneller Satz auf einen langsamen folgen, bei der Hofmusik war das egal. Besonders beliebt war die Triosonate. Anders als der Name vermuten lässt, wurde sie meist von mehr als drei Instrumenten gespielt. Zwei Instrumente spielten die Oberstimmen, die anderen den Bass.

Diese neuen Formen und Möglichkeiten, Musik zu machen, begeisterten die Komponisten. Im Barock entstanden viele Werke, die auch heute noch populär sind, etwa Vivaldis »Vier Jahreszeiten«. Darin hat der Komponist versucht, den Frühling, den Sommer, den Herbst und den Winter in Tönen zu beschreiben: den fallenden Schnee, die Arbeit auf dem Feld, die Stürme und Gewitter.

Vivaldi zog von Venedig nach Mantua und von dort weiter nach Rom. Aber wieder einmal änderte sich die Mode. In den 1730er-Jahren war die Musik Vivaldis nicht mehr gefragt, plötzlich war der sogenannte »galante Stil« modern. Der Flötenspieler Johann Joachim Quantz hat diesen Begriff geprägt. Er unterrichtete König Friedrich den Großen von Preußen im Flötenspiel und wollte, dass die ausufernden Formen des Barock wieder klarer wurden. Als Vivaldi sein Glück noch einmal in Wien versuchte, blieb er erfolglos. 1741 starb er als einer der größten Komponisten seiner Zeit – doch die Mode hatte ihn überholt.

Eine kleine Machtmusik – Künstler am französischen Hof

König Ludwig XIV. von Frankreich ließ eines der prunkvollsten Schlösser in Versailles bei Paris erbauen. Schließlich war er einer der mächtigsten Männer der Welt. Ludwig regierte Frankreich in absolutistischem Stil. Alles, was geschah, wurde an seinem Hof entschieden – im Zweifelsfall vom König selbst.

Besonders wichtig war es Ludwig, den Adel zu schwächen. Er wollte nicht, dass Adelige in den französischen Provinzen in seinem Namen regierten. Um die Adeligen besser in der Hand zu haben, versuchte er, sie möglichst eng an den Hof zu binden. In Versailles galten strenge Regeln. Ludwig schrieb vor, was die Leute zu tragen hatten, befahl, dass alle Adeligen zu seinen Festen kommen sollten, und bestrafte sie, wenn sie nicht anwesend waren. Der König soll ein fotografisches Gedächtnis gehabt haben. Wenn er einen Raum betrat, sah er sofort, wer da war und wer fehlte. Ludwigs Hof wurde zum Zentrum der französischen Welt, und die Adeligen wollten ein Teil dieser Welt sein – sie suchten die Nähe zum König. Und dafür stürzten sich viele in den Ruin.

Für seine Feste brauchte Ludwig natürlich auch die Kunst. Sie sollte gut und teuer sein. Noch wichtiger war aber, dass die Künstler den König feierten. Maler mussten Ludwig möglichst schön zeigen. In sein Opernhaus ließ er eine Königsloge bauen. So saß Ludwig während der Aufführungen im Mittelpunkt. Er versuchte, die besten Künstler Europas mit viel Geld an seinen Hof zu locken.

Neben dem großen französischen Dichter Molière beschäftigte er auch den Komponisten Jean-Baptiste Lully. Der komponierte Opern und Tanzstücke und trat auch im Theater auf. Ludwig kannte Lully, der wesentlich älter war als er, schon seit seiner Kindheit. Als 14-Jähriger stand er in einem Stück als aufgehende Sonne auf der Bühne, während Lully einen Schäfer spielte. Eine Aufführung mit Folgen: Als

Ludwig 1661 König wurde, nannte er sich selbst den »Sonnenkönig«, weil er im Zentrum der Macht stand und das strahlende Licht Frankreichs sein wollte. Er machte Lully zum Herrscher über die französische Musik.

Als Lieblingskomponist des Königs war Lully ebenfalls sehr mächtig. Schon bald durfte kein Stück in Frankreich mehr aufgeführt werden, ohne dass er es erlaubte. Lully machte sich viele Feinde. Von seiner Kunstdiktatur war auch der Dichter Molière betroffen, mit dem Lully einst gut zusammengearbeitet hatte. Doch nun durfte der Komponist allein entscheiden, welches der gemeinsamen Stücke wo und wie aufgeführt wurde. Molière war sauer und zerstritt sich mit ihm. Auch einige Musiker an Ludwigs Hof flohen angesichts der Macht von Lully und verspotteten ihn als »Sonnenkönig der Musik«.

Vier Jahre vor seinem Tod begann allerdings auch Lullys Stern am Hof zu sinken. Als Ludwig sich kaum noch um die Musik kümmerte, übernahm seine zweite Frau, Madame de Maintenon, diese Aufgabe, eine strenge und sehr religiöse Dame. Als sie entdeckte, dass Lully schwul war, versuchte sie, den Komponisten zu stürzen, denn Liebe unter Männern war von der Kirche verboten. Tatsächlich verlor Lully seine Macht. Selbst ein Entschuldigungsschreiben an den König konnte ihm nicht helfen. Lullys Tod ist fast schon komisch: Er rammte sich einen Taktstock in den Fuß und starb an einer Entzündung.

Als Ludwig XIV. starb, war Frankreich eines der mächtigsten Länder Europas. Durch seine Kriege hatte der König das Land vergrößert, und jeder Europäer, der etwas auf sich hielt, sprach Französisch. Aber viele Franzosen hatten unter Ludwigs absolutistischer Herrschaft gelitten. Der Dichter und Philosoph Voltaire erinnerte sich, dass beim Leichenzug »kleine Zelte« aufgebaut wurden, »wo das Volk trank, sang und lachte«.

Die Musik des Barock entwickelte sich in allen Ländern Europas unterschiedlich. Eine der Barockmetropolen war Wien, aber auch in Süddeutschland entstanden nach dem Dreißigjährigen Krieg viele barocke Kirchen. In Dresden wurde der Zwinger gebaut – ein Prachtwerk barocker Baukunst. Die Kunst des Barock blühte zwar am

schönsten in den katholisch geprägten Regionen, aber auch in den protestantischen Ländern begann ein Umdenken.

In Norddeutschland, wo viele Menschen Protestanten waren, veränderte sich in erster Linie die Kirchenmusik. Für Martin Luther war die Musik ein wichtiger Bestandteil des Gottesdienstes gewesen. Die ganze Gemeinde sollte singen und musizieren und nicht nur der Pastor oder professionelle Musiker. Allerdings gab es auch in protestantischen Kirchen Musik, die sehr kompliziert war – zu kompliziert für die einfachen Menschen. Die Komponisten vertraten zwei unterschiedliche Stile, den kontrapunktischen Stil, also jenen, in dem die einzelnen Stimmen gegeneinanderliefen, und den Stil des Generalbasses, der aus der italienischen Oper kam.

Der deutsche Musiker Heinrich Schütz hatte lange in Italien gelebt, um hier die Moden der Musik zu studieren und seinen Zeitgenossen Claudio Monteverdi zu treffen. Schütz hatte den Dreißigjährigen Krieg in Deutschland miterlebt und gesehen, wie die Menschen gegeneinander kämpften. Seine Frau war an der Pest gestorben. In Italien lernte er eine vollkommen andere Welt kennen: Hier widmeten sich die Menschen der Musik und nicht dem Morden.

Zunächst schrieb Schütz Madrigale im italienischen Stil, den er auch in seine Kirchenmusik übernahm. 1633 wurde er an den dänischen Hof gerufen, war aber hauptsächlich in Dresden tätig. Er komponierte Stücke für fürstliche Tafeln, für Feste und politische Ereignisse und schrieb mit »Daphne« die erste deutschsprachige Oper. Er brachte dem Norden Europas eine Musik, die er von der Oper Italiens abgeschaut hatte. Dieser neue Stil wurde als »konzertierender Stil« bekannt.

Auch an anderen Orten wurde allmählich populär, was in Italien schon lange modern war: Am Hamburger Gänsemarkt entstand das erste Opertheater Deutschlands. Seit 1697 wurde es von dem Komponisten Reinhard Keiser geleitet, der auch eigene Opern schrieb. Wegen der großen Bühnenbilder und der langen Umbaupausen dauerte ein Opernabend damals oft mehr als sechs Stunden. 1722 übernahm Georg Philipp Telemann die Hamburger Oper. Er wurde bekannt, weil er besonders dramatische Musik schrieb und ein Meister in der Beschreibung der Natur durch Klänge war.

Das Barock ist sehr vielfältig gewesen. Überall in Europa haben Künstler auf unterschiedliche Weise überlegt, wie sie die Kunst weiterentwickeln könnten. Überall hatten sie es mit anderen Herrschern zu tun. Trotzdem verband alle Künstler eine Idee: Sie entstammten der Renaissance und haben versucht, starre Formen in einer neuen Welt in Bewegung zu bringen.

Der Opernmillionär – Georg Friedrich Händel

Was für ein Skandal! Der Sänger auf der Opernbühne rammte sich das Messer in die Brust, sank zu Boden und starb. Nun gut, der Sänger selbst lebte zwar weiter – aber der Charakter, den er spielte, starb den Bühnentod. Es war der römische Kaiser Marcus Antonius.

Der Sänger hieß Johann Mattheson. Er war außerdem Dirigent und Komponist und einer der erfolgreichsten Künstler am Hamburger Gänsemarkttheater. Nachdem er auf der Bühne gestorben war, stand er wieder auf, kletterte in den Orchestergraben und wollte sich ans Cembalo setzen, um die Oper von hier aus weiterzudirigieren. Doch der Dirigent des Abends, Georg Friedrich Händel, hatte etwas dagegen. Er begann Mattheson anzuschreien, er solle sofort das Cembalo verlassen. Mattheson schrie zurück, dass er bleiben werde. Das Publikum staunte, denn dieser Streit stand nicht in den Noten! Dabei war er viel spannender als die Oper selbst.

Sowohl Händel als auch Mattheson dachten, dass sie besser dirigieren konnten als der andere. Musik war ihr Leben, und dafür waren sie bereit zu kämpfen. Vor dem Opernhaus lieferten sich die beiden ein Duell mit dem Degen. Dabei wurde zwar niemand ernsthaft verletzt, aber der Kampf war das Ende ihrer Freundschaft. Händel wandte sich von Mattheson ab, und der schrieb böse Artikel über seinen Rivalen. Diese Szene aus dem barocken Opernleben zeigt, wie ernst die Musik genommen wurde, dass es für Komponisten und Sänger um Leben und Tod ging. Vielleicht hat Händel auch deshalb versucht, besonders große Gefühle in seinen Stücken auszudrücken. Er war ein Meister darin, die Oper als Drama zu inszenieren. Er zeigte seine Helden in existenziellen Momenten und fand immer die passende Musik dazu.

Georg Friedrich Händel wurde 1685 in Halle geboren. Sein Vater war Barbier und wollte eigentlich, dass der Sohn Jurist wird. Das änderte sich erst, als Händel mit acht Jahren dem Herzog von Sachsen-Weißenfels auf der Orgel vorspielte. Der erkannte das große Talent und wollte das Kind fördern, und nun stimmte auch der Vater einer Musikerkarriere zu. Schnell lernte Georg Friedrich Händel andere große Komponisten wie Philipp Telemann und Reinhard Keiser kennen, der ihn an seine Hamburger Gänsemarktoper holte.

Trotz seines Streites mit Mattheson war Händel in Hamburg sehr erfolgreich. Das Zentrum des Barock lag allerdings in Italien, und für Musiker waren Florenz, Venedig und Rom die aufregendsten Städte. Hier war die Oper erfunden worden, hier unterstützten die Kirche und reiche Bürger neue musikalische Formen. Also reiste auch Händel in den Süden. Seine Kompositionen wurden von den Italienern euphorisch aufgenommen, und schon bald nannten sie ihn liebevoll »den Sachsen«.

Obwohl Händel nach seiner Rückkehr nach Deutschland am Hof von Hannover beschäftigt war, erlaubte sein Dienstherr, der zukünftige König von England, Georg I., ihm, nach London zu reisen. Auch Georg II. schwärmte für den Komponisten. Zu Georgs Krönung komponierte Händel vier Hymnen für den König. Eine dieser Hymnen war »Zadok the Priest«, die noch heute zu Krönungen gespielt wird.

Die Engländer sahen, dass die Oper überall in Europa erfolgreich war, und wollten sie nun auch in ihrem Land beleben. Zu diesem Zweck gründeten sie die »Royal Academy of Music«. Sie sollte das alte King's Theatre mit neuen Stücken beliefern. Händel wurde zum Chef dieser Akademie, organisierte die Aufführungen, bezahlte die Künstler und kümmerte sich um den Ablauf der Vorstellungen. Weil Händel diese Arbeit perfekt erledigen wollte, reiste er nach Dresden und engagierte die besten und teuersten Sänger – unter ihnen auch den Starkastraten Senesino.

Man muss sich das Londoner Opernhaus als Theater vorstellen, in dem es dauernd Popkonzerte gab: die größten Sängerstars, die modernste Musik, die beste Unterhaltung. Händels eigene Opern, »Julius Caesar«, »Tamerlano« oder »Rodelinda«, wurden zu Schlagern und er selbst zum Millionär. Doch die aufwendigen Produktionen verschlangen sehr viel Geld, und irgendwann drohte der »Royal Academy« der Bankrott. Zumal die Leute in London müde von all dem Bombast waren. Sie wollten wieder einfachere Musik hören. Eine der bekanntesten Londoner Aufführungen war die »Bettleroper« von John Gay und Johann Pepusch 1728. In diesem Stück hat sich der Komponist über Händels Millionentheater und über die Gesellschaft Englands lustig gemacht. Dieser Humor kam gut an bei den Briten. Doch Händel hat der Spott kaum geschadet.

Nachdem Händels erste Opernkompagnie am Ende war, gründete er einfach eine zweite. Sie bekam allerdings Konkurrenz durch ein weiteres Opernunternehmen, das Weltstars wie den Kastraten Farinelli engagierte. Außerdem spaltete Händels Opernkompagnie das Publikum. Einige Zuschauer wollten eine Königsoper, andere eine Adelsoper. Wenn Händel eine neue Oper auf das Programm setzte, versuchten die Adeligen, Feiern zu organisieren, damit niemand zu seinen Aufführungen kommen konnte. Aber Händel gab nicht auf. Als Lohn bekam er ein neues Opernhaus, das sich am Blumenmarkt in Covent Garden befand. Und hier steht Londons größte Oper noch heute.

So schwer es die Oper in London hatte, so sehr wurde Händel verehrt. Er war schon zu Lebzeiten ein Klassiker, man ließ sogar eine Skulptur von ihm aufstellen.

Außer vielen Opern hat Händel auch Orchester-, Kammermusikwerke und Oratorien geschrieben. Oratorien ähneln der Oper, handeln aber ausschließlich von religiösen Stoffen. In Italien war das Oratorium etwas aus der Mode gekommen, obwohl es hier entstanden war. Händel hat es in London wiederbelebt, indem er die englischen Schauspiele, die italienischen Maskeraden, das französische Drama und die deutsche Kirchenmusik miteinander verwoben hat. Das Ergebnis waren gigantische musikalische Spektakel, die ganz ohne Bühnenbilder auskamen. Das war billiger als die Oper, und das Publikum musste sich die Handlung vorstellen. Händel komponierte die passende Musik dafür. Er ließ in seinen Chören ganze Völker singen und schrieb effektvolle Arien. So entstanden Dramen, die allein durch die Musik im Kopf der Zuschauer entstanden. Eines der größten Oratorien Händels war der »Messias«. Den Gewinn aus diesem Oratorium und aus anderen Werken spendete Händel Menschen, die das Geld dringender benötigten als er, der Opernmillonär.

Im Alter verlor Händel langsam das Augenlicht. Kein Arzt konnte ihm helfen, und der Komponist wurde blind. Trotzdem schrieb er weiterhin Musik. Mit 74 Jahren starb Händel in London. Er hinterließ ein Vermögen von mehreren Millionen Pfund und wurde in Westminster Abbey, einer der wichtigsten Kirchen Londons, beigesetzt.

Meine Suche nach dem Klang
Der Dirigent Nikolaus Harnoncourt
über den Zauber alter Instrumente

Als ich endlich studieren durfte, es war 1948, bin ich nach Wien gezogen. Das war für mich eine große Stadt. Die Stadt, in der Mozart und Beethoven gelebt und komponiert haben. Eine Stadt mit einer wunderschönen Architektur und einer sehr guten Musikhochschule. Wien war für mich ein Abenteuer. Und hier hat auch meine Suche nach dem Klang begonnen. Endlich konnte ich richtig studieren, nicht nur das Instrument, Cello, lernen. Besonders interessierte mich schon bald die alte Musik, also die Musik aus dem Mittelalter, der Renaissance und dem Barock. Wenn solche Musik damals überhaupt gespielt wurde, dann sehr langweilig, als hätten die Menschen früher überhaupt keine Leidenschaft gehabt. Ich konnte das nicht glauben und akzeptieren. In Wien hatte ich bald viele Freunde, mit denen ich gemeinsam Musik gemacht habe. Wir waren neugierig, haben auch Wanderungen durch die Stadt unternommen und uns die Architektur angeschaut. Gebäude verraten nämlich sehr viel über die Menschen, die sie gebaut haben. Wir haben Museen besucht, Bilder angesehen und uns immer wieder die Frage gestellt, warum die alte Musik so langweilig klingt, wo doch die alten Kunstwerke so toll und so leidenschaftlich sind. Irgendwann haben wir uns vorgenommen, herauszufinden, wie diese Musik damals, als sie erfunden wurde, geklungen hat. Aber wie soll man das herausfinden? Musik ist nur in dem Moment, in dem sie gespielt wird, zu hören — dann verstummt sie für immer. Außer man nimmt sie auf. Aber in der Renaissance gab es keine Tonbänder oder CDs. Also mussten wir auf eine andere

Weise herausfinden, wie man damals gespielt hat. ☙ Immer wieder sind wir in die Bibliothek der Wiener Musikhochschule gegangen und haben uns die alten Noten ausgeborgt. Dann mussten wir herausfinden, was sie bedeuteten. Es gibt auch sehr viele alte Schulwerke, die beschreiben, wie man diese alten Stücke spielen muss. Diese Lehrbücher studierten wir gründlich; dabei erkannten wir, dass man diese Musik ganz falsch spielt, weil man nicht versteht, was sie sagen will oder was sie bedeutet. Dann war noch die große Frage nach dem Klang. Zum Glück hat das Kunsthistorische Museum in Wien eine große Sammlung mit alten Musikinstrumenten. Der Direktor war sehr nett und öffnete uns seine Vitrinen. Wir durften auf allen Instrumenten spielen: auf alten Flöten, auf alten Trompeten und auf alten Streichinstrumenten. Mich selbst haben natürlich die Gamben besonders interessiert. Ich war ja Cellist und die Gambe hat Ähnlichkeit mit dem Cello. Beim Herumprobieren bemerkten wir die großen Unterschiede zu den moderneren Instrumenten: Die haben überall Klappen und Ventile, wo die alten Instrumente ganz einfach gebaut sind. Es war gar nicht leicht, auf den alten Instrumenten zu spielen. Viele von ihnen verlangen eine ganz andere Technik als die modernen Instrumente. Aber nachdem wir uns daran gewöhnt hatten, faszinierten uns diese alten, aber für uns ganz neuen Klänge. Alle diese Klangfarben waren echte Entdeckungen für uns und wir hatten großen Respekt vor den alten Instrumentenbauern. Solche Klänge hatte ich in den modernen Konzerten noch nie gehört! ☙ Wir waren so begeistert von den alten Instrumenten, dass wir versuchten, für uns welche aufzutreiben – auf Dachböden und bei Trödlern. Die ließen wir dann bei den besten Handwerkern restaurieren. Dann haben wir begonnen Konzerte zu geben. Wir haben Plakate in der ganzen Stadt aufgehängt, selbst Stühle im Saal aufgestellt und die Menschen eingeladen. Unsere Konzerte waren von Anfang an erfolgreich. Für viele Zuhörer waren es völlig neue Klänge, und neue unbekannte Kunstwerke. Die Begeisterung dafür hat sich schnell eingestellt und wir haben bald viele Schallplatten und CDs bespielt. ☙ Meiner Meinung nach haben die meisten Instrumente um 1500 ihre höchste Qualität erreicht. Nehmen wir zum Beispiel die Flöte. Eine Flöte mit acht Löchern hat einen unglaublich schönen, perfekten Ton. Wenn man neue Löcher hinzufügt und noch Klappen, um mehr Töne zu haben und besser greifen zu können, verliert man dafür diesen einzigartigen Klang. ☙ So ist es auch mit anderen Instrumenten. Die Menschen haben immer versucht die Instrumente weiterzuentwickeln, sie zu »verbessern«, um noch mehr, noch schnellere, noch klarere Noten spielen zu können. Aber dabei haben sie den schönen, reinen, ursprünglichen Klang verloren. Der Preis für den Fortschritt war zu hoch. ✎ Ich glaube übrigens, dass das mit vielen Dingen so ist. Macht die neue Digitalkamera wirklich die besten Fotos? Oder haben die alten Fotoapparate, die noch mit dem Film funktionierten, den man selbst entwickeln musste, nicht viel persönlichere, weichere und kreativere Bilder gemacht? ✎ Natürlich weiß man heute noch immer nicht genau, wie Musik von Monteverdi zur Zeit Monteverdis wirklich geklungen hat. Wir waren ja nicht dabei. Außerdem spielen für den Klang ja nicht nur das Instrument und die Noten eine Rolle, sondern auch die Räume. Und auch die Zuhörer hören ganz anders! Heute kennen wir andere Klänge als die Menschen der Renaissance – das bedeutet, dass die alte Musik auf uns ganz anders wirkt als auf die Menschen früher. ✎ Aber wenn man die alte Musik auf alten Instrumenten spielt, bekommt man wenigstens eine Vorstellung vom ursprünglichen Klang. Man erkennt dann schnell, dass die Musik früher nicht immer schön sein musste. Sie musste echt und wahrhaftig sein, also war eine gewisse Hässlichkeit ein Teil der »schönen« Musik. Ich weiß, dass die Musik früher viel körperlicher, organischer, also echter war als heute. ✎ Inzwischen spielen viele Orchester alte Musik auf alten Instrumenten. Heute weiß man, dass das, was man für Fortschritt hält, und für modern, oft überhaupt nicht besser ist als das Alte – im Gegenteil: Das Alte ist meist deutlicher und näher am Menschen – so erzählt und gespielt ist alte Musik wieder leidenschaftlich und spannend.

Kanon und Fuge – Bach und die Wissenschaft der Musik

Jeder kennt den Kanon »Bruder Jakob«. Man kann dieses Lied zu zweit, zu dritt oder zu viert singen. Der erste Sänger beginnt die Melodie »Bruder Jakob, Bruder Jakob«, und während er weitersingt »schläfst du noch, schläfst du noch«, fängt der zweite Sänger das Lied von vorne an. Wenn der zweite nun ebenfalls bei »schläfst du noch« angekommen ist, setzt der dritte ein. Der erste Sänger ist dann bereits an der Stelle »hörst du nicht die Glocken?«. Dass sich alle Stimmen gut zusammen anhören, liegt daran, dass die einzelnen Teile harmonisch zusammenpassen, dass also immer Noten zusammen gesungen werden, die gut miteinander klingen.

Kanons gibt es schon sehr lange, doch wie vieles in der Musik wurden auch sie weiterentwickelt. Eine Fortführung des Kanons ist die sogenannte Fuge. Das Wort kommt von lateinisch »fuga« und bedeutet »Flucht«. Auf der Flucht ist hier ein musikalisches Thema – also eine Melodie. Verfolgt wird sie von sich selbst und manchmal auch von anderen Melodien. Im Prinzip ist eine Fuge ganz einfach aufgebaut: Es gibt ein Thema, nach einiger Zeit beginnt dieses Thema noch einmal und verknotet sich mit dem ersten (also ein bisschen wie in einem Kanon). Es kann auch ein zweites, ganz anderes Thema folgen. Wichtig ist nur, dass beide Themen immer wieder ineinander verschachtelt werden. Eine Fuge kann so viele Themen haben, wie sie will – in der Regel zwei, drei oder vier. Bei fünf Themen wird es schon kompliziert, sie überhaupt noch herauszuhören.

Eine Fuge zu komponieren hat sehr viel mit Mathematik zu tun. Schließlich müssen die einzelnen Teile aller Motive zueinanderpassen. Jedes Thema kann variiert oder umgestaltet werden; man kann es zum Beispiel von hinten nach vorne spielen (das nennt man Krebs, weil der auch rückwärts geht), oder man kann das Thema spiegeln. Beim Spiegeln legt man einfach einen Spiegel auf die Notenlinien und schreibt die Noten, die man im Spiegel sieht, auf – dann bleiben die Tonabstände erhalten, aber statt aufwärts gehen sie abwärts und umgekehrt. Natürlich kann man ein Thema auch in einem anderen Rhythmus spielen, es langsamer oder schneller machen. Und so ist eine gute Fuge eigentlich eine musikalische Rechenaufgabe: Es geht darum, möglichst viele Themen zur gleichen Zeit in unterschiedlichen Formen zum Klingen zu bringen.

Eine Fuge kann man übrigens auch ganz ohne Noten zu Papier bringen. Man könnte sie zum Beispiel malen. Dafür brauchst du dir nur drei oder vier unterschiedliche Muster zu überlegen: zum Beispiel eine Wellenlinie aus Sternen, eine zackige Linie oder eine Linie aus Punkten – das sind deine Motive. Am besten malst du jede Linie mit einer anderen Farbe. Und schon kannst du deine Kunstfuge beginnen: Lass einfach die Linien in unterschiedlichen Abständen nacheinander und untereinander laufen, mal nur eine Linie, mal zwei, mal alle drei. Du kannst sie spiegeln oder von hinten malen, sie können kleine oder lange Wellen haben, von unten nach oben oder von oben nach unten führen. Nun kannst du alle Linien und ihre Variationen zu einem schönen, möglichst gleichmäßigen Muster anordnen, und fertig ist deine Bildfuge.

Der Effekt einer Fuge in der Musik ist verblüffend. Man kann die einzelnen Melodien beim Zuhören mit den Ohren suchen. Eine Fuge versucht also, das musikalische Material (die einzelnen Themen) in eine harmonische Ordnung zu bringen. Die schönsten und kompliziertesten Fugen hat Johann Sebastian Bach geschrieben. Für eine seiner Fugen hat er sogar den eigenen Namen als Motiv komponiert, die Noten B-A-C und H.

Doch bis Bach sich in seinen Noten selbst verewigte, war es ein langer Weg. Bachs Vater war Stadtmusiker in Eisenach und seine Eltern starben sehr früh. Der Junge wuchs bei seinem älteren Bruder auf. Schon als Kind war er ein sehr guter Orgelspieler. Bach war so gut, dass er auch als Erwachsener oft mehr Geld verdiente als seine Vorgesetzten. Nach unterschiedlichen Anstellungen wurde er Thomaskantor in Leipzig. Als Kantor war er nicht nur für die Musik an der Thomaskirche verantwortlich, sondern für alle Kirchen der Stadt. Hier wurden jeden Sonntag neue Messen und Kantaten aufgeführt –

viele davon schrieb Bach selbst. Nebenbei musste er auch noch Musikunterricht geben. Bach schrieb Klavierschulen und Übungsstücke für seine Schüler, außerdem unterrichtete er seine vielen Kinder. Besonders begabt zeigte sich sein Sohn Carl Philipp Emanuel, der später auch Haydn und Mozart beeinflusst hat.

Johann Sebastian Bach muss ein gemütlicher Mensch gewesen sein. Er liebte das Bier und schrieb seine Werke gern im Café. Aber er war auch ein sehr gläubiger Mensch. Als Protestant glaubte er, dass Gott die Welt nach seiner Vorstellung ordnet. Für Bach bestand die Aufgabe der Kunst darin, die Natur nachzuahmen. Allerdings nicht so, wie Vivaldi das in seinen »Vier Jahreszeiten« getan hatte. Bach hat keine Herbststürme und Schneefälle in seiner Musik beschrieben. Für ihn war die Natur mehr als das Wetter. Sie war: alles!

Er glaubte, dass erst aus den Erkenntnissen aller Wissenschaften ein Bild entstehen würde, das unsere Welt erklärt. Gottes Welt! Und dieses Weltbild wollte Bach in seiner Musik zeigen: eine göttliche Ordnung, in der genug Platz für menschliche Gefühle war.

Bach komponierte viele Stücke für sein Lieblingsinstrument, die Orgel. Wahrscheinlich gibt es kein anderes Instrument, mit dem ein einziger Mensch so viele unterschiedliche Töne hervorbringen kann. Die Orgel ist eine sehr komplizierte Maschine. Durch einen Blasebalg wird Luft in große Pfeifen geblasen. Gespielt wird sie wie ein Klavier – mit dem Unterschied, dass die meisten Orgeln mindestens zwei Tastaturen, sogenannte Manuale, haben. Außerdem gibt es Tasten für die Füße und unterschiedliche Register, mit denen sich der Klang der Orgel verändern lässt. Ein Organist erzeugt den Klang also mit Händen und Füßen und kann viele Stimmen gleichzeitig spielen.

Bach hat auch Oratorien, Messen, Passionen, Orchester- und Solowerke komponiert – besonders bekannt ist seine h-Moll-Messe. Alles, was er geschrieben hat, wurde später im Bach-Werke-Verzeichnis aufgelistet und nummeriert. Deshalb steht heute in den Programmheften vor jedem Bachstück die Abkürzung BWV und dahinter die Nummer des jeweiligen Werkes.

Zu Bachs Zeit wurde ein weiteres Instrument wichtig, das »Clavier«. Unter Clavier verstand man im Barock fast alles, was Tasten hatte: die Orgel, das Cembalo und das richtige Klavier. Das Cembalo ist eine Vorstufe des Klaviers, bei dem die Saiten durch eine Feder angezupft werden. Der Nachteil ist, dass der Ton sehr leise und zerbrechlich klingt und es keinen Unterschied macht, wie stark man eine Taste anschlägt. Beim Cembalo werden die Saiten immer gleich stark gezupft. Beim sogenannten Hammerklavier, das zu Bachs Zeit erfunden wurde, ist das anders. Hier werden die Saiten nicht gezupft, sondern mit einem kleinen Hammermechanismus angeschlagen. Wenn man stark auf eine Taste schlägt, wird der Ton lauter. Schlägt man leichter, wird er leiser.

Ein Problem der frühen Klaviere war, dass man auf ihnen nicht alle Stücke spielen konnte. Ein Klavier konnte nur für bestimmte Tonarten gestimmt werden. Doch die Klavierbauer hatten eine geniale Idee. Sie nahmen einfach die Mittelwerte der Töne aus allen Tonarten und veränderten den Abstand der einzelnen Töne dann auf dem Klavier. Damit stimmten sie das Instrument eigentlich falsch, aber dem normalen Ohr fällt diese minimale Verstimmung gar nicht auf. Bis heute werden Klaviere auf diese Art gestimmt. Plötzlich konnte man alle Stücke und alle Tonarten auf einem einzigen Klavier spielen. Diese neuen Klaviere nennt man »wohltemperierte Klaviere«.

Natürlich waren die Musiker begeistert. Johann Sebastian Bach wollte als Wissenschaftler der Musik sofort beweisen, dass sich in jeder Tonart schöne Stücke schreiben lassen und dass es keine Tonart gibt, die schlechter ist als eine andere. Also schrieb er Präludien (Vorspiele) und Fugen in allen Tonarten und fasste sie unter dem Titel »Das wohltemperierte Klavier« zusammen.

Als Bach alt wurde, bekam er, ähnlich wie Händel, Probleme mit den Augen. Er wurde vom gleichen Arzt wie Händel behandelt, aber auch er konnte nicht geheilt werden. Bach starb im Alter von 65 Jahren.

Nach Bachs Tod begann ein neues Zeitalter der Musik. Den Umbruch hat er selbst noch miterlebt, als er den Preußenkönig Friedrich II. 1747 in Potsdam besuchte. Der König wurde auch Friedrich der Große genannt und wohnte in einem sehr prunkvollen Schloss, dem er den Namen »Sanssouci« gegeben hatte, was »ohne Sorgen« bedeutet. Friedrich war ein junger König, der großes Interesse an der Kunst und der Musik hatte. Regelmäßig traf er sich mit dem Philosophen Voltaire und hatte sogar einen eigenen Flötenlehrer, Johann

Joachim Quantz. Als Kapellmeister hatte der König Johann Sebastian Bachs Sohn Carl Philipp Emanuel eingestellt.

Friedrich war ein neugieriger Mensch und wollte den alten Bach unbedingt kennenlernen. Aber Bach zögerte, weil er nicht gern reiste und Friedrich nicht sein Lieblingskönig war.

Bach wurde 1685 geboren, also im gleichen Jahr wie Georg Friedrich Händel. Trotzdem führte er ein vollkommen anderes Leben. Während Händel ganz Europa bereiste, die wichtigsten Musiker traf und überall sein wollte, wo gute Musik gespielt wurde, hat Bach Deutschland nie verlassen. Er besorgte sich die Noten aus Italien, Frankreich und England, hielt es aber nicht für nötig, sich die Musik vor Ort anzuhören.

Bach und Friedrich der Große waren ebenfalls sehr unterschiedlich. Als die beiden sich in Schloss Sanssouci trafen, war der König noch jung und Bach schon ziemlich alt. Außerdem glaubte Friedrich bereits an eine neue Philosophie – er war ein Vertreter der Aufklärung, die das Barock ablösen sollte. Friedrich suchte das Logische, das Erklärbare und das Klare. Bach lebte noch im alten Weltbild des Barock und war ein strenggläubiger Protestant. Auch der musikalische Geschmack der beiden unterschied sich: Während Bach die Polyfonie und den Kontrapunkt, also das Gegeneinander der einzelnen Stimmen, bevorzugte, mochte Friedrich die Homofonie lieber, also Stücke, in denen sich alle Noten an einer einzigen Melodie orientieren. So wurde ihr Treffen zum Treffen der Vertreter zweier Welten.

Bei seinem Besuch in Sanssouci musste Bach alle fünfzehn Klaviere im Schloss ausprobieren und am nächsten Tag auf allen Orgeln der Stadt spielen. Als kleine Überraschung hatte sich Friedrich eine besondere Gemeinheit ausgedacht. Er gab Bach einen Zettel, auf dem er ein kompliziertes musikalisches Thema aufgeschrieben hatte. Friedrich bat den Komponisten, aus diesem Thema eine sechsstimmige Fuge zu improvisieren. Das gelang Bach auch ganz gut. Der König staunte, nur Bach selbst war mit seinen spontanen Einfällen nicht zufrieden.

Als er wieder zu Hause in Leipzig war, wurmte ihn, dass Friedrich es gewagt hatte, sein Können auf die Probe zu stellen. Wahrscheinlich hatte der König das komplizierte Thema, das er Bach vorgelegt hatte, nicht einmal selbst erfunden. Bachs Rache war so einfach wie genial. Er komponierte eine perfekte Fuge auf Friedrichs Thema, ließ sie drucken, schickte dem König das Stück und gab ihm den Namen »Musikalisches Opfer«. Eine Andeutung, dass Bach die Aufgabe des Königs nicht gefallen, dass er sich und seine Kunst aber für ihn geopfert hatte.

Bach hatte in seiner Musik die Regeln des Barock zu höchster Vollendung gebracht. Nach seinem Tod wurde er allerdings ziemlich schnell vergessen. Einige Komponisten haben sich zwar an seine kunstvollen Fugen erinnert und diese Art zu komponieren auch in ihren Stücken benutzt, aber in den Konzerthäusern wurde Bach lange nicht gespielt.

Das änderte sich erst 79 Jahre nach seinem Tod. 1829 führte der Komponist Felix Mendelssohn Bartholdy Bachs Matthäuspassion zum ersten Mal auf. Das Konzert wurde ein großer Erfolg, und Bachs Musik wurde neu entdeckt. Seither gilt er für viele als das größte Genie der Musikgeschichte.

Der Mensch
in der Musik —
Die Klassik

Klassische Aufklärung – Ein neues Denken

Fangen wir mit einer ganz einfachen Frage an: »Wer bist du?« Wahrscheinlich wirst du zurückfragen, was so eine blöde Frage soll, und antworten: »Ich bin ich! Was denn sonst?« Und schon haben wir ein herrliches Problem!

Du bist du, na klar! Aber wer bist du? Bist du der Mensch, als den du dich selbst siehst? Oder bist du der Mensch, den andere in dir sehen? Bist du so, wie deine Eltern dich sehen, oder eher so, wie deine Freunde dich sehen? Und überhaupt: Woher weißt du eigentlich, dass du bist, dass du also wirklich existierst?

Wer hätte gedacht, dass eine einfache Frage wie »Wer bist du?« so viele neue Fragen aufwirft?

Solche Fragen hatten sich die Menschen bisher höchstens in der Antike gestellt. Im Mittelalter hatten sie weitgehend aufgehört zu fragen. Sie hatten so gelebt, wie die Kirche oder die Könige es ihnen vorschrieben. Warum sollten sie auch Fragen stellen? Gott war schließlich der Schöpfer der Welt, er hatte die Macht über Leben und Tod – und der Mensch war nichts als sein Geschöpf.

Doch nun begannen besonders die Philosophen, noch einmal über das Menschsein nachzudenken. Wer ist der Mensch? Nur ein Wesen der Schöpfung? Unterscheidet er sich vom Tier, weil er logisch und rational denken kann? Und macht das Wissen den Menschen zu etwas Besonderem? Sie fragten sich, ob man die Welt nicht viel besser erklären könnte, wenn man alles Wissen zusammentragen würde. Einige Männer in Frankreich haben genau das versucht. 1750 hatten sie begonnen, an einem gigantischen Lexikon zu arbeiten, an einer Enzyklopädie, in der alles Wissen der Welt aufgeschrieben werden sollte.

Ein solches Lexikon war natürlich gefährlich. Es drohte die Lehren der Kirche durch Logik und Wissen infrage zu stellen. Die Kirche hatte sich schließlich schon oft geirrt: Als sie behauptet hatte, dass die

Erde eine Scheibe sei. Oder als sie dachte, dass die Planeten um die Erde und nicht um die Sonne kreisen würden. Die Wissenschaft hatte die Kirche immer wieder kritisch hinterfragt und das Gegenteil ihrer Welterklärungen bewiesen. Die Kirche und einige Könige mussten in einer Enzyklopädie also eine Gefahr für ihre eigene Macht erkennen. Sie wollten, dass die Menschen an Gott glaubten und nicht anfingen, selbst zu denken! Also wurde die Arbeit an dem Lexikon verboten. Die Suche nach naturwissenschaftlichen Antworten hörte aber trotzdem nicht auf. Zu viele spannende Fragen lagen in der Luft. Diese Zeit der neuen Fragen nennt man heute Aufklärung, weil die Menschen begannen, sich über das Sein des Menschen aufzuklären.

Der Philosoph René Descartes stellte sich die gleiche Frage wie wir: »Wer bin ich?« Und er hat ebenfalls gemerkt, dass diese Frage nicht so leicht zu beantworten ist, wie sie klingt. Descartes wollte herausfinden, wie der Mensch funktioniert, was für ein merkwürdiges, besonderes Wesen er ist.

Zunächst stellte er fest, dass die Menschen gar nicht so logisch denken, wie sie vorgeben. Descartes glaubte, dass wir viele Dinge sehen, wie wir sie sehen wollen – und nicht, wie sie sind. Er glaubte, dass wir uns die Realität schöndenken, dass wir die Wirklichkeit in unserer Fantasie ein bisschen zurechtbiegen. Außerdem dachte Descartes, dass es einen Widerspruch zwischen dem Körper der Menschen und ihrem Geist gibt, also zwischen den Dingen und den Gedanken. Mit anderen Worten: Unsere Gefühle können größer sein als die Wirklichkeit, etwa wenn wir verliebt sind, wenn wir leiden oder hassen.

Als Descartes darüber nachdachte, ob er selbst überhaupt existiere oder ob er sich das nur einbilde, kam er auf eine erstaunlich einfache Idee. Er war sich nur über eines ganz sicher: dass er dachte. Und genau daraus leitete er seine Antwort ab: »Ich denke, also bin ich.« Für Descartes war das Denken der einzige Beweis, dass es ihn gab – und das Denken war auch das Einzige, was beschreiben konnte, wer er war: ein Denkender!

So logisch sich das anhört, so viele Fragen verstecken sich aber auch hinter dieser einfachen Feststellung. Stimmt es überhaupt, dass wir selbst denken? Sind wir also wirklich Herr über unsere Gedanken?

Oder denken unsere Gehirne auch ohne unser Zutun? Denken wir Dinge, die wir gar nicht denken wollen? Werden wir am Ende vielleicht nur gedacht? Und ist es ein Irrtum, wenn wir glauben, dass wir immer selbst über unser Handeln entscheiden können? Fragen über Fragen, die nun die Philosophen der Aufklärung beschäftigten.

Der Franzose Jean-Jacques Rousseau fragte sich zum Beispiel, warum der Mensch, obwohl er denkt, ein so grausames, selbstverliebtes und gemeines Geschöpf sein kann. Er gab die Schuld der Gesellschaft – erst im Zusammenleben mit anderen werde der Mensch, was er ist. Rousseau zweifelte daran, dass das Rationale, also das Logische, wirklich alle Fragen erklären könne. Er forderte, dass die Menschen ihre Antworten auch in der Natur suchen sollten. Ein anderer wichtiger Denker war der deutsche Philosoph Immanuel Kant. Er hat begonnen, die Vernunft zu untersuchen, und sich gefragt, ob die Vernunft den Menschen als besonderes Geschöpf auszeichne.

Welche Antworten die einzelnen Philosophen auf ihre Fragen auch immer gegeben haben, eines verband sie: Sie stellten den Menschen, sein Denken und sein Handeln ins Zentrum ihrer Welt. Das unterschied sie von der Zeit des Barock, in der die Kirche und Gott im Mittelpunkt standen.

All diese Fragen sind auch für die Musik wichtig, denn die Musik hat sich immer dann verändert, wenn sich das Denken der Menschen verändert hat.

Die wichtigsten Komponisten in der Zeit der Aufklärung waren Joseph Haydn, Joannes Chrysostomus Wolfgangus Theophilus Mozart, den wir heute unter dem Namen Wolfgang Amadeus Mozart kennen, und Ludwig van Beethoven. Haydn war der Älteste von ihnen und stand am Anfang der sogenannten Klassik – Beethoven war der Jüngste und beendete sie.

Aber was bedeutet eigentlich Klassik? Heute nennen wir jede Musik, die mit Orchester und alten Instrumenten gespielt wird, klassisch. In Wirklichkeit beschreibt Klassik aber nur eine Epoche der Musikgeschichte – eben jene Zeit, die mit Haydn beginnt und mit Beethoven endete: eine Zeit, in der die Musiker versucht haben, die Bedeutung des Einzelnen als Teil der Menschheit in ihrer Musik klingen zu lassen. Alle drei, Haydn, Mozart und Beethoven, haben nach möglichst logischen und klaren Formen in ihren Werken gesucht. Die einzelnen Sätze ihrer Sinfonien standen in einer Balance zueinander, es gab eine innere Ordnung in ihrer Musik – eben einen klassischen, die Zeiten überdauernden Stil. Aber die großen Komponisten der Klassik haben hier und da auch gegen die Regeln des strengen Aufbaus verstoßen und versucht, das Menschliche, also das Atmen, das Weinen, das Suchen, in ihre Musik zu bringen.

Und noch etwas ist wichtig für die Ära der Klassik. Während die Musiker des Barock den Affekt gesucht haben, also möglichst große Gefühle zeigen wollten, ging es den Komponisten der Klassik im Sinne der Aufklärung eher um die Empfindsamkeit des Menschen. Sie wollten die Frage beantworten, wer wir sind. Statt aufgeregter und möglichst aufgeblasener Arien haben sie Stücke komponiert, in denen sie die Vielseitigkeit des Menschen, seine Sehnsüchte, sein Leben und seine Ängste zeigen wollten.

Auch Haydn, Mozart und Beethoven waren ganz normale Menschen. Joseph Haydn liebte zum Beispiel das Kegeln und traf sich dafür zuweilen mit seinem Freund Mozart. Natürlich haben die beiden auch gemeinsam musiziert. Besonders gern spielten sie mit zwei anderen Freunden Quartette von Haydn. Haydns Stücke für zwei Geigen, eine Bratsche und ein Cello waren bekannt – und besonders gut. Sie begeisterten Mozart so sehr, dass er selbst begann, Quartette zu schreiben. Diese Werke widmete er dann Haydn. Haydn half seinem jungen Freund immer wieder. Als Mozarts Vater an der Kunst seines Sohnes zweifelte, tröstete Haydn ihn mit den Worten: »Ich sagen Ihnen vor Gott, Ihr Sohn ist der größte Komponist, den ich kenne. Er hat Geschmack und die größte Kompositionswissenschaft.«

Tatsächlich ist Mozart heute einer der berühmtesten Komponisten überhaupt. Und berühmt war er schon zu Lebzeiten. Viele Musiker wollten ihn treffen, bei ihm lernen und seine Meinung hören. Einmal besuchte ihn ein kleiner Junge namens Ludwig. Er hatte bereits bei Haydn vorgespielt und wurde später sogar von ihm unterrichtet. Nun reiste er nach Wien, um Mozart sein Können am Klavier zu zeigen. Mozart hörte sich den Jungen an und soll gesagt haben: »Auf den gebt Acht, der wird noch viel in der Welt von sich reden machen.« Mozart behielt recht. Ludwig van Beethoven sollte die Musik revolutionieren.

Haydn (1732–1809), Mozart (1756–1791) und Beethoven (1770 bis 1827) haben die Epoche der Klassik geprägt. Alle drei lebten lange in Wien, deshalb spricht man bei ihren Kompositionen auch von der »Wiener Klassik«.

Wien war die Hauptstadt des Habsburgerreiches Österreich-Ungarn und wurde zweimal von den Türken bedroht. Das Reich der Türken war das Osmanische Reich. Die Grenze zwischen dem Habsburger- und dem Osmanischen Reich verlief nur 150 Kilometer östlich von Wien, und die Wiener hatten ihre Stadt zu einer gigantischen Festung ausgebaut. 1683 belagerten die Türken Wien zwei Monate lang, bis die Stadt endlich befreit wurde. Damals wurden die Osmanen dauerhaft aus Mitteleuropa zurückgedrängt. Aber die Belagerung hinterließ Spuren – auch in der Musik. Komponisten wie Haydn, Beethoven und ganz besonders Mozart benutzten gern türkische Elemente in ihrer Musik, Mozart zum Beispiel in seinem bekannten »Türkischen Marsch«.

Der Kampf um Wien war nur ein Schauplatz der Weltgeschichte. Die neuen Gedanken über den Menschen und die Welt verbreiteten sich besonders schnell in Paris, und die Aufklärung hat in Frankreich schließlich zur Revolution gegen den König geführt. Wenn alle Menschen im Grunde gleich sind, ist es dann nicht ungerecht, wenn viele Menschen von nur einem König regiert werden? Hat nicht jeder Mensch das Recht auf Freiheit, Gleichheit und Gerechtigkeit?

In Frankreich wurde es zum Ziel der Menschen, dass jeder Bürger die gleichen Rechte haben sollte. Deshalb begannen die Franzosen, den König und die Monarchie infrage zu stellen. Zunächst nur in Gedanken, dann auch mit Taten. Die Menschen gingen auf die Straße und kämpften für ihre Rechte. Sie wollten Freiheit, Gleichheit und Brüderlichkeit. Es dauerte zehn Jahre, bis die Herrschaft in Frankreich neu geordnet war – von 1789 bis 1799.

Zunächst wollten die Untertanen lediglich mitentscheiden und gründeten eine sogenannte »konstitutionelle Monarchie«. In ihr gab es zwar einen König, der aber ohne die vom Volk gewählten Politiker nicht entscheiden konnte. Schon kurze Zeit später wollten die Franzosen den König ganz abschaffen. Also gingen sie wieder auf die Straße und kämpften gegen die Königstreuen. Frankreich wurde zu einer

Republik, in der die Mehrheit der Menschen entscheiden sollte, wie das Land regiert wurde.

Doch die Revolutionäre, die nun an der Macht waren, nahmen es mit ihren alten Idealen selbst nicht so genau. Tausende von Adeligen wurden unter der Guillotine geköpft – auch der König. Und die neue Regierung begann sofort, das eigene Volk zu bespitzeln und auszuspionieren. Jeder, der sich verdächtig machte, wurde verhaftet oder ermordet. Frankreich versank im Chaos.

In einer dritten Phase der Revolution übernahmen nun die reichen Bürger die Macht. Doch auch ihnen gelang es nicht, das Land aus den Wirren zu befreien. Frankreich suchte einen neuen Retter. Da stellte sich ein erfolgreicher Soldat an die Spitze seines Volkes. Viele Franzosen hofften, dass er die Ideale der Revolution in ganz Europa durchsetzen würde. Sein Name war Napoleon Bonaparte.

Haydn – Der Komponist ohne Kopf

Es waren turbulente Zeiten, als Joseph Haydn starb. Der Komponist war schon seit einigen Jahren sehr krank und wurde zu Hause von seinen Dienern gepflegt. Er lag im Sterben, als der Krieg in Wien tobte. Die Kanonen donnerten vor der Stadt, und Haydn soll seine Bediensteten getröstet haben, bevor er für immer die Augen schloss. Einige Tage später wurde Joseph Haydn auf dem Hundsturmer Friedhof in Wien begraben – und ziemlich schnell vergessen.

Die Familie Esterházy, bei der Haydn beschäftigt gewesen war, hatte das Interesse an der Musik verloren. Erst elf Jahre nach seinem Tod fiel dem Esterházy-Fürsten Nikolaus II. ein, dass man einen Komponisten wie Haydn nicht einfach in ein Grab legen und vergessen könne. Er befahl, die Leiche auszugraben und sie umzubetten. Nikolaus II. wollte dem toten Haydn nachträglich ein würdevolles Begräbnis schenken, er sollte in Eisenstadt zum zweiten Mal beigesetzt werden. Doch als die Totengräber den Sarg öffneten, bemerkten sie, dass der Kopf des Komponisten verschwunden war! Irgendjemand musste ihn gestohlen haben. Wir werden noch sehen, was hinter diesem Musikkrimi steckt.

Joseph Haydns Leben erzählt den Aufstieg eines kleinen Jungen aus einfachen Verhältnissen zu einem der beliebtesten und reichsten Komponisten seiner Zeit. Viele großartige Musiker waren damals sehr bekannt und zum Teil sehr einflussreich. Ihre Stellung am Hofe eines Königs machte sie zu mächtigen Stars. Musiker gehörten damals zu den wenigen Menschen, die in der Gesellschaft aufsteigen konnten. Denn meist war es so, dass man durch Geburt entweder arm oder reich war, entweder Bauer, Handwerker oder Adeliger. Joseph Haydn war eine Ausnahme: Er wurde als Sohn eines Handwerkers in Niederösterreich geboren und war am Ende seines Lebens ein sehr gefragter, unabhängiger Künstler.

Haydn war der Sohn eines Wagners, also eines Mannes, der Räder für Kutschen herstellte. Weder seine Mutter noch sein Vater konnten Noten lesen. Trotzdem haben die Haydns zu Hause gern und viel gesungen. Dabei bemerkten die Eltern die Begabung ihres Sohnes und beschlossen, ihn nach Hainburg an der Donau zu schicken, um ihn als Chorsänger ausbilden zu lassen. Zu dieser Zeit war Joseph Haydn erst fünf Jahre alt.

Zufällig reiste damals ein Mann namens Georg von Reutter durch die Dörfer. Er war Kapellmeister des Stephansdoms in Wien, einer der wichtigsten Kirchen der Stadt. Reutter war auf der Suche nach Stimmen für seinen Domchor, und als er den kleinen Joseph hörte, wusste er sofort, dass dieser Junge musikalisch war. Haydn bekam Gesangs-, Klavier- und Geigenunterricht. Außerdem begann er schon als Kind zu komponieren. Reutter half ihm und korrigierte seine ersten Kompositionsversuche. So wurde aus dem Sohn eines Wagners ein Musiker.

Mit 17 Jahren konnte Joseph nicht mehr im Dom singen, seine Stimme war zu tief geworden. Alles, was er besaß, war eine gute musikalische Ausbildung. Doch in Wien wartete man nicht auf einen jungen

Komponisten. Haydn konnte nicht von seiner Musik leben, also arbeitete er zunächst für den italienischen Komponisten Nicola Porpora.

Er komponierte seine ersten eigenen Streichquartette und dann sogar eine Oper. Beachtliche Kompositionen, die in Wien für allerhand Aufmerksamkeit sorgten. Irgendwann bestellte sogar der Wiener Hof Stücke von Haydn. Er komponierte Werke für königliche Bälle, für den Karneval und die Fastenzeit.

Nun wurde Haydn auch eine feste Anstellung angeboten: Graf Karl von Morzin holte den jungen Komponisten auf sein Schloss in der Stadt Pilsen. Hier wurde Haydn Musikdirektor; das bedeutet, dass er ein Orchester dirigieren durfte. Er schrieb seine ersten Sinfonien, Streichtrios und Streichquartette. Die Kompositionen verbreiteten sich schnell, und die Menschen bemerkten, dass er begabt war. Als Graf Morzin das Geld ausging und er Haydn nicht mehr bezahlen konnte, bekam der sofort die nächste Stelle angeboten. Er wurde zunächst Vizekapellmeister und dann Kapellmeister der Familie Esterházy.

Die Familie Esterházy war sehr einflussreich. Sie hatte die Habsburger Kriege gegen das Osmanische Reich und Frankreich unterstützt. Dafür waren die Esterházys in den Fürstenstand erhoben worden. Kaiser Joseph II., der das Heilige Römische Reich Deutscher Nation regierte und in Wien residierte, gab jedem männlichen Mitglied der Familie den Prinzentitel.

Haydn diente zunächst dem Esterházy-Fürsten Paul Anton und danach dem musikbegeisterten Nikolaus I. Die Esterházys wohnten nur selten in Wien. Haydn hat hauptsächlich auf dem Familiensitz in Eisenstadt gearbeitet, der fünfzig Kilometer von Wien entfernt liegt, und auf Schloss Eszterháza in Ungarn. Fast täglich hat er mit seinen Orchestern geprobt und über 150 Aufführungen im Jahr gegeben. Trotz der vielen Arbeit war Haydn sehr glücklich. Als Nikolaus 1790 starb, war das ein großer Schock für ihn, denn Nikolaus' Nachfolger war sehr unmusikalisch und entließ alle Musiker – außer Haydn. Der machte sich nun auf Wanderschaft und ging nach England, wo er mit seinen Sinfonien viel Geld verdiente.

1780 wurde der Notenstich erfunden. Endlich konnte Musik auch in großen Auflagen gedruckt werden. Die Komponisten verdienten jetzt nicht nur an den Aufführungen ihrer Werke, sondern auch am Verkauf ihrer Noten. Haydn profitierte von dieser Erfindung. Besonders bekannt wurde sein »Kaiserquartett«. In diesem Quartett hat Haydn ein kroatisches Volkslied zitiert, zu dem der Text »Gott erhalte Franz, den Kaiser!« gesungen wurde. Etwas später schrieb der Dichter August Heinrich von Fallersleben einen neuen Text zu dieser Musik. Er dichtete »Einigkeit und Recht und Freiheit«. Haydns Musik und von Fallerslebens Text sind bis heute die Nationalhymne der Deutschen.

Haydn hat die Streicherquartette erfunden. Ein Quartett ist deshalb so spannend, weil nur vier Instrumente miteinander spielen – in der Regel zwei Geigen, eine Bratsche und ein Cello. Man kann die einzelnen Stimmen also viel besser hören als in einem großen Orchester mit vielen Instrumenten.

Haydns Kunst bestand darin, jedes Instrument als selbstständige Stimme zu behandeln. Seine Quartette klingen wie ein Gespräch von vier Personen: Jemand sagt etwas, der andere fasst es zusammen, entwickelt einen neuen Gedanken, und die anderen kommentieren das Gesagte oder hören einfach nur zu. Haydn schrieb einmal, dass er seine Quartette »auf eine ganz neue, besondere Art« komponiert hätte. Und damit hatte er nicht übertrieben. Statt ein Motiv nach dem anderen vorzustellen, wachsen die einzelnen Melodien bei Haydn ganz natürlich aus der vorher gespielten Musik heraus. So entsteht ein besonderer, schöner, harmonischer Fluss der Werke – genau das, was wir heute »klassisch« nennen.

Haydn war ein sehr humorvoller Mensch. Seine Zeitgenossen fanden ihn nicht nur freundlich und sympathisch, sondern auch sehr lustig. Weil er sich oft für die Musiker seiner Orchester oder für Mozart und Beethoven einsetzte, wurde er liebevoll »Papa Haydn« genannt. Dabei hatte er nicht einmal eigene Kinder.

Wie lustig Haydn gewesen sein muss, lässt sich am besten in seinen Stücken hören. Zum Beispiel schrieb er die Sinfonie »mit dem Paukenschlag«. Sie ist deshalb so witzig, weil die Musik zunächst nur dahinplätschert. Plötzlich weckt Haydn sein Publikum aber durch einen donnernden Akkord auf – eben den Schlag mit der Pauke. An dieser Stelle hört man, wie sich der Komponist über diesen Effekt gefreut haben muss, darüber, dass sein Publikum zusammenzuckt.

Amüsant ist auch seine »Abschiedssinfonie«.
Eigentlich eine ganz normale Sinfonie – bis
auf das verblüffende Ende. Im letzten Satz
hören die Instrumente nacheinander auf zu
spielen, in manchen Konzerten verlassen die
Musiker sogar die Bühne, bis am Ende nur die
Geigen übrig bleiben. Auch diese Sinfonie war
ein humorvoller Protest des Komponisten. Bei Fürst
von Esterházy galt nämlich die Regel, dass Musiker ihre Familien nicht
mit an den Hof bringen durften. Die Mitglieder des Orchesters hatten
sich darüber beschwert, weil sie so zwei Haushalte finanzieren mussten: ihren eigenen am Hof und den ihrer Frauen und Kinder. Haydn
wollte dem Fürsten zeigen, wie schlimm dieses Gesetz für die Musiker
war. Deshalb ließ er in seiner Sinfonie einen nach dem anderen auf-
hören zu spielen. Der Fürst schien die Botschaft verstanden zu haben;
er erhöhte das Gehalt der Musiker, sodass sie sich ihr Leben mit zwei
Haushalten besser leisten konnten.

Haydn komponierte nicht nur Quartette und Sinfonien, sondern
auch Opern und Messen, außerdem das bekannte Oratorium »Die
Schöpfung« über die biblische Entstehung der Welt. Viel wichtiger
als seine musikalischen Späße ist aber, dass Haydn neue Formen für
die Musik erfunden hat. Er prägte zum Beispiel die »Sonatenhauptsatzform«. So nennt man die Weiterentwicklung der Sonate. Haydn
versuchte in seinem Sonatenhauptsatz, die Spannung in der Musik so
groß wie möglich zu gestalten. Deshalb hat er am Anfang einer Sinfonie oder eines Quartetts zunächst das musikalische Material, also die
Melodie, vorgestellt und es dann in einer anderen Tonart wiederholt.
Diesen Teil nennt man »Exposition«, das bedeutet »Ausstellung«.
Ausgestellt wird hier die ursprüngliche Musik, sodass das Publikum
sie nicht vergisst. Auf die Exposition folgt die Durchführung. Hier
wird das musikalische Material »behandelt«. Es werden einzelne
Teile der Melodie oder des Themas gespielt, Töne umgestellt oder in
anderen Tonarten gespielt. In der Durchführung geht es darum, das
Hauptthema möglichst einfallsreich zu verwandeln. In der »Reprise«
(der Wiederaufnahme) wird das ursprüngliche Material dann wieder
gezeigt und vielleicht noch einmal leicht abgewandelt.

Das Besondere an der Sonatenhauptsatzform war, dass eine Sinfonie oder ein Quartett auf diese Weise klare Strukturen bekam. Die Zuhörer konnten sich also gut in Haydns Musik orientieren und wussten, was sie zu erwarten hatten. Umso spannender war es, dass Haydn natürlich nicht immer ganz streng nach seinen eigenen Regeln komponierte. Er hat sein Publikum auch immer wieder verwirrt und herausgefordert. Das macht seine Stücke bis heute so interessant.

Als Napoleon Wien stürmte, war Haydn bereits seit einigen Jahren krank und konnte nicht mehr komponieren. Er empfing aber noch viele Freunde und Verehrer. 1809 starb er und wurde begraben.

Doch nun gilt es noch aufzuklären, warum er ohne Kopf beigesetzt wurde. Erst lange nach Haydns Tod stellte sich heraus, dass der Sekretär des Fürsten Esterházy, Joseph Carl Rosenbaum, den Totengräber bestochen hatte, damit der Haydn noch einmal ausgrub und den Schädel stahl. Rosenbaum wollte ihn für seine Schädelsammlung haben; es war sein Hobby, Schädel von interessanten Menschen miteinander zu vergleichen. Später, als der Totengräber (der im Hauptberuf übrigens Gefängniswärter war) den vermissten Schädel der Polizei übergab, dachten alle, dass Haydns Kopf endlich wieder aufgetaucht sei. Doch das war nur ein Trick! Es handelte sich nämlich nicht um Haydns Schädel, sondern um den Kopf eines anderen, fremden Menschen. Den echten Schädel hatte Rosenbaum einem Freund gegeben, der ihn dem Musikkonservatorium in Wien vererben sollte. Doch aus schlechtem Gewissen behielt der Freund den Schädel einfach. Erst viel später, 1895, gelangte Haydns Kopf dann über Umwege in die Hände der Gesellschaft der Musikfreunde in Wien und wurde 1954, also 145 Jahre nach Haydns Tod, mit dem Rest seiner Gebeine begraben.

Little Amadeus? –
Drei Irrtümer über Mozart

Auch Wunderkinder müssen Mathe lernen! Eines der bekanntesten Wunderkinder der Musikgeschichte war Wolfgang Amadeus Mozart. Er wurde nicht in einer Schule, sondern zu Hause unterrichtet. Vater Leopold stand im Wohnzimmer und rief: »Jetzt die Dreierreihe, Wolfgang!« Auf fast jedes Möbelstück hatte er eine Zahl mit Kreide geschrieben. Wolfgang hüpfte vom Sofa, auf dem eine Drei stand, weiter auf den Stuhl mit einer Sechs, auf den Klavierhocker mit einer Neun und den Esstisch mit einer Zwölf. Dann jubelte er: »Geschafft!«, und bat den Vater, noch ein bisschen Klavier spielen zu dürfen. Das tat Wolfgang nämlich lieber, als Mathe zu lernen.

Leopold wollte, dass sein Sohn ein guter Mathematiker, ein guter Geschichtskenner, ein Mensch mit Wissen und Einfühlung wird. Er versuchte, Wolfgang so viel beizubringen wie möglich. Und das tat er, so lustig er es konnte. Wenn es um Mathe ging, hatte Vater Mozart kein Problem damit, seinen Sohn in der kleinen Salzburger Wohnung von einem Möbelstück auf das andere springen zu lassen. Damals, als Kinder noch sehr streng erzogen wurden, war das eine große Ausnahme.

Heute kennt jeder Mozart, selbst Leute, die nur sehr wenig von klassischer Musik verstehen. Es gibt in Goldpapier gewickelte Marzipanschokolade, die nach im benannt ist – die besonders süßen Mozartkugeln. Über Mozart wurden unzählige Bücher geschrieben, und für viele Kinder ist seine »Zauberflöte« die erste Oper, die sie sehen. Es gibt sogar CDs für Mütter, die ihren Babys noch im Bauch Musik von Mozart vorspielen wollen, weil sie glauben, dass seine Kompositionen ihre Kinder beruhigen. Über Mozart gibt es Popsongs (»Rock me Amadeus«), einen großartigen Kinofilm (»Amadeus«) und eine lustige Zeichentrickserie (»Little Amadeus«). Überall sehen wir den gleichen Mozart: einen lustigen Jungen, der schon früh begonnen hat, tolle Musik zu schreiben. Es wird erzählt, dass sein Vater sehr streng

war und dass Mozarts Schwester Nannerl unter ihrem begabten Bruder gelitten habe.

Aber stimmt das, was wir über Mozart wissen, wirklich? Oder sind in den letzten 250 Jahren so viele Geschichten über ihn erfunden worden, dass heute gar nicht mehr klar ist, was wahr und was falsch ist? Hier kurz ein paar Worte zu den drei größten Irrtümern über einen der besten Komponisten der Musikgeschichte.

Mozart hieß mit Vornamen Amadeus

In Wirklichkeit hieß Mozart nie Amadeus. Getauft wurde er auf den Namen Johannes Chrysostomus Wolfgangus Theophilus Mozart. Seine Eltern und seine Schwester nannten ihn meist Wolfgang oder Wolferl. Aber weil Mozart Spaß am Spiel mit Wörtern und Buchstaben hatte, erfand er viele andere Namen für sich. Briefe unterschrieb er mit »Wolfgang Amadé Rosenkrantz« oder mit »Dein Sauschwanz«. Manchmal nannte er sich auch »Trazom«, weil er es liebte, rückwärts zu sprechen. Nur einen Namen hat er nie benutzt, ausgerechnet den, unter dem er bekannt ist: Amadeus.

Dass wir heute Amadeus sagen, liegt daran, dass Mozarts Frau Constanze diesen Namen nach dem Tode ihres Mannes benutzte. Mozart selbst gebrauchte höchstens die italienische oder die französische Form, wenn er sich Amadeo oder Amadé nannte.

Mozarts Vater Leopold war sehr streng

In vielen Mozartbüchern und -filmen wird Leopold Mozart als strenger Vater dargestellt. Besonders, weil er schon sehr früh mit Wolfgang und seiner älteren Schwester Nannerl durch ganz Europa gereist ist, um sie vor Königen und Fürsten spielen zu lassen.

In Mozarts Briefen kann man lesen, dass ihm das Reisen und die Konzerte durchaus Spaß gemacht haben. Er liebte es, im Mittelpunkt zu stehen, am Klavier oder auf der Geige zu spielen und den staunenden Menschen zu zeigen, wie gut ein sechsjähriges Kind komponieren konnte. Trotzdem wird behauptet, dass der Ehrgeiz des Vaters und die vielen Reisen schuld an Mozarts frühem Tod waren. Er wurde nur 35 Jahre alt.

Die Wahrheit ist, dass Leopold eigentlich ein sehr moderner Vater war. Mozart war ein Kind, das Lernen nicht als Pflicht verstand – es hat ihm Spaß gemacht. Kein Wunder also, dass Wolfgang einmal gesagt hat: »Nach dem lieben Gott kommt gleich der Herr Papa.«

Gestritten haben sich Mozart und sein Vater erst, als Mozart erwachsen wurde und selbst über sein Leben bestimmen wollte. Als er von Salzburg nach Wien ziehen und seine Freundin Constanze heiraten wollte. Der Vater war strikt gegen diese Hochzeit. Er dachte, dass Wolfgang es in Salzburg besser haben würde, und glaubte, dass Constanze keine gute Frau für ihn sei. Natürlich ist es blöd, wenn ein Vater seinem Sohn das Heiraten verbieten will und ihm in seine Arbeit hineinredet. Aber Leopold hatte sehr lange mit seinem Sohn zusammengelebt. Gemeinsam hatten sie viele schöne Momente erlebt. Und nun war es schwierig für den Vater, das eigene Kind ziehen zu lassen.

Richtig schlecht benommen hat sich Leopold allerdings, als seine Frau Anna Maria, Wolfgangs Mutter, gestorben ist. Mozart wollte nach Paris reisen, um dort eine Stellung zu finden. Leopold erlaubte das nur unter der Bedingung, dass die Mutter ihn begleitete. Anna Maria sollte auf Wolfgang aufpassen. Also fuhren Mutter und Sohn zunächst nach Mannheim (hier war das beste Orchester der Zeit zu Hause) und dann weiter in die französische Hauptstadt. Paris war damals sehr groß und sehr dreckig, besonders das Wasser aus der Seine. Wahrscheinlich hatte die Mutter dieses Wasser getrunken, ohne es vorher abzukochen. Kurz darauf wurde sie krank und starb.

Mozart war damals sehr jung, und es war das erste Mal, dass er mit dem Tod konfrontiert wurde. Was sollte er tun? Er hatte Angst, seinem Vater in einem Brief vom Tod der Mutter zu berichten. Er hielt es für besser, wenn ein Freund dem Vater die Nachricht persönlich überbringen würde – um ihn besser trösten zu können. Aber Leopold wollte sich nicht trösten lassen. Er schrieb seinem Sohn einen Brief, in dem er ihn für den Tod der Mutter verantwortlich machte. Dieser Brief hat Mozarts Verhältnis zum Vater für immer zerrüttet.

Mozart wurde ermordet

Dass ein Genie wie Mozart schon mit 35 Jahren gestorben ist, führte zu wilden Spekulationen. Wurde er etwa ermordet, weil er zu gut war? Ging sein Tod auf eine Verschwörung mittelmäßiger Musi-

ker zurück? Wurde Mozart vielleicht sogar von seinem Konkurrenten, dem Wiener Hofkomponisten Antonio Salieri, umgebracht, wie es der Film »Amadeus« behauptet?

Mozart litt schon Wochen, bevor er starb, an hohem Fieber. Zwei Ärzte haben ihn behandelt. Sein Kompositionsschüler Franz Xaver Süßmayr hat an seinem Bett gesessen und Noten aufgeschrieben, die Mozart ihm diktierte, weil er selbst zu schwach zum Schreiben war. Es waren die Noten zu einem Requiem, zu einer Totenmesse, für die Mozart sehr viel Geld bekommen sollte. Er starb, bevor er das Requiem vollenden konnte, und wurde still und leise begraben.

Dass man heute nicht weiß, wo Mozarts Leiche liegt, ist das letzte Missverständnis über sein Leben. Angeblich war er so arm und unbekannt, dass er in einem Massengrab vor den Toren Wiens beerdigt wurde. Tatsächlich wurde Mozart dort nicht beigesetzt, weil er so arm oder so unbekannt war. Es war üblich, dass ein Begräbnis anonym stattfand, wenn es sich nicht gerade um einen Adeligen handelte. Auch dass niemand dem Leichenzug folgte, hatte einen Grund: Zur Zeit Mozarts gab es in Wien ein Gesetz, das es Angehörigen verbot, die Toten auf ihrem letzten Weg zu begleiten.

Schon einige Tage nach seiner Beerdigung wurden in Wien Konzerte für Mozart gegeben. Seine Frau Constanze verdiente schnell Geld, als sie Mozarts Stücke verkaufte, und bis heute ist wahrscheinlich kaum ein anderer Komponist so lebendig wie Joannes Chrysostomus Wolfgangus Theophilus Mozart. Seine Musik wird so oft gespielt wie die keines anderen Komponisten. Es heißt sogar, dass Kühe mehr Milch geben, wenn sie Musik von Mozart hören. Umso mehr sollten wir uns fragen, woran das wohl liegt.

Der Ton macht die Musik – Was wir hören, obwohl es nicht da ist

Wenn deine Eltern dich fragen, ob du deine Hausarbeiten gemacht hast, und du antwortest: »Mache ich gleich«, hängt viel davon ab, wie du dieses »Mache ich gleich« sagst. Du kannst glaubhaft erklären: »Verdammt, ich habe die Hausarbeiten vergessen, aber ich gehe sofort und mache sie.« Allerdings kannst du das »Mache ich gleich« auch so sagen, dass dir niemand glaubt, dass du deine Hausarbeiten machen wirst. Dann klingt deine Antwort etwas genervt und sagt eigentlich: »Mann, lasst mich in Ruhe, ich habe keine Lust, die Hausarbeiten jetzt zu machen!« Wahrscheinlich werden deine Eltern in diesem Fall antworten, dass es ihnen ernst ist und du deine Aufgaben nun endlich erledigen sollst. Wenn du dann antwortest, dass du doch gesagt hättest, dass du deine Hausarbeiten gleich machen wirst, würden sie dir trotzdem nicht glauben und vielleicht so etwas sagen wie: »Der Ton macht die Musik.«

Dein Ton signalisiert, dass dir die Hausarbeiten gerade total egal sind. Du benimmst dich formal zwar vollkommen richtig, weißt aber gleichzeitig, dass du deine Eltern durch den Ton provozierst und dass sie dir nicht glauben werden. Obwohl du sagst: »Mache ich gleich«, hören sie: »Lasst mich in Ruhe!«

In der Musik ist das ähnlich: Der Ton macht die Musik! Das gilt ganz besonders bei Mozart. In seinen Sinfonien und Opern macht er es wie in unserem Beispiel: Er komponiert Stücke, die formal absolut einwandfrei sind, benutzt brav die musikalischen Regeln seiner Zeit, komponiert in der Sonatenhauptsatzform und setzt seine Harmonien, wie es sich gehört. Aufbau und Gestaltung seiner Musik sind perfekt! Trotzdem gibt es unter dieser »richtigen Musik« einen Ton, der klarmacht, dass Mozart eigentlich etwas ganz anderes sagen will. Etwas, das man einem Kaiser oder den Adeligen ebenso wenig sagen kann wie den Eltern, dass man keine Lust auf die Hausarbeiten hat. Mozart sagt in seiner Musik dauernd: »Mache ich gleich«, denkt aber nicht daran, sich an die Hausarbeiten zu setzen! Man kann seine Stücke als süße, schöne Klänge hören, oder man kann in ihnen einen beißenden Protest heraushören. Der Ton macht eben die Musik!

Besonders deutlich wird das in seinen Opern. Zum Beispiel in »Die Hochzeit des Figaro«. Der Angestellte Figaro will das Dienstmädchen Susanna heiraten, doch Graf Almaviva, bei dem die beiden beschäftigt sind, hat ebenfalls ein Auge auf Susanna geworfen. Er will das »Recht der ersten Nacht« in Anspruch nehmen. Dabei handelt es sich um ein uraltes Recht, das einem Dienstherrn erlaubt, die Nacht vor der Hochzeit mit seiner Angestellten zu verbringen. Man kann davon ausgehen, dass in dieser Nacht nicht nur geredet wurde, besonders nicht bei Almaviva. Er ist als großer Frauenfreund bekannt und nimmt es mit der Treue zur Gräfin nicht so genau. Doch auch die Gräfin hat einen Verehrer: den jungen Pagen Cherubino, der übrigens von einer Frau gesungen wird, weil er besonders jung klingen soll. Eine solche Rolle, in der eine Sängerin einen Mann spielt, nennt man »Hosenrolle«.

Es geht also drunter und drüber im Leben der Adeligen. Die Geschichte vom Figaro war eigentlich ein Theaterstück des französischen Dichters Pierre-Augustin Caron de Beaumarchais. Es war in Wien verboten, weil der Adel seine moralischen Ausrutscher nicht auf der Theaterbühne sehen wollte. Aber Mozart fand das Stück lustig, hatte sofort viele Ideen dazu und gab Kaiser Joseph II. einige Kostproben. Dem Kaiser gefielen der Stoff und Mozarts Erklärungen, außerdem war ihm der Adel in seinem Reich ohnehin zu mächtig geworden. Also gab er die Oper bei Mozart in Auftrag. Das Textbuch schrieb der Dichter Lorenzo da Ponte, selbst ein großer Abenteurer und Lebemann. Er hat für Mozart die Texte zu wunderschönen Opern wie »Così fan tutte«, »Don Giovanni« und eben zur »Hochzeit des Figaro« geschrieben. Jede dieser Opern funktioniert nach unserem Hausarbeiten-Beispiel. Mozart und sein Librettist haben zwar die Formen und Regeln ihrer Zeit erfüllt, aber ihr Ton lässt hören, dass sie eigentlich etwas ganz anderes sagen wollten.

Am Ende der Oper, wenn der Graf überlistet wird und ewige Treue schwört, scheint Mozart dem adeligen Publikum zu sagen: Jetzt wird alles besser. Der Graf und die Gräfin werden in Zukunft treu sein und haben aus ihren Fehlern gelernt. Der Graf erklärt: »Mache ich«, und bittet um Verzeihung, aber das Orchester spielt eine tumultartige Musik. Alles geht drunter und drüber; man hört förmlich, dass alles von vorne beginnt und niemand wirklich treu sein wird. Mehr noch, jeder wird auch weiterhin tun, was ihm gefällt. Kaum ein Zuschauer wird ernsthaft glauben, dass sich am Ende dieser Oper alles zum Guten wendet. Im Gegenteil, einige hören aus Mozarts wilder Musik bereits die Wirren der Französischen Revolution heraus, die einige Jahre später in Paris beginnen sollte.

Das Besondere an dieser Oper ist also, dass auch hier der Ton die Musik macht. Was sich schön anhört, ist eigentlich eine beißende Kritik an der Gesellschaft. Die Adeligen haben das verstanden und Mozart fallen gelassen.

Die bekannteste Mozartoper ist sicherlich »Die Zauberflöte«. Auch hier geht es um viel mehr als um das, was man sieht. Die Handlung ist ein einfaches Märchen: Prinz Tamino trifft den bunten Vogelmenschen Papageno. Die beiden erfahren, dass die Tochter der Königin der Nacht, Pamina, von einem bösen Herrscher namens Sarastro entführt worden ist. Tamino verliebt sich in Paminas Bild und beschließt, sie zu befreien. Dafür schenkt ihm die Königin der Nacht eine Zauberflöte. Auf seiner Suche stellt Tamino fest, dass Sarastro eigentlich gar nicht böse ist. Er herrscht in einem Tempel, in dem die Regeln von Vernunft, Weisheit und Natur gelten (also die Tugenden der Aufklärung). Sarastro bietet Tamino Prüfungen an, um in seinen Tempel aufgenommen zu werden. Außerdem will Tamino Pamina heiraten. Tamino besteht die Prüfungen und bekommt die Geliebte.

In der »Zauberflöte« geht es Mozart um Werte, die ihm selbst wichtig waren: Vernunft, Weisheit und Natur. Alle drei waren Ideale der sogenannten Freimaurer.

Die Freimaurer waren ein Geheimbund. Seine Mitglieder haben sich getroffen, um über die Rechte der Menschen zu diskutieren. Statt Gott und den Glauben in den Vordergrund zu stellen, drehte sich bei ihnen alles um das Wissen. Sie stritten für die Werte der Französischen Revolution und waren deshalb verboten – in Mozarts Wien regierte neben Joseph II. schließlich noch immer die Kirche. Als Mozart auf dem Sterbebett lag und ein Pastor ihm die Letzte Ölung, also den letzten Segen, geben sollte, weigerte er sich. Angeblich, weil Mozart Freimaurer war.

Die Zeichen der Freimaurer waren Winkelwaage, Winkelmaß und Senkblei. Also drei Dinge, von denen Winkelmaß und Winkelwaage auch noch drei Ecken haben. Die Drei war die Erkennungszahl der Freimaurer, und Mozart hat sie als Geheimcode in die »Zauberflöte« eingeschmuggelt: Die Königin der Nacht hat drei Dienerinnen, drei Jünglinge leiten Tamino zu Sarastros Tempel, der sich durch drei Türen betreten lässt. Im Tempel hat Tamino drei Prüfungen zu bestehen, zu denen er durch drei Posaunenstöße zugelassen wird. Selbst in der Musik lässt sich die Zahl Drei weiterverfolgen. Es gibt drei wesentliche Instrumente: Taminos Zauberflöte, Papagenos Glockenspiel und dessen Faunflöte. Jedes dieser drei Instrumente wird in der Oper genau drei Mal gespielt.

Eine Mozartoper sollte man nicht einfach so hören, ohne auf ihre aufrührerischen Geheimbotschaften zu achten. Es scheint, als würde seine Musik über eine Epoche sprechen, die zu Mozarts Lebzeiten zwar schon in der Luft lag, aber erst nach der Französischen Revolution und mit den Kriegen Napoleons erkämpft wurde. Eine Epoche, in der Ludwig van Beethoven lebte. Beethoven hätte seinen Eltern auf die Frage nach den Hausarbeiten wahrscheinlich nicht mehr mit einem »Mach ich gleich« geantwortet, sondern mit einem klaren, trotzigen »Nein, ich habe keine Lust!«.

Das Genie – Ludwig van Beethoven

Es gibt Momente in der Geschichte der Menschen, in denen die Welt auf den Kopf gestellt wird. In diesen Momenten ist nichts mehr so, wie es gerade noch schien. Regeln, die gestern Gesetz waren, gelten heute nicht mehr. Gestern hatten die Würdenträger der Kirche die Macht – heute werden sie abgesetzt. Gestern regierte der König –

heute wird er von einem jubelnden Volk hingerichtet. Wer gestern noch Freund war, könnte heute ein Feind sein. Und was gestern nicht gesagt werden durfte, weil man sonst ins Gefängnis kam, darf heute auf den Straßen geschrien werden. Die Französische Revolution war ein solcher Moment, an dem sich alles veränderte. Klar, dass durch so ein Ereignis auch neue Musik entstand.

Dabei war die Revolutionsmusik zunächst gar nicht so revolutionär, wie man denkt. Die alte Musik in Frankreich hatte den König gefeiert. Die neue feierte nun eben die Revolution. Es wurden Stücke mit großen Chören aufgeführt, um den Menschen zu zeigen, dass jeder von ihnen ein Teil der neuen Republik war. Später, als Napoleon die Herrschaft in Frankreich übernommen hatte, ließ er Opern und Stücke von dem Komponisten Gaspare Spontini schreiben. Spontini feierte allerdings nicht mehr das Volk, sondern seinen Feldherrn und Kaiser – Napoleon. Eigentlich war alles wieder so wie früher. Aber nicht ganz!

Bereits vor der Französischen Revolution war in Paris das erste Konservatorium entstanden, eine Art Kunstschule, in der auch Musik unterrichtet wurde. Plötzlich konnte jeder begabte Mensch Musiker werden. Es gab Regeln, die allen beigebracht wurden, und der Geschmack wurde nicht mehr von den Königen bestimmt, sondern von Lehrern und Professoren. Doch das Konservatorium sorgte auch dafür, dass die Musik akademisch wurde – das bedeutet, dass sie nun aus der Schule kam und immer weniger aus der Welt der Höfe und Kirchen.

Mozart starb 1791, zwei Jahre nach dem Beginn der Französischen Revolution. Er hatte die Stimmung des Aufbruchs, die in der Luft lag, noch gespürt. Beethoven war erst 18 Jahre alt, als die Revolutionäre am 14. Juli 1789 die Bastille, ein Gefängnis in Paris, stürmten.

Beethoven wuchs in der deutschen Stadt Bonn auf, also in einer Welt, die von Königen und Fürsten regiert wurde. Doch irgendwann galt diese alte Ordnung nicht mehr. Erst recht nicht, als Napoleon die Macht in Frankreich ergriffen hatte und mit seinen Armeen durch Europa zog, um überall den Codex der Französischen Revolution zu erkämpfen: Die französische Armee wollte Gleichheit, Freiheit und Brüderlichkeit in allen europäischen Ländern durchsetzen. Und das tat sie zum großen Teil mit blutiger Gewalt. Beethoven hat all das miterlebt.

Ludwig van Beethoven war ein Wunderkind – ebenso wie Mozart. Nur dass sein Vater, selbst Musiker, ihm das Klavierspiel nicht so liebevoll beigebracht hat wie Leopold Mozart seinem Sohn. Im Gegenteil: Beethovens Vater war oft betrunken, brachte seine Saufkumpane mit nach Hause und weckte das Kind mitten in der Nacht. Dann sollte der Junge die Männer mit Musik unterhalten. Beim Üben wurde Beethoven von seinem Vater geschlagen und beschimpft. Er wollte aus seinem Sohn unbedingt einen berühmten Musiker machen, notfalls auch mit Gewalt.

Graf Ferdinand Ernst von Waldstein förderte den jungen Ludwig. Er vermittelte Beethoven ein kurfürstliches Stipendium, mit dem der Komponist nach Wien reiste. Hier sollte Beethoven »Mozarts Geist aus den Händen Haydns« erhalten. Waldstein wollte, dass Beethoven bei Haydn lernte; er dachte, dass ein Haydn-Schüler automatisch auch etwas über die Kunst Mozarts lernen würde. Außerdem hoffte er, dass Beethoven die Nachfolge der beiden Meister antreten könnte.

Man kann sich leicht vorstellen, dass Musik, die ein reicher Bürger wie Graf Waldstein in Auftrag gab, anders klang als Musik, die ein König oder Kaiser hören wollte. Könige und Kaiser wollten durch die Musik gefeiert werden, ihre Macht und ihren Reichtum zeigen. Vor allen Dingen aber wollten sie hören, dass ihr Staat toll war. Ein normaler Bürger gab Musik mit anderen Wünschen in Auftrag: Sie sollte sich neu, anders und ungewohnt anhören. Beethoven hatte also ganz andere Voraussetzung als Haydn oder Mozart, die sich mit den Regeln des Wiener Hofes arrangieren oder gegen sie kämpfen mussten. Er konnte alte Regeln der Musik einfach auflösen, durfte experimentieren und Grenzen sprengen. Ja, Beethoven wurde sogar dafür bezahlt, möglichst neu, möglichst anders, möglichst groß zu komponieren. Allein der erste Satz seiner dritten Sinfonie war so lang wie eine ganze Sinfonie von Joseph Haydn. Manche Konzerte, die Beethoven organisiert hat, dauerten länger als vier Stunden.

Musik war für ihn eine Möglichkeit, über das Chaos seiner Epoche zu sprechen, die Wirren seiner Welt zu ordnen. Beethoven lebte in einer Zeit des Umbruches. Aber wie sollte sich Musik für diese Welt anhören? Diese Musik musste das, was Haydn und Mozart komponiert hatten, weiterführen. Also entwickelte Beethoven genau wie sie

Quartette und Sinfonien und großartige Klaviermusik. Alte Regeln warf er einfach über Bord. In seinen späten Quartetten hört man eine unglaubliche Freiheit. Beethoven entwickelte die Sprache der einzelnen Instrumente weiter. Ihm war es wichtiger, dass die »Worte« der Geigen, der Bratsche oder des Cellos aufrührerisch, emotional und manchmal auch trotzig waren, als dass die einzelnen Stimmen perfekt zusammenpassten. Mehr noch: Beethoven ließ eine Spannung zwischen den Instrumenten entstehen. Er hatte keine Angst vor Missklängen, vor schiefen Akkorden oder vor einem starken Wechsel von sehr lauten Teilen zu sehr leisen Passagen. Es waren Spannungen, die seine Zeit geprägt haben. Beethovens Sinfonien dauerten nicht nur länger als alle anderen Sinfonien zuvor, sie klangen auch wilder und rastloser.

Seine dritte Sinfonie ist als »Eroica« bekannt, also als »Heldensinfonie«. Für Beethoven war Napoleon zunächst ein Held; er dachte, der französische Feldherr würde die Werte der Französischen Revolution in ganz Europa durchsetzen. Also wollte Beethoven ihm seine Sinfonie widmen. In ihr hört man Kämpfe, Schlachten und Siege, Umstürze und starke Kontraste von sehr lauten zu sehr leisen Stellen.

Die Sinfonie beginnt mit dem Helden-Thema, das nur zwei Takte kurz ist. Eine sehr kurze, sehr laute, sehr gewaltige Einleitung. Dann wird es sofort still im Orchester. Aber das Thema kehrt immer wieder in unterschiedlichen Instrumenten zurück. Allein diese Eröffnung war zu Beethovens Zeit außergewöhnlich und spektakulär.

Als Napoleon sich selbst zum Kaiser krönte, hörte Beethovens Verehrung für den Feldherrn auf, und er nahm seine Widmung zurück. Der Komponist schrieb damals voller Enttäuschung: »Ist der auch nicht anders wie ein gewöhnlicher Mensch! Nun wird er auch alle Menschenrechte mit Füßen treten, nur seinem Ehrgeiz frönen; er wird sich nun höher wie alle anderen stellen, ein Tyrann werden!« Eine Einschätzung, mit der er durchaus recht hatte.

Mit dreißig Jahren bemerkte Beethoven zum ersten Mal, dass er nicht mehr gut hören konnte. Die Taubheit setzte ein und nahm einen schlimmen Verlauf, bald war er fast gehörlos. Das ist für einen Komponisten eine Katastrophe! Trotzdem komponierte er weiter. Oft tat er in Gesprächen so, als ob er die Leute verstehen würde – dabei hörte er schon nichts mehr. Beethoven zog sich immer weiter zurück, wurde mürrisch und unzufrieden. In einem Brief klagt er über seine Taubheit: »Nur meine Ohren, die sausen und brausen Tag und Nacht fort. Ich kann sagen, ich bringe mein Leben elend zu; seit zwei Jahren fast meide ich alle Gesellschaften, weil's mir nun nicht möglich ist, den Leuten zu sagen: Ich bin taub.«

Beethovens Musik war ungestüm. Während die Musik aus Haydn und Mozart herauszuströmen schien, kämpfte er um jeden Ton, den er aufschrieb. Manchmal lief er, wenn er komponierte, wie ein wildes Tier durch seine Wohnung, begoss seinen nackten Oberkörper mit Eiswasser, raufte sich die Haare und schrie. Genauso wahnsinnig, wütend und wild hört sich ein Großteil seiner Musik an.

Trotz dieses Wahnsinns regierten die Vernunft und die Wissenschaften Beethovens Zeit – auch in der Musik. 1816 hat Beethovens Freund Johann Nepomuk Mälzel das Metronom erfunden, ein kleines Gerät, das regelmäßig klackt, so wie eine Uhr. Jedes Klacken steht für eine bestimmte Tonlänge, für eine Viertel-, halbe oder Achtelnote. Haydn, Mozart und andere Komponisten konnten bislang nur angeben, ob ein Stück schnell oder langsam gespielt werden sollte. Aber was ist schon schnell oder langsam? Das konnte nur der Dirigent, der Klavierspieler oder das Quartett entscheiden. Beethoven konnte nun selbst festlegen, wie schnell seine Stücke gespielt werden sollten. Dafür musste er nur aufschreiben, wie schnell das Metronom ticken sollte. Doch obwohl die Geschwindigkeit der Musik nun geordnet war, blieben Beethovens Kompositionen ungestüm und wild.

In seiner letzten, der neunten Sinfonie ließ Beethoven sogar einen Chor auftreten. Er wollte unbedingt Friedrich Schillers Gedicht »Ode an die Freude« vertonen, in dem es darum geht, dass alle Menschen Freunde und Brüder werden sollen. Eine Strophe heißt: »Seid umschlungen, Millionen! Diesen Kuss der ganzen Welt! Brüder – über'm Sternenzelt muss ein lieber Vater wohnen.«

Beethoven wollte den Menschen mit dieser großen Sinfonie zeigen, wie groß die Macht der Menschlichkeit ist und wie gut die Welt sein könnte, wenn alle Menschen sich vereinten, und brachte damit die ursprüngliche Idee der Französischen Revolution in seine Musik. Seine neunte Sinfonie wird bis heute immer dann gespielt, wenn man an die Gemeinsamkeit der Menschheit erinnern will: zur Fußballwelt-meisterschaft, zu Neujahr, oder als die Berliner Mauer 1989 gefallen ist und Deutschland vereint wurde.

Beethoven hat neun Sinfonien, fünf Klavierkonzerte, zehn Ouver-türen, ein Violinkonzert, 32 Klaviersonaten und viele Quartette und andere Kammermusik geschrieben – aber nur eine Oper: »Fidelio«. Auch in ihr geht es um die Freiheit der Menschen und um die Liebe.

Florestan sitzt im Gefängnis, weil er gegen einen Tyrannen ge-kämpft hat. Seine Frau Leonore verkleidet sich als Mann, nennt sich Fidelio und schleicht sich in das Gefängnis, um Florestan zu befreien. Das gelingt ihr nach einigen Gefahren auch, und am Ende feiern alle das Ende der tyrannischen Herrschaft. Die Liebe der beiden Eheleute und ihre Menschlichkeit sorgen für eine bessere Welt. Der Schluss der Oper ist fast so spektakulär wie das Ende der neunten Sinfonie. Auch hier jubelt ein großer Chor.

Aber es gibt auch einen ganz anderen Beethoven, den einfühlsa-men, sehnsüchtigen Menschen. Beethoven war nie verheiratet, aber oft verliebt. Nach seinem Tod fand man einen Liebesbrief an eine »un-sterbliche Geliebte«. Die Zartheit dieses Briefes, die Nachdenklich-keit, die Schwärmerei und das Einfühlen in die Seele der anderen sind ebenfalls in Beethovens Musik zu hören.

Als Beethoven 1827 starb, hatte er die Musik neu erfunden. Er hat Stücke mit fünf Sätzen geschrieben und die Piccoloflöte eingeführt. Und er hatte sich vom höfischen und kirchlichen System befreit. Beet-hoven wollte mit seiner Musik allen Menschen dienen, wollte Ord-nung in seine wirre Zeit bringen und wurde dabei zu einem Vorbild. Plötzlich verstanden die Menschen, dass ein Musiker auch ein Mensch mit Gefühlen ist, dass er Ideale hat, dass er in seiner Musik spricht, unabhängig davon, was Könige und Kaiser wollen. Beethoven war ein selbstständiger Musiker. Er war sein eigener Herr. Und das sieht man auch in den Gemälden, die es von ihm gibt.

Während Haydn und Mozart auf Bildern wie stolze Hofange-stellte aussehen, sieht man Beethoven meist als eigensinnigen, fast schon verrückten Typen mit wilden Haaren, tiefliegenden Augen und grimmigem Mund. Ein Wahnsinniger. Ein Musiker, der ist wie sein Werk.

Zu Beethovens Beerdigung in Wien kamen über 20.000 Menschen und trauerten. Sie verabschiedeten sich von einem Komponisten, der das Zeitalter der Klassik beendet und die Ära der Romantik eingeläutet hatte. Sie weinten um einen Musiker, der Musik für eine neue Zeit komponiert hatte – Musik, die auch andere Komponisten noch viele Jahre lang beeinflusst hat.

Noten und Partitur – Was macht ein Dirigent?

Die Musik ist irgendwann so groß, so kompliziert und so lang geworden, dass kein Mensch sie behalten konnte. Damit ein Orchester eine Sinfonie oder eine Oper spielen kann, gibt es Noten. Die schwarzen Kugeln auf den fünf Linien sagen den Geigern, den Pianisten oder den Flötenspielern genau, wie sie welche Saite greifen müssen, welche Tasten sie wann anschlagen oder welche Löcher sie an ihrer Flöte zu- oder aufhalten müssen. Noten für ein Instrument sind relativ leicht zu lesen. Bei der Flöte, der Geige oder anderen Melodieinstrumenten stehen alle Noten auf fünf Notenlinien. Töne, die höher oder tiefer liegen als diese fünf Linien, bekommen einfach Hilfslinien.

Beim Klavier ist das etwas anders. Hier werden die Noten auf zweimal fünf Linien verteilt. Das bedeutet, dass es gleich zwei sogenannte Notensysteme gibt, die untereinander angeordnet sind, denn mit zehn Fingern kann man viel mehr Töne gleichzeitig spielen als auf einer Flöte oder einer Geige. Für das Klavier stehen auf den oberen fünf Linien die hohen Noten (die meist von der rechten Hand gespielt werden) und auf den unteren fünf Linien die tieferen Noten (die meist mit der linken Hand gespielt werden). Weil fünf Linien aber nicht immer ausreichen, um alle hohen und tiefen Noten, die man auf einem Klavier spielen kann, abzubilden, haben beide Notenlinien in der Regel unterschiedliche Notenschlüssel.

Ein Notenschlüssel hat die Aufgabe, einem Musiker zu zeigen, wo genau welche Note auf den fünf Linien liegt. Die oberen fünf Linien der Klaviernoten werden mit dem sogenannten Violinschlüssel gekennzeichnet. Du kennst ihn mit Sicherheit, er ist verschnörkelt, hat unten einen Kringel, biegt sich über alle Linien und endet auf der zweiten Linie von unten – auf dem g'. Deshalb und weil der Schnörkel früher einmal aussah wie ein G, heißt dieser Notenschlüssel auch G-Schlüssel.

Vor den fünf unteren Klavierlinien mit den tiefen Noten steht ein anderer Notenschlüssel, der sogenannte Bassschlüssel. Er sieht aus wie ein Hörnchen und hat zwei Punkte rechts von sich. Einer dieser Punkte liegt zwischen den oberen beiden Linien, der andere zwischen der zweiten und der dritten Linie von oben. Zwischen den beiden Punkten, also auf der zweiten Linie von oben, liegt im System des Bassschlüssels das F. Deshalb und weil das Hörnchen früher aussah wie ein F, heißt dieser Notenschlüssel F-Schlüssel.

Klavierspieler müssen also, während sie spielen, zwei unterschiedliche Notenschlüssel lesen. Mit ein bisschen Übung ist das aber ganz leicht.

In einer Sinfonie spielen zum Teil achtzig Instrumente gleichzeitig. So viele Instrumente benötigen ziemlich viele Noten. Deshalb hat jeder Musiker nur die Noten auf seinem Notenpult, die er selbst spielen muss: der Geiger die Geigennoten, der Flötist die Flötennoten und der Paukist die Paukennoten. Sie alle sehen also nicht, was die anderen Instrumente des Orchesters während der Sinfonie spielen. Das würde sie nur verwirren! Wenn ein Geiger gerade einmal nichts zu spielen hat, steht in seinen Noten lediglich, wie viele Takte er Pause hat.

Nur der Dirigent hat ein dickes Buch vor sich, in dem die Noten für alle Stimmen stehen. Dieses Buch nennt man Partitur. Und man kann sich leicht vorstellen, dass so eine Partitur ziemlich dick sein muss, schließlich sind hier die Noten aller Instrumente untereinander aufgeschrieben. In der Partitur einer Sinfonie stehen oft mehr als zwanzig unterschiedliche Notensysteme untereinander. Damit der Dirigent den Überblick behält, sind fast alle Partituren gleich aufgebaut: Ganz oben stehen die sogenannten Holzbläser, also die Flöten, die Oboen, die Klarinetten und Fagotte. Es folgen die Blechbläser, die Hörner, die Trompeten, die Posaunen und die Tuben. Dann die Schlaginstrumente, zunächst jene, die unterschiedliche Tonhöhen spielen können, die Pauken, Glockenspiele und Xylofone. Danach die Schlaginstrumente ohne bestimmte Tonhöhen, die Trommeln, Becken und Triangeln. Unter den Schlaginstrumenten stehen die Harfe und das Klavier, darunter die Sänger und der Chor. Erst dann kommt die größte Gruppe des Orchesters, die Streicher, also die Violinen, die Bratschen, die Celli und die Kontrabässe.

Doch das ist noch nicht alles – einige Instrumente werden noch einmal unterteilt. Zum Beispiel die Geigen. Meist gibt es die Ersten und die Zweiten Geigen, die oft unterschiedliche Noten spielen. Außerdem gibt es in fast jeder Instrumentengruppe Solostellen, in denen der Solobassist oder der Solocellist eine Melodie spielt, während die anderen Instrumente ihn dabei mit anderen Noten begleiten.

Kurz gesagt, so eine Partitur ist eine ziemlich komplexe Angelegenheit! Sie wird noch komplizierter, weil nicht alle Instrumente gleich gestimmt sind. Eine Geige zum Beispiel ist sehr hoch, ein Kontrabass sehr tief. Also stehen vor den Notensystemen der einzelnen Instrumente verschiedene Notenschlüssel.

Vor den Geigennoten steht der Violinschlüssel und vor den Kontrabassnoten der Bassschlüssel. Und es gibt noch andere Notenschlüssel: Vor den Bratschennoten steht der sogenannte Altschlüssel, vor den Cellonoten der Tenorschlüssel. Instrumente wie die Klarinette haben eine ganz eigene Stimmung und deshalb auch eigene Schlüssel. All das muss ein Dirigent im Kopf umrechnen, um zu wissen, welches Instrument welche Note spielt. Man muss schon ein bisschen üben, bis man lernt, sich vorzustellen, wie eine Sinfonie, die man in der Partitur liest, wirklich klingt.

Viele Leute fragen sich, wozu ein Orchester überhaupt einen Dirigenten braucht. Manchmal kommt es einem ja so vor, als ob er nur lustige Bewegungen macht und den Takt angibt. Das tut er auch. Aber ein

Dirigent ist für viel mehr verantwortlich. Er leistet Schwerstarbeit und ist der Einzige, der zu jedem Zeitpunkt den Überblick über alle Noten hat. Ein Dirigent ist unter anderem dazu da, den Musikern zu zeigen, wann ihr Einsatz beginnt, also wann genau sie anfangen müssen zu spielen. Außerdem muss er sich überlegen, wie langsam oder wie schnell ein Stück gespielt werden soll, wie lang oder kurz die Pausen sind und wie groß er die Kontraste zwischen laut und leise haben möchte.

Die Arbeit eines Dirigenten beginnt schon lange vor den Proben. In der Regel schaut er sich die Partitur einer Sinfonie an und überlegt sich, wie die Noten klingen sollen. Meist liest er viel über den Komponisten und seine Zeit, versucht zu verstehen, was der Komponist mit seiner Musik sagen wollte und welche Mittel er benutzt, um bestimmte Effekte zu erzielen. Gibt es viele Klänge, die nicht wirklich harmonisch sind? Und will er diese Stellen besonders laut spielen lassen, damit das Publikum sie auch hört? Welche Töne aus welchen Stimmen bilden einen wichtigen Akkord? Welche sind nur Begleitung? Einen Dirigenten muss man sich vorstellen wie einen Tontechniker, der jedem Instrument sagen kann, wie laut oder leise, wie energisch oder geschmeidig es spielen soll. Er entscheidet, ob er an einer Stelle lieber die Flöte etwas lauter hören möchte oder die Geigen.

Aus all diesen Überlegungen entsteht dann der Klang einer Sinfonie. Der hört sich bei unterschiedlichen Dirigenten ganz anders an – weil sie die Partitur verschieden interpretieren. Du kannst das leicht nachprüfen, wenn du dir im Internet (zum Beispiel bei »iTunes« oder »Youtube«) einfach die ersten dreißig Sekunden der dritten Sinfonie von Beethoven mit unterschiedlichen Dirigenten anhörst. Dann hörst du vielleicht, dass die ersten Takte bei einem alten Dirigenten wie Wilhelm Furtwängler sehr schwelgerisch und gleichzeitig ruppig klingen, dass sie sich bei Herbert von Karajan besonders kraftvoll anhören, dass sich bei Daniel Barenboim eine eigene Spannung aufbaut und dass die gleichen Takte bei dem Dirigenten Simon Rattle fast wie ein Rock-Stück klingen. Alle Dirigenten haben die gleiche Partitur vor sich liegen, also die gleichen Noten – und trotzdem klingt Beethovens dritte Sinfonie bei jedem anders.

So wie die Noten der einzelnen Instrumente in der Partitur untereinanderstehen, sind auch die Plätze der Musiker im Orchester angeordnet. Diese Sitzordnung richtet sich nach der Klangfarbe der einzelnen Instrumentengruppen. Die Holzblasinstrumente sind schriller als die Blechblasinstrumente und die Streicher viel leiser als eine Pauke. Aus der Lautstärke und den Klangfarben der Instrumente ergibt sich die Sitzordnung des Orchesters. Es gibt dafür keine feste Regel, jeder Dirigent kann die Musiker so hinsetzen, wie er möchte. Aber einige Grundregeln halten die meisten Dirigenten ein: Die durchdringendsten Instrumente sind die Bläser, sie sitzen in den hinteren Reihen, links die Holz- und rechts die Blechbläser.

Holzblasinstrumente sind sehr alt. Sie sind ja auch relativ leicht herzustellen: Man nimmt ein Stück Holz, bohrt einige Löcher hinein, bastelt ein Mundstück, und schon ist die Flöte fertig. Im Laufe der Zeit wurde diese Urflöte allerdings immer komplizierter. Das Instrument bekam Klappen, und wurde immer größer. Es gibt ganz kleine Piccoloflöten und größere Querflöten. In der Regel klingen kleine Flöten schriller und größere Flöten tiefer. Eine komplizierte Weiterentwicklung der Flöte ist die Oboe. Sie hat viele Klappen, und man bläst die Luft durch ein Schilfröhrchen in das Instrument. Noch tiefer klingt die Klarinette und ganz tief das große Fagott. Ähnliches gilt für die Blechblasinstrumente, die so heißen, weil sie nicht aus Holz, sondern aus Blech sind: die hohen Hörner, die Trompeten, die etwas tieferen Posaunen und die ganz tiefen Tuben.

Hinter den Bläsern sitzt das Schlagzeug. Auch Trommeln und Pauken sind Urinstrumente, aber sie wurden natürlich ebenfalls weiterentwickelt: Pauken haben Pedale, mit denen man die Tonhöhe verändern kann, und es gibt ganz unterschiedliche Trommeln. Manche schnarren, manche krachen, manche klingen sehr hoch, andere eher dumpf. Schlaginstrumente sind laut und sorgen meist für den Rhythmus. Es gibt aber auch Schlaginstrumente, mit denen man Melodien spielen kann: das Xylofon zum Beispiel, bei dem man mit Schlägeln auf unterschiedlich lange Holzplatten schlägt. Weil die einzelnen Platten verschieden lang sind, machen sie unterschiedliche Töne, und man kann auf einem Xylofon spielen wie auf einem Klavier.

Bleiben die Streicher. Sie sind die leisesten Instrumente des Orchesters. Deshalb gibt es von ihnen auch am meisten und sie sitzen in der Regel ganz vorne. Geigen, Bratschen, Celli und Kontrabässe gehören der gleichen Instrumentengruppe an. Sie bestehen aus hohlen, geschwungenen Holzkörpern mit zwei Löchern, die den Schall freigeben (die sogenannten F-Löcher). Die Saiten laufen über einen Holzsteg zu den Wirbeln. An ihnen kann man die Saiten stimmen. Dreht man die Saiten straffer, klingen sie höher, dreht man sie lockerer, klingen sie tiefer. Die Saiten kann man mit den Fingern zupfen (das nennt man Pizzikato) oder mit einem Bogen aus Pferdeschwanzhaaren streichen.

Auch bei den Streichern entscheidet die Größe des Instruments über die Höhe oder die Tiefe des Klanges. Die größten Streichinstrumente sind die Kontrabässe. Man kann sie nicht unter das Kinn klemmen wie die Geige und nicht einmal im Sitzen spielen wie das Cello. Man spielt sie im Stehen oder auf einem hohen Hocker. Etwas kleiner sind die Celli, die man beim Spielen zwischen den Beinen hält. Die Bratschen sind große Geigen, die man zwischen Kinn und Schulter klemmt – und eine Geige kennt ja jeder.

Für jeden Komponisten ist es eine ganz besondere Herausforderung, ein Stück für all diese Instrumente zu komponieren, weil er mit einem Orchester so unendlich viele Möglichkeiten hat, Klänge zu mischen! Entweder können alle Instrumente im Orchester zusammen spielen (das nennt man »tutti«), oder es kann ein einziges Instrument ganz allein spielen. Man kann nur die Holzbläser oder nur die Streicher spielen lassen, und natürlich ist es auch möglich, dass mehrere Instrumente einer Gruppe mit einem Instrument einer anderen Gruppe zusammen spielen. Man kann den Rhythmus nicht nur von der Pauke oder den Trommeln spielen, sondern auch von den Bässen oder Geigen im Pizzikato zupfen lassen. Und wenn man ein Motiv, also eine schöne Melodie, erfunden hat, kann man sie wie einen Staffelstab durch die unterschiedlichen Instrumente reichen, und jedes Mal hört sich der Klang der Melodie anders an.

Haydn, Mozart und Beethoven haben die Möglichkeiten, die ein Komponist mit einem Orchester hat, immer weiter erforscht. In der Romantik haben Komponisten dann aber ganz neue, ungewohnte Klänge gefunden.

Meine große Liebe
Der Geiger Daniel Hope
über sein Instrument

Für manche Menschen ist die Geige nur ein Instrument. Ein Stück Holz mit zwei Löchern und vier Saiten. Ein Ding, das Musik macht. Ich verstehe, dass man das so sehen kann. Dann ist die Geige ein Gegenstand, so wie ein Auto oder ein Stuhl. Aber für mich ist das anders! Für mich ist die Geige ein geheimnisvolles Lebewesen. Ein Ding mit eigenem Willen, mit eigener Meinung, mit eigenem Leben. Vielleicht glaubst du nun, dass ich spinne. Schließlich ist eine Geige kein Mensch. Sie ist tot, wenn man sie nicht spielt. Stumm, wenn man sie nicht streicht. Leblos, wenn man sie nicht belebt. Aber erlaube mir wenigstens, kurz zu erklären, warum ich das anders sehe. ⌣ Oft kann ich mir genau vorstellen, wie ein Stück – sagen wir von Bach oder Beethoven – klingen soll. Dann nehme ich mein Instrument und will genau das spielen, was ich mir vorstelle. Ich beginne mit den ersten Tönen, streiche den Bogen über die Saiten. Und plötzlich merke ich, dass meine Geige zu leben beginnt. Einige Töne will sie nicht so spielen, wie ich es gern hätte. Sie wird zickig, beginnt zu quietschen – dann versuche ich es etwas anders. Und merke: Das klingt viel besser. In diesen Momenten überzeugt mich die Geige. Sie spricht zu mir und sagt: »Daniel, ich bin seit weit über 200 Jahren eine Geige. Ich weiß besser, wie man das spielt, als du.« Und meistens hat sie recht! ⌣ Lange Zeit war die Geige kein Instrument für Konzerthallen und Sinfonieorchester. Die Geige war das Schmuddelkind unter den Instrumenten. Sie war bei Zigeunern zu Hause, auf Volksfesten – überall dort, wo die Menschen getanzt, gelacht und sich gefreut haben. Die Geige war kein Instrument der Höfe. Sie war ein Instrument der ganz normalen Menschen. Sie galt als dreckig, als verrückt, als wahnsinnig! Sie hieß nicht einmal Geige, sondern Fidel. Und es gibt Schriftsteller, die eindringlich vor der Geige und vor Geigenspielern gewarnt haben. Jonathan Swift hat in »Gullivers Reisen« geschrieben, dass man sich vor falschen Frauen, vor Anwälten und vor Geigern hüten soll. Aber keine Angst, wir beißen nicht! Erst im 16. Jahrhundert wurde die Geige zum Konzertinstrument. Damals hat der italienische Geigenbauer Andrea Amati das Instrument neu erfunden. Bislang wurde eine Fidel meist auf den Beinen gespielt, und man hat den Bogen wild über die Saiten gestrichen. Bei den Geigen von Amati war das anders. Man setzte sie an den Hals an, stützte sie mit der Schulter und konnte den Bogen auf diese Art viel kontrollierter über die Saiten streichen. ⌣ Plötzlich klang die Geige lyrisch, und man konnte mit ihr Gefühle ausdrücken. Ihre Möglichkeiten wurden ständig weiter ausgelotet: Doppelgriffe wurden gespielt, unterschiedliche Lagen. Und ein verrückter Komponist und Geigenvirtuose wie Niccolò Paganini hat gesagt: »Ich kann dieses Stück auch auf einer einzigen Saite spielen.« Alle hielten das für unmöglich. Da schnitt er drei Saiten von seiner Geige ab und spielte. Paganini war einer der bekanntesten Geiger. Er sah verrückt aus – und so spielte er auch. Plötzlich lag wieder das Diabolische der Geige in der Luft. Paganini wurde »der Teufelsgeiger« genannt. Durch Menschen wie ihn wurden immer neue Klangwelten eröffnet, und die Geige wurde durch die Musik, die eigens für sie geschrieben wurde, regelrecht erobert. ⌣ Schon vorher haben sich immer mehr Komponisten für die wunderschön klingenden Geigen von Amati begeistert. Und immer mehr Musiker schrieben Musik für sie. ⌣ Der Geigenbau wurde zu einer hohen Kunst. Besonders bekannt waren die Geigenbauer in der italienischen Stadt Cremona. Einer von ihnen war Antonio Stradivari. Seine Geigen sind bis heute die vielleicht schönsten Instrumente der Welt. Sie klingen besonders warm, besonders charaktervoll und sind sehr wertvoll. Viele Menschen fragen sich, warum so schöne Geigen wie die von Stradivari nie wieder gebaut wurden. Und das, obwohl wir heute doch eine viel bessere Technik haben, viel bessere Materialien. Trotzdem haben viele moderne Geigen nicht einen so schönen Klang wie eine Stradivarigeige. Jetzt behaupte ich noch einmal, was ich eben schon gesagt habe: Es könnte etwas damit zu tun haben, dass Geigen mehr sind als Instrumente. Sie haben ein eigenes, geheimes Leben! ⌣

Es gibt Sagen, nach denen Stradivari seine Geigen nicht nur gebaut, sondern ihnen Leben eingehaucht hat. Man sagt, dass Stradivari im gleichen Zimmer mit seinen Geigen geschlafen hat, dass seine Seele im Holz steckt, dass er sein Blut in den Lack gegossen hat. Wie dem auch sei: Seine Geigen klingen anders als andere. Bei ihnen meint man, mehr als ein Ding in der Hand zu haben. Seine Geigen bringen die Seele zum Schwingen. ⌣ Für mich persönlich ist die Geige eine Art Sprachrohr geworden. Ich spiele sie, seit ich vier Jahre alt bin. Sie hilft mir dabei, mich auszudrücken. Sie ist eine kleine Holzkiste, in die ich all meine Energien legen kann. Sie ist ein eigener Körper, zu dem ich eine sinnliche Liebe empfinde. Und das ist auch ein Grund, warum ich mich selbst nicht Geiger nenne, sondern Musiker. Ich bin ein Musiker, der Geige spielen darf, um meinen Gefühlen Klang zu geben. Und ich freue mich, dass so viele großartige Komponisten Musik für die Geige geschrieben haben: Johann Sebastian Bach, Wolfgang Amadeus Mozart, Ludwig van Beethoven und viele andere. ⌣ Ich spiele Geige, seit ich ein Kind bin. Ich bin mit der Geige aufgewachsen. Ich weiß, dass die Geige für viele Menschen nur ein Instrument ist. Aber glaube mir, sie ist mehr: Die Geige lebt, sie hat eine Seele. Sie ist eine Freundin und eine der schönsten Möglichkeiten, Gefühle auszudrücken, die man mit Worten gar nicht beschreiben kann.

Die unendliche Melodie —
Romantische Traumreiche

Der Dichter Joseph von Eichendorff hat einen sehr merkwürdigen Satz geschrieben: »Und die Welt hebt an zu singen, triffst du nur das Zauberwort.« Zugegeben, das hört sich etwas seltsam an. Wie soll die Welt singen können – und dann auch noch durch irgendein Zauberwort?

So ungewohnt diese Worte für uns heute klingen, so selbstverständlich waren sie für die Menschen der Romantik. Es geht in Eichendorffs Satz natürlich nicht um wirkliche Zauberei, sondern darum, dass nicht alles logisch und rational sein muss. Eichendorff glaubte, dass es Geheimnisse gibt, die nicht allein durch die Logik und die Vernunft zu lüften sind. Wie andere Romantiker war er der festen Überzeugung, dass man diesen Geheimnissen am besten durch das Mystische und das Übersinnliche auf die Spur kommen könne. Man müsse lediglich akzeptieren, dass nicht alles eine feste Regel hat. Erst dann kann die Welt zu singen beginnen – erst dann wird sie zur Musik! Weil die Welt sich so in ihrem ganzen Zauber zeigt.

Seit der Aufklärung dachten die Menschen, dass die Welt am besten durch Logik, durch Wissen und durch Vernunft zu verstehen sei. Sie haben geforscht, philosophiert und nachgedacht. Und trotzdem blieben wichtige Fragen unbeantwortet. Fragen, auf die das beste Lexikon, der klügste Mensch und die logischste Überlegung keine Antworten kannten. Wie groß ist die Liebe? Was ist der Tod? Warum sind die Menschen so, wie sie sind? Immer mehr Philosophen, Dichter und Denker haben begonnen, daran zu zweifeln, ob die letzten Geheimnisse der Welt wirklich durch reines Wissen zu beantworten sind – oder ob man nicht mehr Fantasie und mehr Gefühl braucht, um die Welt zu verstehen.

Für die Romantiker war es wichtig, die Welt auf sich wirken zu lassen. Sie sind gewandert und haben die Natur betrachtet. In den

Wäldern und auf den Bergen sahen sie, wie ideal die Erde sein kann. Sie wollten die Natürlichkeit von Bäumen, Flüssen und Blumen aufsaugen und in ihrer Kunst beschreiben. Die Natur wurde noch wichtiger, seit die Industrialisierung in Europa begonnen hatte. In vielen großen Städten wurden Fabriken eröffnet, Maschinen gebaut, und immer mehr Menschen flohen vom Land in die Städte, weil sie hier Arbeit suchten.

Für viele Stadtmenschen wurde das Landleben zu einem Ideal, zu einer Sehnsucht. Die unberührte Natur wurde zu einem Sinnbild für eine ursprüngliche Ordnung der Welt. Für eine Welt, die nicht von Dampfmaschinen und Fabrikschornsteinen verunstaltet war. Für eine Welt, in der noch alles so war, wie Gott es erschaffen hatte, in der die Gesetze der Natur galten und nicht die Regeln der Kaufleute und Fabrikbesitzer. Deshalb lag für die Romantiker der Zauberspruch, der die Welt zum Singen bringen könnte, irgendwo in der Natur.

Die Romantik war eine Bewegung, die an der bloßen Vernunft zweifelte. Der Schriftsteller Novalis suchte in seinen »Hymnen an die Nacht« Erleuchtung in der Dunkelheit. Dichter wie Joseph von Eichendorff oder E. T. A. Hoffmann, Maler wie Caspar David Friedrich und Musiker wie Franz Schubert, Robert Schumann oder Richard Wagner suchten die letzten Geheimnisse nicht im Licht der Aufklärung, sondern im mysteriösen Dunkel der Welt. In ihren Gedichten, Liedern, Opern, Sinfonien oder Gemälden ging es um nebelverhangene Bergkuppen, um tiefe Seen, dunkle Wälder und um die Wahrheit der Träume.

Wichtiger als eine logische Erklärung war den Romantikern das Gefühl. Es sollte so groß und so natürlich sein wie möglich. Ein echter Romantiker liebte es, seinen Gefühlen freien Lauf zu lassen. Wenn er verliebt war, schrie er es in die Welt hinaus. Wenn er Liebeskummer hatte, litt er gern schmerzvoll, lang und möglichst öffentlich.

Selbst der Tod jagte den Romantikern keine Angst ein. Sie hofften, dass der Tod ein Ort wäre, an dem der Mensch sich in der Na-

tur und im Kosmos auflöst. Der Tod wurde für die Romantiker zu einem Ort der Sehnsucht.

Auch heute begegnen wir oft noch den Idealen der Romantik, zum Beispiel in Romanen oder im Kino. In der Romantik liebten die Menschen Sagen, Märchen und Zaubersprüche. Ihre wahren Helden waren echte Naturmenschen, die mit großer Leidenschaft gegen die Zivilisation kämpften. Und darum geht es auch in Fantasyfilmen wie »Avatar« oder im Buch und im Film »Herr der Ringe«. Es sind moderne, romantische Märchen, in denen alles eine Rolle spielt, was auch die Romantik ausgezeichnet hat: die Natur, die Sehnsucht, die Liebe, der Tod und vor allen Dingen ziemlich viel Fantasie!

Dieses andere Weltbild hörte sich auch anders an. Und so hat sich mit der Romantik auch die Harmonie verändert. Haydn, Mozart und Beethoven haben noch versucht, »perfekte« Musik zu schreiben. Sie wollten durch ihre Harmonien einen Ausgleich der Gegensätze schaffen. Ihre Stücke waren mathematisch aufgebaut, bestanden aus gleich langen Sätzen, die einzelnen Motive wurden variiert und Übergänge von einer zur anderen Melodie geschaffen. Die romantischen Komponisten erfanden nun fast endlose Melodien. Statt einzelne Motive zu variieren, schrieben sie Musik, die sich anhörte wie ein langer, strömender Fluss. Und auch die Töne veränderten sich. Oft benutzten Komponisten der Romantik Halbtonschritte, um ein langsames Ansteigen oder Abfallen zu verdeutlichen – in der Musik nennt man das Chromatik.

Die Unendlichkeit war eines der wichtigsten Anliegen der Romantik. Es dauerte endlos, bis sich Harmonien auflösten, Sinfonien und Opern wurden endlos lang. Die Unendlichkeit war ein Zauberwort, mit denen die Romantiker die Welt zum Singen bringen wollten. Für sie taugte die rationale »Welt der Zahlen und Figuren« nicht. Statt einer klaren Ordnung und strenger Formen ließen die Romantiker ihre Wahrheit lieber im unendlichen Strom der Gedanken strahlen.

Wenn Menschen neue Ideen suchen, schauen sie gern zurück in die Vergangenheit. Die Denker der Renaissance haben sich an der Antike orientiert, in der Romantik blickten sie nun zurück ins Mittelalter – in eine Welt, in der es noch Sagen, Geheimnisse und dunkle Abenteuer gab.

Die Romantiker lebten in einer Zeit der wirtschaftlichen und sozialen Umbrüche und hofften, in ihrer Rückbesinnung auf das Mittelalter die Ideale eines ganzheitlichen Kosmos zu finden. Sie belebten alte Volksweisen und alte Lieder, und die Brüder Grimm haben alte Märchen gesammelt und aufgeschrieben. Viele Komponisten ließen sich durch den Minnesang des Mittelalters inspirieren, denn auch hier standen ja die Liebe und der Tod im Mittelpunkt.

Und die Welt beginnt zu singen – Das Kunstlied

Romantische Dichter haben ihre Gedanken gern in Symbolen ausgedrückt: Der Fluss symbolisierte das ewige Fließen der Welt, der Schlaf stand für Erkenntnis, die blaue Blume wurde zum Zeichen der Romantik. Mit ihren Gedichten inspirierten die Schriftsteller auch die Musiker, die ihre Verse zu Liedern verwandelten und in sogenannten Liederzyklen zusammenfassten.

Ein Liederzyklus ist eine Liedersammlung, in der alle Lieder vom gleichen Thema handeln – manchmal erzählen sie auch eine zusammenhängende Geschichte. Das Lied wurde zu einem der wichtigsten Ausdrucksmittel der romantischen Komponisten. Franz Schubert, Robert Schumann, Hugo Wolf und Johannes Brahms haben wunderschöne Lieder komponiert.

Schubert war als Jugendlicher ein relativ schlechter Schüler – besonders in Mathe und Latein. Er war entschlossen, Komponist zu werden, aber seine Werke fanden zunächst keinen großen Anklang. Er war ein Lebemann, hatte viele Freunde, mit denen er sich zum Feiern und zum Trinken traf. Manchmal feierte er so heftig, dass er am

Ende die Rechnung nicht bezahlen konnte. Bei Schubert machte der Wirt allerdings eine Ausnahme. Statt Geld akzeptierte er auch ein Lied des Komponisten, das Schubert noch am Wirtshaustisch komponierte. Seine finanzielle Situation änderte sich übrigens nie – Schubert war finanziell stets von anderen abhängig.

Wie viele romantische Komponisten war er auf der Suche nach der unendlichen Melodie, selbst in seinen Liedern, die selten länger als drei Minuten dauern. Das Besondere an Schuberts Liedern ist, dass sie nicht nur einen Text und eine Melodie haben, sondern meist von einem Klavier begleitet werden, das eine ganz eigene Geschichte erzählt. Besonders gut kann man das in seinen Liederzyklen »Die Winterreise« und »Die schöne Müllerin« hören, oder in seiner Liedersammlung »Schwanengesang«.

In Schuberts Zyklen gibt es einige Lieder, die jeder kennt. Zum Beispiel das Lied vom Lindenbaum aus der »Winterreise«. Dieses Lied ist als Volkslied bekannt und beginnt mit den Worten »Am Brunnen vor dem Tore, da steht ein Lindenbaum«. Es handelt von einem Mann, der sich im Schatten des Baumes an seine Geliebte erinnert, deren Namen er früher in die Rinde geritzt hat. Schuberts Lied klingt etwas anders als das bekannte Volkslied. Es ist komplizierter, und vor allen Dingen wird der Text durch das Klavier kommentiert. Das Klavier zeigt in seiner Begleitung, wie nachdenklich und traurig der Sänger ist. Während der Mann singt, scheint das Klavier seine Gedanken in Musik auszudrücken.

Ein anderes Volkslied, das Schubert zu einem Kunstlied gemacht hat, ist »Das Wandern ist des Müllers Lust«. Es stammt aus dem Liederzyklus »Die schöne Müllerin«. Der Zyklus dreht sich um einen Mann, der an einem Fluss entlangwandert. Das Klavier klingt schnell und rastlos, denn der Wanderer ist traurig, weil seine Geliebte einen Jäger liebt. Aus lauter Verzweiflung beginnt er, mit der Natur zu sprechen. Der beste Freund des Wanderers wird der Bach, mit ihm unterhält er sich in einigen Liedern. Am Ende wird das Klavier sehr leise, hört fast auf zu spielen, und man kann sich vorstellen, dass der Wanderer sich selbst im Bach ertränkt. »Die schöne Müllerin« ist also ein Liederzyklus über einen Menschen, der von der Liebe enttäuscht ist, in der Natur Trost sucht und am Ende mit dem Leben ringt.

Schubert war ein sehr romantischer Mensch, der eher seinen Gefühlen als der Logik folgte. Neben vielen Liedern hat er Sinfonien, Klavier- und Kammermusik geschrieben. Schubert litt an der Geschlechtskrankheit Syphilis, gestorben ist er mit nur 31 Jahren wahrscheinlich an Typhus – einer Infektion, bei der man an sehr hohem Fieber leidet.

Ein anderer Komponist der Romantik, der ebenfalls viele Lieder geschrieben hat, war Robert Schumann. Er beschloss, Komponist zu werden, als er keine Lust mehr hatte zu studieren. In einem Brief schrieb er damals: »Folg ich meinem Genius, so weist er mich zur Kunst, und ich glaube zum rechten Weg.« Dieser Satz sagt viel über das Selbstverständnis der romantischen Künstler. Schon Beethoven hat sich ja als selbstständiger Künstler verstanden und nicht als Diener irgendeines Hofes. In der Romantik wurde dieses Künstlerbild nun noch wichtiger. Komponisten haben am liebsten Musik über Dinge geschrieben, die sie am eigenen Leibe erfahren haben. Sie haben Stücke über ihren Liebeskummer, über ihre Lebenserfahrungen und ihre Gefühle komponiert.

Robert Schumann war nicht nur ein begabter Komponist und Klavierspieler, sondern auch Herausgeber der »Neuen Zeitschrift für Musik«, in der wichtige Musiker und Schriftsteller wie der Dichter E. T. A. Hoffmann veröffentlicht haben.

Schumann hat Liederzyklen wie die »Dichterliebe« geschrieben, aber mindestens genauso wichtig sind seine Klavierstücke und seine Sinfonien. Verheiratet war er mit Clara Wieck, die eine sehr bekannte Klavierspielerin und Komponistin war. Allerdings verlangte Robert von ihr, die eigene Karriere zu beenden.

Schumann war ein begeisterter Klavierspieler, aber er wusste, dass er nicht gut genug für eine große Konzertkarriere war. Also hat er begonnen, seine Finger zu trainieren. Dafür hat er sich eine mechanische Vorrichtung gebastelt, mit der er die Kraft der Finger stärken wollte. Doch das Gegenteil trat ein: Die Sehne seines vierten Fingers überdehnte sich, und nach einiger Zeit war ein großer Teil der Hand bewegungsunfähig. Schumann musste das Klavierspiel aufgeben. Trotzdem komponierte er weiter für dieses Instrument, zumal ja auch seine Frau Clara und der gemeinsame Freund Johannes Brahms sehr gute Klavierspieler waren. Brahms, der ebenfalls viele Lieder schrieb, hatte übrigens so große Finger, dass er oft Griffe komponierte, die normale Klavierspieler gar nicht greifen können.

Am Ende seines Lebens war Robert Schumann sehr krank. Schon als junger Mann hatte er Depressionen, die nun zu Wahnvorstellungen wurden. Schumann wurde verrückt und wollte sich im Rhein ertränken. Er wurde in eine Irrenanstalt eingeliefert, wo er schließlich starb. Die letzten zwei Jahre hatte seine Frau ihn nicht mehr besuchen dürfen. Clara Schumann hielt die Familie durch ihr Klavierspiel über Wasser. Johannes Brahms besuchte sie regelmäßig und berichtete ihr über den Gesundheitszustand ihres Mannes. Clara überlebte ihren Mann um vierzig Jahre und wurde schließlich neben ihm beerdigt.

Warum kleine Lieder große Kunst sind

Der Sänger Thomas Quasthoff
über die Stimme und den Gesang

Wenn du dir ein Buch vorlesen lässt – wem hörst du am liebsten zu? Deiner
Mutter? Deinem Vater? Deinem Großvater? Oder jemand ganz anderem –
vielleicht einer Stimme, die du aus dem Radio oder von einer CD kennst?
Aber warum liebst du die eine Stimme mehr als eine andere? ⌁ *Bei*
mir ist das so: Ich liebe Stimmen, die nicht nur Worte lesen. Mir gefallen
ganz besonders jene Stimmen, die eine Geschichte erzählen. Stimmen, die
wirklich wütend klingen können, wirklich verliebt, wirklich böse oder wirk-
lich zärtlich. Und wenn ich es mir genau überlege, liebe ich Stimmen, die
ich auch sehen kann! ⌁ *Das Tolle an so einer Stimme ist ja, dass sie*
eigentlich nur vibrierende Luft ist. Also: nichts! Aber es gibt Stimmen, bei
denen man sich genau vorstellen kann, welcher Mensch sie spricht. Wie er
aussieht, was er denkt, was für einen Charakter er hat. Natürlich können
Stimmen auch trügerisch sein. ⌁ *Ich habe lange beim Radio gearbei-*
tet, bevor ich gesungen habe. Dort habe ich gemerkt, wie wichtig die Stimme
ist. Viele Moderatoren klangen im Radio ganz anders, als sie in Wirklichkeit
waren. Manchmal, wenn man eine tiefe und warme Stimme hört und sich
einen älteren, dicken, gemütlichen Mann vorstellt, ist er in Wirklichkeit ein
junger, quirliger Kerl. Was ich sagen will, ist, dass Stimmen die Fantasie
anregen können. Sie können Personen entstehen lassen, Gedanken und Ge-
fühle. Stimmen können Welten entstehen lassen. ⌁ *Und genau dar-*
um geht es auch beim Singen. Nehmen wir ein Lied, sagen wir von Franz
Schubert. Zum Beispiel »Das Wandern ist des Müllers Lust« aus dem Lie-

derzyklus »Die schöne Müllerin«. Du kennst dieses Lied wahrscheinlich. Bei Schubert gibt es allerdings einige Besonderheiten. Zum Beispiel, dass der Sänger von einem Klavier begleitet wird. Das Klavier erzählt dabei, was im Text nicht unbedingt zu hören ist. Etwa die Schritte des Wanderers in schnellen, eiligen Tönen. ◁——▷ Für mich als Sänger stellen sich bei diesem Lied viele Fragen. Was ist das für ein Wanderer? Woher kommt er? Wohin geht er? Woran denkt er, wenn er wandert? Man könnte dieses Lied als unbeschwerte kleine Wanderung singen. Dann müsste die Stimme heiter, leicht und luftig klingen. Wer den Liederzyklus kennt, weiß aber, dass der Müller, der da wandert, einige Probleme hat. Die Frau, die er liebt, ist gerade mit einem Jäger durchgebrannt. ◁——▷ Wandert ein Mensch mit Liebeskummer anders? Und kann man diese Gedanken an seinem Körper, an seiner Art zu gehen sehen? Und wenn man sie sehen kann, kann man sie dann auch in der Stimme des Sängers hören? ◁——▷ Wenn ich singe, muss ich mir also genau überlegen, was für eine Geschichte ich erzählen will. Was für Menschen ich mit meiner Stimme beschreibe. Wofür die Natur steht, die der Müller durchwandert. Ob es hell oder dunkel ist, ob der Bach, an dem er geht, im Tageslicht schimmert oder in der Abendsonne. All das kann man mit seiner Stimme erzählen. ◁——▷ All diese Fragen gehören zu dem, was Künstler Interpretation nennen. Vielleicht ist der Müller für mich ein ganz anderer Müller als für einen anderen Sänger. Vielleicht will ich meinen Müller schneller oder langsamer gehen lassen als ein anderer Sänger. Vielleicht ist er bei mir trauriger oder fröhlicher. All das kann ich mit meiner Stimme steuern. Je nachdem, wie ich singe: mit viel Kraft oder mit wenig, mit klaren Tönen oder mit verschwommenen Tönen, leicht oder angestrengt, schnell oder langsam, regelmäßig oder unregelmäßig. ◁——▷ Durch diese unterschiedlichen Techniken kann man in einem Lied noch viel mehr erzählen als das, was die Worte sagen. Und für mich ist es einer der schönsten Momente der Musik, wenn das Publikum sich genau das vorstellt, was ich gerade empfinde. Das, was ich ausdrücken will, während ich singe. ◁——▷ In diesen Momenten passiert etwas fast schon Zauberhaftes. Die Stimme eines Menschen wird zum Körper, wird zum Gefühl, wird zum Gedanken. Die Stimme beginnt zu leben, zu erzählen – die Stimme, die man eigentlich nur hört, erzeugt nun auch Gefühle, Bilder und ganze Welten. Und so gesehen ist die Stimme mehr als nur warme Luft – sie ist ein großes, abenteuerliches Theater!

Das Klavier wurde in der Romantik zu einem der wichtigsten Instrumente. Bei den Liederzyklen hat es die Sänger nicht nur begleitet, sondern schuf so etwas wie eine musikalische Seele hinter den Worten. Das Klavier kann ausdrücken, was Worte nicht ausdrücken können. Das wusste auch der Komponist Felix Mendelssohn Bartholdy, der sogar »Lieder ohne Worte« geschrieben hat, einen Liederzyklus, in dem gar nicht gesungen wird. Lieder, die er nur für das Klavier komponiert hat.

Dass sich die Komponisten nun ausführlich mit dem Klavier beschäftigten, hatte mehrere Gründe. Auf kaum einem anderen Instrument kann man mehr Töne zur gleichen Zeit spielen, es ist – ähnlich wie die Orgel – fast ein kleines Orchester. Außerdem hat ein Klavier ganz verschiedene Klangfarben. Man kann Töne kurz spielen, sie durch die Pedale lang klingen lassen, man kann sie binden oder getrennt spielen. Mit anderen Worten: An einem Klavier konnten Komponisten sich austoben. Sie waren ihr eigener Dirigent und ihr eigener Interpret. Und das entsprach dem Selbstverständnis der Romantik. Die Musiker konnten am Klavier zeigen, wie genial, wie virtuos, wie talentiert sie waren. Es war nicht selten, dass Klavierspieler in den Salons gegeneinander antraten und sich regelrechte Wettkämpfe lieferten. Natürlich gab es Ähnliches auch mit anderen Instrumenten: Niccolò Paganini zum Beispiel war ein begnadeter Geigenspieler. Er spielte so schwierige und so komplizierte Stücke, dass man ihn den Teufelsgeiger nannte.

Doch im Mittelpunkt der Romantik stand das Klavier. Das hatte noch einen weiteren Grund: Die Klaviere wurden immer besser. Nachdem das Cembalo, bei dem die Saiten gezupft werden, durch das Hammerklavier ersetzt worden war (bei dem die Saiten durch kleine Hämmerchen angeschlagen werden), entwickelte sich der Klavierbau weiter.

Bei alten Klavieren war die Mechanik nicht so ausgefeilt gewesen, dass man eine einzige Taste schnell und oft hintereinander anschlagen konnte. Die ersten Klaviere waren also langsamer als die Finger eines guten Spielers. Außerdem konnte man auf den frühen Holzklavieren und Flügeln die Saiten nicht so stramm spannen, wie man wollte. Die Saiten zogen an den Holzfassungen des Instrumentes, und einige Klaviere rissen einfach auseinander, weil die Spannung zu groß war.

Mit der Zeit wurden diese Probleme gelöst, und der Konzertflügel reifte aus. Der Mechanismus der neuen Klaviere war so gut, dass man die Tasten so schnell hintereinander drücken konnte, wie es die Finger zuließen. Nun war nicht das Instrument, sondern der Klavierspieler verantwortlich für die Perfektion. Außerdem bekamen die neuen Flügel einen Metallrahmen und wurden damit stabiler (allerdings auch viel schwerer). Von etwa 1850 an hatten Musiker Flügel, wie wir sie auch heute noch kennen: perfekte Instrumente für Genies, Virtuosen und ausgefallene Kompositionen. Außerdem konnte man auf so einem modernen Flügel viel mehr Noten spielen als auf einem alten Cembalo. Auf einem heutigen Konzertflügel gibt es Tasten für mehr als sieben Oktaven, er hat also viel tiefere und viel höhere Töne als ein Cembalo.

Einer der wichtigsten romantischen Klavierspieler war Franz Liszt. Er war für seine Virtuosität, also für sein technisch brillantes Spiel, bekannt. Zweimal hat er sich mit dem Geiger Paganini getroffen, weil er dessen geniale Geigentechnik für das Klavier übersetzen wollte.

Liszt wurde in Ungarn geboren und war der Sohn eines sehr musikalischen Vaters. Schon als Kind gab er Konzerte und begeisterte besonders die Adeligen. Doch als Liszts Vater starb, fühlte der Sohn sich verlassen. Er zog sich zurück, wurde melancholisch und begann, philosophische und kirchliche Schriften zu lesen. Liszt spielte in vielen Salons, besonders gern in Paris, und wurde zu einer Art Star seiner Zeit – die Damenwelt lag dem »Priester am Klavier« zu Füßen. Überall wurde er bewundert, und viele Frauen suchten seine Nähe. Franz Liszt konnte schlecht Nein sagen, und so kam es zu allerhand Liebeskomplikationen.

Liszt war nicht nur ein begnadeter Klavierspieler, er war auch ein Mensch, der es liebte, über die Musik zu streiten. Er lieferte sich Klavierwettkämpfe, sagte, dass er das Publikum hasse, obwohl er den Applaus genoss, und hatte keine Angst, Kollegen in Zeitungsartikeln anzugreifen, über die Qualität ihrer Musik zu schreiben und sich damit Feinde zu machen.

So engagiert, wie Liszt gegen schlechte Musik kämpfte, trat er als Förderer von Komponisten auf, die er verehrte. Eine besondere Freundschaft verband ihn mit dem Opernkomponisten Richard Wagner. Wagner heiratete später Liszts Tochter Cosima. Außerdem mochte Liszt die Musik der Komponisten Gioacchino Rossini, Giacomo Meyerbeer und Hector Berlioz. Er machte aus den schönsten Stellen ihrer Opern kleine Klavierstücke, von denen einige bekannter wurden als die Opern selbst, sogenannte »Paraphrasen«.

Außerdem beschäftigte sich Liszt mit den Regeln der Harmonie und mit den Möglichkeiten der neuen Klaviere. In seinen letzten Werken ging er sogar so weit, dass er die Regeln von Dur und Moll fast vollständig aufgab. Seine Stücke versuchten immer neue Rahmen zu setzen und alte Regeln zu sprengen.

Solche Revolutionen der Musik gehen natürlich nicht von einem einzelnen Menschen aus. Man darf sich die Geschichte der Musik auch nicht als Geschichte einzelner Personen vorstellen. Im Gegenteil: Oft war es so, dass sich die großen Künstler einer Zeit kannten, dass sie einander Briefe schrieben, sich über ihre Ideen austauschten oder sich trafen. Sie haben gehört und gesehen, was die anderen taten, und versucht, noch weiter zu gehen als ihre Freunde. Besonders gern haben sich die Künstler in den Salons von Paris ausgetauscht. Hier haben Adelige oder Künstler ihre Freunde und Bekannten eingeladen, um Musik zu hören, zu diskutieren, sich über Klatsch und Tratsch, aber auch über die Kunst zu unterhalten. Oft trafen sich in diesen Salons die interessantesten Menschen ihrer Zeit.

Als Franz Liszt zu einem Salon in Paris eingeladen hatte, bat er auch einen anderen großen Klavierspieler zu kommen: Frédéric Chopin.

Chopin wurde in Polen geboren, musste seine Heimat wegen drohender Aufstände verlassen und landete wie viele andere Musiker in Paris. Schon seine frühen Klavierstücke wurden in der »Allgemeinen Musikalischen Zeitung« gelobt. Chopin hatte beste Kontakte zu den klugen Köpfen der französischen Hauptstadt. Er schloss Freundschaft mit den Dichtern Honoré de Balzac, Heinrich Heine und dem Maler Eugène Delacroix. Und natürlich auch mit Franz Liszt.

Als Chopin zu Liszts Salon kam, traf er eine merkwürdige Frau. Sie war anders als andere Frauen, trat in Männerkleidern auf, rauchte (was für eine Dame damals nicht statthaft war) und spottete über das Verhalten der Männer. Ihr Name war George Sand. Eine Schriftstellerin, die in ihren Romanen für die Gleichberechtigung der Frauen kämpfte. Chopin schrieb damals über sie: »Was für eine unsympathische Frau sie doch ist! Ist sie denn wirklich eine Frau? Ich möchte es fast bezweifeln.« Doch als Chopin von seiner Geliebten verlassen wurde und Liebeskummer hatte, tröstete ihn ausgerechnet George Sand. Die beiden verstanden sich besser, als Chopin gedacht hatte – und wurden ein Paar.

Chopins Klaviermusik gehört bis heute zur beliebtesten Musik für Pianisten. Kein Wunder, denn er war ein ausgesprochener Perfektionist. An einzelnen Takten seiner Werke tüftelte er oft mehrere Wochen. Dazu studierte er die Musik von Bach und Mozart, besorgte sich ihre Handschriften, um zu sehen, wie sie komponiert hatten. Chopin versuchte, alle Möglichkeiten der Harmonie zu nutzen.

Als Inspiration dienten ihm unter anderem Melodien seiner Heimat Polen, Tänze und Polonaisen, Mazurkas oder Walzer. Diese Musik verwandelte er in klingende Kunstwerke. Außerdem liebte er es, Etüden zu komponieren. Bislang war eine Etüde ein Übungsstück, um die Fingertechnik zu verbessern. Aber Chopins Etüden waren so schön, dass sie auch auf den Konzertpodien gespielt wurden. Natürlich wurde er wie Franz Liszt von den großen Opernkomponisten beeinflusst. Chopin hörte in den Opern von Gioacchino Rossini, wie schön die menschliche Stimme singen konnte, wie großartig einige Gesangsstücke, die Arien, waren. Und er begann, ähnliche Musik für das Klavier zu komponieren.

Außerdem versuchte er, Musik zu schreiben, die so klang, als würde der Klavierspieler sie gerade erst erfinden, während er spielte. Diese Stücke nannte Chopin »Impromptus«. Seine Impromptus waren erfolgreich, aber auch sehr schwierig zu spielen, denn auf der einen Seite verlangten sie einen echten Könner am Klavier, auf der anderen Seite sollte das Spiel der Noten sehr spontan und improvisiert klingen.

In Chopins Musik spielt der Klang die Hauptrolle. Er hat in seinen Stücken keine bestimmten Geschichten erzählt, sondern sie für sich sprechen lassen. Das war bei einem Komponisten wie Robert

Schumann ganz anders. Schumann hat gern Klavierstücke komponiert, bei denen sich die Zuhörer etwas vorstellen konnten. Eines seiner bekanntesten Stücke ist die »Träumerei«. Es hört sich an, wie man sich einen Traum vorstellt: gedankenverloren und hochromantisch. Die Träumerei stammt aus dem Klavierzyklus »Kinderszenen«, in dem Schumann auch andere Situationen beschrieben hat: In »Der Ritter auf dem Steckenpferd« hört man ein Kind toben, und in dem Stück »Am Kamin« wird eine romantische Abendstimmung dargestellt. Stücke wie diese, die eine konkrete Sache in Musik beschreiben, nennt man Programmmusik oder Charaktermusik, wenn sie einen bestimmten Charakter wiedergeben soll.

Diese Musik war sehr beliebt unter den Komponisten der Romantik. Der russische Komponist Modest Mussorgski hat neben großen Opern wie »Boris Godunow« ebenfalls viele Klavierstücke geschrieben. In seinem Klavierzyklus »Bilder einer Ausstellung« versuchte er, die Bilder seines Freundes Viktor Hartmann in Musik zu beschreiben. Mussorgski wollte die Gemälde, die ein altes Schloss, einen Gnom oder das große Tor in Kiew zeigten, auf dem Klavier »abbilden«. Bis heute sind die »Bilder einer Ausstellung« (die es übrigens auch als Orchesterstück gibt) eines der wichtigsten Werke der Programmmusik. Die Franzosen Claude Debussy und Maurice Ravel haben die Charaktermusik später weiterentwickelt.

So hört sich Heimat an – Die großen Sinfonien

Das Klavier war ein wunderbares Instrument, um Musik in Salons zu spielen oder um das Können eines Pianisten oder Komponisten unter Beweis zu stellen. Aber die Romantiker wollten mehr. Wälder, weite

Landschaften, Berggipfel und rauschende Bäche ließen sich noch eindrucksvoller mit einem großen Orchester in Musik beschreiben. Hier hatten die Komponisten alles, was sie brauchten: Sie konnten Vogelstimmen, Windrauschen, Wasserfälle oder Waldstimmungen mit unterschiedlichen Instrumenten imitieren. In der Romantik wurden immer mehr Instrumente und größere Besetzungen benutzt. Mit vielen Streichern, Bläsern und Schlagwerk konnte die unendliche Melodie nun richtig strömen.

Schubert hatte bereits in seinen Liedern versucht, die unendliche Melodie zu erreichen. Und das versuchte er auch in seinen Sinfonien. Statt einzelne Motive zu verarbeiten wie die Komponisten der Klassik, wollte er eine musikalische Idee über eine lange Zeit verfolgen. Schuberts Sinfonien sind die perfekte Verbindung aus Weltschmerz und romantischem Lebensgefühl.

Robert Schumann hat vier Sinfonien geschrieben. Eine widmete er dem Frühling, eine andere (die dritte) trägt den Titel »Rheinische Sinfonie«. In ihr wird besonders deutlich, dass die Komponisten der Romantik sich gern von ihren eigenen Gefühlen treiben ließen. Sie klingt fröhlich, fast schon aufgeregt. Kein Wunder, denn zu dieser Zeit war Schumann gerade von Dresden nach Düsseldorf, also ins Rheinland, gezogen. Er hoffte, dort ein glückliches, neues Leben zu beginnen. Der Name »Rheinische Sinfonie« stammt zwar nicht von Schumann selbst, aber er hat gesagt, dass der Anblick des mächtigen Kölner Doms ihn zu ihr inspiriert habe. Noch heute hören viele in dieser Sinfonie die sogenannte »rheinische Frohnatur« mitklingen.

Einer der größten Verehrer Schumanns (und besonders seiner Frau Clara) war Johannes Brahms. Er wurde in Hamburg geboren und hat zunächst nur Klaviermusik geschrieben. In einem Artikel bejubelte ihn Schumann so euphorisch, dass Brahms Angst vor der eigenen Größe bekam. Lange vermied er es, Sinfonien zu schreiben, weil er dachte, dass ihm das Wissen für diese komplexe Musik fehlte – dabei schrieb er später einige der größten Sinfonien der Romantik. Es sind sehr vielschichtige Werke, in denen die einzelnen Instrumentengruppen miteinander in Dialog treten. Seine großen Vorbilder waren Bach, Beethoven, Schubert und Schumann. Brahms wollte mit seiner Musik keine neue Mode kreieren, sondern »dauerhafte Musik« schreiben, die zeitlos und immer modern sein sollte. Einer der wichtigsten Musikkritiker Wiens, Eduard Hanslick, war so begeistert von diesen Sinfonien, dass er Brahms als Nachfolger Beethovens ausrief.

Ganz anderer Meinung war der Komponist Anton Bruckner. Er wollte (ähnlich wie Franz Liszt und der Opernkomponist Richard Wagner) keine »dauerhafte Musik« schreiben, sondern »Zukunftsmusik«. Zukunftsmusik war für ihn bislang ungehörte Musik – Musik, die eine neue Zeit einläuten sollte. Musiker, die so dachten, rechneten sich der »Neudeutschen Schule« zu. In seinen Sinfonien suchte Bruckner neue Klangeffekte; er wollte sein Publikum berauschen und begeistern. Musik war für ihn so etwas wie eine Droge, mit der man die Sinne der Zuhörer verwirren konnte.

Wie bereits Franz Schubert hat Anton Bruckner nicht mehr einzelne Motive gegeneinandergestellt, er hat die endlose Melodie gesucht. Bruckner ließ sich dabei besonders von der Kirchenmusik beeinflussen, denn er war ein sehr gläubiger Mensch. Außerdem war er ein Meister des Rhythmus und baute in seinen Werken Spannungen auf, indem er unterschiedliche Rhythmen gleichzeitig erklingen ließ.

Ein Vorbild für Bruckner war Hector Berlioz, der auch als Pionier der französischen Romantik bekannt ist. In seinen frühen Werken folgte Berlioz der »Programmmusik«, also einer Musik, in der konkrete Dinge in Tönen erzählt werden. Besonders haben ihn William Shakespeares Theaterstücke begeistert. Er hat die Liebesgeschichte von »Romeo und Julia« komponiert und in der »Symphonie fantastique« die Geschichte einer Verliebten.

Berlioz prägte den Begriff der »Idée fixe«, also einer »festen Idee«, die als Motiv für einen ganzen Satz benutzt wird. Für ihn funktionierte eine Sinfonie ähnlich wie ein Theaterstück. Statt fünf Akte (wie die einzelnen Teile im Theater heißen) schrieb er fünf Sätze. Zu jedem erzählte er eine Geschichte. Man nennt diese Art der Komposition deshalb auch ein »musikalisches Drama«.

Berlioz' Landsmann Camille Saint-Saëns komponierte ebenfalls Musik, die man »sehen« konnte. Eines seiner erfolgreichsten Stücke war der »Karneval der Tiere«, in dem die Instrumente des Orchesters Löwen, Esel und sogar steinerne Fossilien nachahmen.

Ein anderes wichtiges Stück der Programmmusik war die »Peer Gynt«-Musik des norwegischen Komponisten Edvard Grieg. Darin erzählt Grieg ein Drama des Schriftstellers Henrik Ibsen nach und nimmt seine Zuhörer mit in die norwegische Welt der Märchen, etwa in die Höhle des sagenumwobenen Bergkönigs.

Shakespeares »Romeo und Julia« hat auch den russischen Komponisten Peter Tschaikowsky inspiriert. Neben solchen musikalischen Dramen hat Tschaikowsky viel Ballettmusik geschrieben. Sie funktioniert ähnlich wie ein musikalisches Drama: Der Komponist schreibt Musik, die auf der Bühne durch Tänzer eine »bewegte Geschichte« bekommt. Tschaikowskys bekanntesten Ballette sind »Der Nussknacker« und »Schwanensee«, die auch heute noch oft gespielt werden.

Peter Tschaikowsky hat zunächst im Justizministerium der russischen Stadt Sankt Petersburg gearbeitet. Doch das Beamtenleben wurde ihm zu langweilig, und er beschloss, Musiker zu werden. Er studierte in der Musikklasse der russischen Musikgesellschaft in Sankt Petersburg und lernte bei dem Komponisten, Dirigenten und Pianisten Anton Rubinstein Musiktheorie. Tschaikowsky war sehr begabt und wechselte bald als Lehrer in die russische Hauptstadt, nach Moskau, wo er wie Anton Rubinsteins Bruder Nikolai unterrichtete.

Zunächst schrieb Tschaikowsky die »Romeo und Julia«-Ouvertüre, etwas später sein erstes Klavierkonzert, ein Stück für großes Orchester und Klavier. Dieses Konzert beginnt so bombastisch, so groß und gewaltig, dass Nikolai Rubinstein es für zu gewagt hielt und Tschaikowsky bat, es noch einmal zu bearbeiten. Rubinstein fand das Klavierkonzert »schlecht und trivial«. Tschaikowsky schickte die Noten an den deutschen Dirigenten und Pianisten Hans von Bülow – der hatte gegen das Konzert nichts einzuwenden und führte es mit großem Erfolg im amerikanischen Boston auf. Später musste auch Rubinstein anerkennen, dass es sich um ein Meisterwerk handelte.

So erfolgreich Tschaikowsky war, so sehr bedrückte ihn ein großes Problem: Er war schwul. Im 19. Jahrhundert konnte man das nicht öffentlich sagen, ohne Nachteile zu haben. Tatsächlich heiratete Tschaikowsky sogar – doch sofort nach der Trauung erkannte er seinen Fehler, und die Ehe wurde geschieden. Kurz zuvor hatte er die Musikliebhaberin Nadeschda von Meck kennengelernt, ohne die seine

Existenz wohl gescheitert wäre. Mit Nadeschda schrieb
er sich viele Briefe, und sie gab ihm immer wieder
Geld, wenn er pleite war. Gesehen haben sich
die beiden allerdings nie. Um Tschaikowsky
abzusichern und ihn zu ermuntern, die
Musik nicht aufzugeben, überließ Nadeschda ihm jedes Jahr über 6000 Ru-
bel.

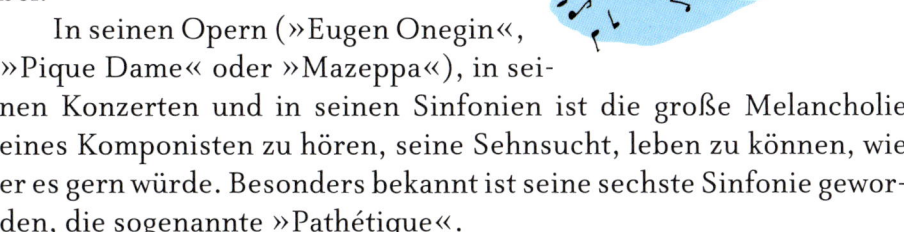

In seinen Opern (»Eugen Onegin«,
»Pique Dame« oder »Mazeppa«), in sei-
nen Konzerten und in seinen Sinfonien ist die große Melancholie
eines Komponisten zu hören, seine Sehnsucht, leben zu können, wie
er es gern würde. Besonders bekannt ist seine sechste Sinfonie geworden, die sogenannte »Pathétique«.

Tschaikowsky starb 1893 überraschend im Alter von 53 Jahren.
Sein Bruder glaubte, dass er sich an einem Glas Wasser mit Cholera
infiziert hatte. Aber es gibt auch eine andere Theorie: Tschaikowskys alte Studienfreunde sollen den Komponisten in einem geheimen
»Ehrengericht« aufgefordert haben, sich selbst zu töten, weil er
schwul war. Für diese These spricht, dass seine Freunde sich von dem
Leichnam mit einem Kuss auf den Mund verabschiedet haben. Das
hätten sie kaum getan, wenn Tschaikowsky an der ansteckenden Cholera gestorben wäre.

Romantische Komponisten gab es in Deutschland und Österreich,
in Frankreich, in Russland und in anderen Ländern. Tatsächlich sind
die sogenannten nationalen Schulen wichtig für die Romantik. Viele Komponisten haben sich ihrer Heimat gegenüber sehr verbunden
gefühlt. Sie haben Volkslieder und Tänze in ihre Sinfonien eingebaut
und versucht, die Musiktradition ihrer Heimat zu beleben. Gleichzeitig inspirierten die unterschiedlichen nationalen Schulen sich gegenseitig. Die Komponisten kannten einander, sind viel gereist und haben
voneinander gelernt. Trotzdem kann man nationale Unterschiede im
Klang der einzelnen Komponisten hören: die romantisch schwelge-
rische Musik der Deutschen, die eher singende Programmmusik der
Franzosen und die düstere Seele in den Werken der russischen Komponisten.

Antonín Dvořák und Bedřich Smetana haben sich ganz besonders durch ihre Heimat beeinflussen lassen. Dvořáks Vater hatte ein Restaurant und einen Metzgerladen in Böhmen, der Sohn liebte die Stadt Prag. Er verließ sie allerdings für drei Jahre, als er ein Angebot aus Amerika bekam und für viel Geld am Konservatorium in New York arbeiten sollte. Fern von seiner Familie und seiner böhmischen Heimat packte ihn das Heimweh. Doch für diesen Fall hat ein Komponist ja die Musik! Dvořák komponierte eine seiner schönsten Sinfonien mit dem Titel »Aus der Neuen Welt«. Darin benutzt er musikalische Motive Böhmens und verbindet sie mit der Musik Amerikas – eine Sinfonie, die zeigt, dass Musiker in der Musik Trost finden und in Noten an fremde Orte reisen können.

Bedřich Smetana wurde in Ostböhmen geboren und setzte sich für die Nationalbewegung in Prag ein. Kein Wunder, dass er seine Hoffnung auf politischen Wandel auch in der Musik verewigte. Schließlich verbindet Musik die Menschen einer Region, sie tanzen die gleichen Tänze, sie singen die gleichen Lieder, sie lieben die gleiche Kultur. Eines der schönsten Stücke Smetanas trägt den Titel »Mein Vaterland«, ein Teil davon heißt »Die Moldau«. Darin versucht der Komponist, seine Heimat Böhmen klingen zu lassen. Er reist von der Prager Burg die Moldau hinab. Die Beschreibung des Flusses von der Quelle bis zur Mündung ist ein besonders gutes Beispiel für Programmmusik. Man hört, wie Smetana sich treiben lässt, an Dorftänzen vorbeifließt, Kinderlieder wie »Alle meine Entchen« bearbeitet und die Moldau irgendwann als rauschenden Strom in die Elbe münden lässt. Auch in den anderen Teilen von »Mein Vaterland« beweist Smetana, dass Klang die Menschen eines ganzen Landes verbinden kann. Er gilt als Begründer der tschechischen Nationalmusik.

Kommen wir zu einem Komponisten, über den bis heute so viel gestritten wird wie über kaum einen anderen. Manche Leute halten Richard Wagner für den genialsten Musiker aller Zeiten, andere hassen ihn, weil sie seine Musik zu bombastisch finden und den Menschen Wagner kritisieren.

Richard Wagner hat kaum Kammermusik und nur wenige Lieder geschrieben. Bekannt geworden ist er durch seine Opern. Die Oper war für Wagner mehr als Musik im Orchestergraben und Sänger auf der Bühne. In einer seiner vielen Schriften nannte er die Oper ein »Gesamtkunstwerk«. Damit meinte er, dass in der Oper nicht nur Musik, Text, die Malerei und die Architektur der Bühnenbilder zu einem Werk verschmelzen, sondern dass alles, was auf der Bühne gezeigt wird, Teil des Lebens der Menschen wird. Mit anderen Worten: Wagner wollte, dass sein Publikum und die Bühne gemeinsam zum Kunstwerk werden. Für ihn war die Oper Teil der Welt, und er hoffte, diese Welt durch seine Opern verändern zu können.

Lange hat er sich mit der griechischen Antike beschäftigt und mit den Philosophen seiner Zeit. Er glaubte, dass die Kunst im Mittelpunkt einer Gesellschaft stehe. Während Politiker nur ihre eigenen Machtinteressen verfolgten, hätten Künstler neue Visionen und Ideen – Vorschläge, wie die Welt wirklich besser werden könnte. Wagner träumte von einem Staat, der nicht von der Kirche oder dem König geführt wird, sondern von der Kunst!

Richard Wagner wuchs in einer sehr unruhigen Zeit auf. Er wurde 1813 in Leipzig geboren. Deutschland im heutigen Sinne existierte noch nicht, das Gebiet war in viele Einzelstaaten aufgeteilt, in denen unterschiedliche Fürsten regierten. Besonders die deutschen Studenten hofften, dass ihr Land vereint würde. Sie schlossen sich in sogenannten Burschenschaften zusammen und forderten die Einigkeit der deutschen Länder sowie Recht und Freiheit für jeden deutschen Bürger. Diese Idee wurde 1817 zum ersten Mal auf dem Wartburgfest formuliert. Dort trafen sich Studenten und Professoren, um für Ehre, Freiheit und Vaterland zu demonstrieren. Als Farben für ihre Fahne wählten sie Schwarz, Rot und Gold, die Farben der Armee, die gegen Napoleon gekämpft hatte. Heute sind es die Farben der Flagge der Bundesrepublik Deutschland.

Wagner war begeistert von der studentischen Revolution. Er schrieb Texte über die Rolle des Theaters in der neuen Gesellschaft und schloss sich den Burschenschaftlern an. Als diese 1849 in Dresden den Aufstand probten, viele Menschen verletzt und getötet wurden, war Wagner dabei. Er musste fliehen, weil er per Steckbrief von der Polizei gesucht wurde.

Der Musiker war also ein Revolutionär, und so revolutionär wie seine politischen Ansichten waren auch seine Opern. Schon als Kind begeisterte sich Wagner für das Singspiel. Sein Stiefvater war Schauspieler, und wichtige Komponisten wie Carl Maria von Weber gingen bei den Wagners ein und aus. Seine ersten Stücke führte Richard in einer Art Puppentheater auf. Schon diese Kinderwerke waren so ähnlich wie seine späteren Opern: sehr klug, sehr verworren und sehr lang!

Seine ersten Erfahrungen als Dirigent und Opernleiter sammelte Wagner in Würzburg, Magdeburg und in der heute lettischen Stadt Riga – dort leitete er ein Opernhaus. Doch wie so oft in seinem Leben machte er viele Schulden und musste fliehen. Gemeinsam mit seiner Frau, der Sängerin Minna Planer, flüchtete Wagner bei Nacht mit dem Schiff, zunächst nach London und dann nach Paris.

Die Überfahrt war sehr stürmisch und gefährlich. Das inspirierte Wagner zu seiner Oper »Der Fliegende Holländer«. Sie dreht sich um einen Seemann, der nur alle sieben Jahre an Land gehen darf, um eine treue Frau zu finden. Er darf nicht sterben, ehe er die wahre Liebe gefunden hat. Senta, die Tochter des Seemanns Daland, liebt den Holländer, aber der glaubt ihr nicht – da stürzt sich Senta ins Meer und ertrinkt.

In dieser Szene lässt Wagner etwas Wunderbares im Orchester geschehen. Während der Oper hat er den beiden Liebenden jeweils eine eigene Melodie gegeben, die immer dann erklingt, wenn sie auf-

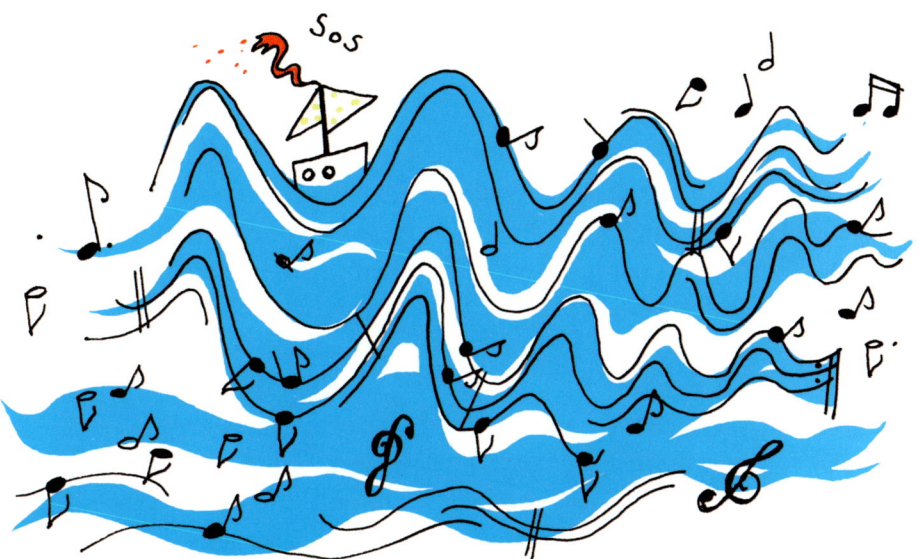

treten oder jemand an sie denkt. Nun verschmelzen beide Motive miteinander. Der Holländer und Senta sind also in romantischer Tradition im Tode miteinander vereint.

Die Liebe spielt in vielen Wagneropern eine große Rolle. Meist erzählt er Geschichten von Liebenden, die sich nicht lieben dürfen, so wie in »Lohengrin« oder in »Tristan und Isolde«.

In »Tristan und Isolde« will König Marke die schöne Isolde heiraten. Er schickt seinen Ritter Tristan, um sie auf einem Schiff aus Irland zu holen. Doch die beiden verlieben sich und werden entdeckt. In einem Kampf wird Tristan verletzt, flieht auf eine Insel und stirbt. Auch er wird erst im Tode mit Isolde vereint.

Das Besondere an »Tristan und Isolde« ist weniger der Inhalt als vielmehr die Musik. Für viele seiner Opern hat Wagner sogenannte Leitmotive erfunden. Hinter diesem Wort verbirgt sich eine besondere Kompositionstechnik, die Erinnerungen bei den Zuschauern hervorruft. Ein Lied, das wir als Kind gehört haben, werden wir nie ganz vergessen. Wenn wir die Musik, die heute im Radio läuft, später in unserem Leben noch einmal hören, werden wir uns wieder an die Zeit damals erinnern. Und wir werden uns auch an die Gefühle erinnern, die wir dabei hatten. Musik schreibt sich also in unser Gedächtnis ein, und wenn wir sie hören, hören wir nicht nur Töne, wir entwickeln Gefühle, die wir mit der Musik verbinden.

So ähnlich funktionieren auch Wagners Leitmotive. Jedem Charakter einer Oper, aber auch vielen Gegenständen oder Gedanken gibt er eine bestimmte Melodie. Die Melodie einer Person ist immer dann zu hören, wenn sie auftritt oder jemand an sie denkt. Je nachdem wie das Motiv klingt, hört man, ob das ein schöner, ein schrecklicher, ein verliebter oder ein hassender Gedanke ist. In einer langen Wagneroper gibt es viele Personen, Dinge und Gedanken, deren Motive Wagner ständig miteinander verwebt. So erweckt seine Musik beim Zuhörer wirklich Gefühle.

Ein weiterer Trick in der Musik Wagners ist, dass er den Zuhörer leiden lässt. Das menschliche Ohr wartet immer darauf, dass sich ein Akkord auflöst, also Töne erklingen, die schön für das Ohr sind. In Wagners Opern sagt die Musik: »Gleich kommt dieser erlösende Akkord.« Aber er kommt nicht. Etwas später sagt Wagner wieder: »Aber gleich, gleich kommt der schöne Akkord bestimmt.« Und wieder enttäuscht er seine Zuhörer. So entsteht, was schon Schubert wollte: eine endlose Melodie. Ein ewiges Warten auf die richtigen Töne. In einer Oper wie »Tristan und Isolde« dauert diese Erwartung die ganze Oper lang – also über vier Stunden!

Wagner liebte es, geliebt zu werden. Sehr gern wäre er auch in der Musikstadt Paris bejubelt worden. Doch die Pariser hatten Schwierigkeiten mit dem deutschen Komponisten. Der größte Opernkomponist in der französischen Hauptstadt war Giacomo Meyerbeer. Er war ebenfalls Deutscher und hieß eigentlich Jakob Liebmann Meyer Beer, doch als er vom Judentum zum Christentum übertrat und nach Paris zog, legte er sich einen neuen Namen zu. Wagner kämpfte bei all seinen Besuchen in Paris erfolglos um Anerkennung, erntete aber hauptsächlich Spott. Besonders kritisch stand ihm der einflussreiche deutsche Dichter Heinrich Heine gegenüber, der ebenfalls in Paris lebte.

Als Wagner eine französische Version seiner Oper »Tannhäuser« aufführen wollte, kam es zum Skandal: Die Pariser pfiffen mit Trillerpfeifen und buhten. Dabei ist die Oper um den Minnesänger, der sich dem Reich der Liebesgöttin Venus hingegeben hat, eigentlich wunderschön. In Paris fiel »Tannhäuser« trotzdem durch, und Wagners Wut auf die Franzosen wuchs – besonders auf seinen Konkurrenten Meyerbeer. In einer Schrift mit dem Titel »Das Judentum in der

Musik« kritisierte er nicht nur Meyerbeer, sondern alle »jüdischen Einflüsse« in der Musik. Diese Schrift wird bis heute viel diskutiert, denn nach dem Massenmord an den Juden im Dritten Reich klingen Wagners Texte wie eine schreckliche Vorhersage. Diese antisemitischen Schriften, also Texte gegen die Juden, werden Wagner bis heute vorgeworfen.

Einer der größten Verehrer Wagners war Ludwig II. von Bayern. Ludwig galt als Märchenkönig und tat alles, um den Komponisten zu unterstützen. Der König selbst bevorzugte den großen Auftritt und die pompöse Inszenierung. Er hat sich sogar ein Märchenschloss gebaut, das als Vorbild für Disneyworld diente: Schloss Neuschwanstein.

Ludwig konnte Wagner geben, was dieser für seine gigantischen Opern brauchte: Geld und Macht. Und so warf Wagner seine alten Revolutionsideale über Bord und wurde zum Diener des Königs. Sein größter Traum war ein eigenes Opernhaus, in dem nur seine Opern gespielt werden sollten. Ludwig half ihm, dieses Festspielhaus in der kleinen Stadt Bayreuth zu bauen. Hier sitzt das Publikum wie in einem antiken Amphitheater in steil nach oben ansteigenden Reihen. Von jedem Platz aus kann man perfekt sehen und hören. Das Orchester befindet sich nicht in einem Orchestergraben vor der Bühne, sondern unter ihr. Dadurch entsteht ein einzigartiger Klang. Der Ton des Orchesters vermischt sich mit den Stimmen der Sänger. Das Festspielhaus in Bayreuth gilt bis heute als idealer Ort für Wagneropern.

Für dieses Festspielhaus schrieb Wagner die größten, längsten und schwierigsten Opern. So wie »Parsifal« und »Der Ring des Nibelungen«. Zu all seinen Opern verfasste er die Texte übrigens selbst. »Der Ring des Nibelungen« ist so lang, dass diese Oper an vier Abenden gespielt wird. Insgesamt dauert sie über sechzehn Stunden.

Wagners Opern werden geliebt und gehasst. Der Philosoph Friedrich Nietzsche war zunächst ein Verehrer Wagners, wurde dann aber zu seinem Feind. Noch lange nach Wagners Tod setzten sich Philosophen und Schriftsteller wie der Engländer George Bernard Shaw oder der Deutsche Thomas Mann mit Wagners Leben und Werk auseinander. Adolf Hitler, der wohl schlimmste Tyrann der Geschichte, verehrte die Opern Wagners. Wegen Hitlers Begeisterung für den

Komponisten glauben viele Menschen, dass Wagner ein Vordenker des Nationalsozialismus gewesen sei.

Seine Opern sind jedoch nicht rassistisch. Im Gegenteil: Wagner hat die Liebe verehrt, wollte nicht, dass die Menschen ihre Natur beschädigen, und mahnte immer wieder zum friedlichen Zusammenleben.

Das Festspielhaus in Bayreuth existiert noch immer. Bis heute werden hier jeden Sommer Opern von Wagner gespielt. Viele Regisseure versuchen dabei in ihren Aufführungen, die Frage nach Wagner und Hitler zu beantworten.

Regisseure sind dafür verantwortlich, Opern auf die Bühne zu bringen. Das können sie tun, indem sie alte Kostüme wählen, oder sie können die Oper modern erzählen. Ein Regisseur kann sich zum Beispiel überlegen, ob es das Reich der Liebesgöttin Venus wirklich gibt. Er könnte darauf kommen, dass dieser Ort, an dem jeden Tag geliebt wird, heute ein Bordell wäre, und es auf der Bühne zeigen. Genauso kann ein Regisseur auch nach den Elementen in Wagners Opern suchen, die nationalsozialistisch sind. Dann kann er zum Beispiel Hakenkreuzfahnen zeigen. Es gibt viele Möglichkeiten, alte Opern modern zu inszenieren. In Bayreuth wird das besonders gern getan. Wagners Werke sind eben noch immer sehr aktuell.

Das Festspielhaus auf dem Grünen Hügel in Bayreuth ist ein Pilgerort für Musikliebhaber aus der ganzen Welt geworden. Politiker, Showstars und Sportler kommen hierher, um im Sommer Wagneropern zu sehen. Der Andrang ist so groß, dass man über zehn Jahre lang auf eine Karte warten muss. Vielleicht ist kein Komponist so umstritten und so geliebt wie Richard Wagner, der mit seinen gigantischen Opern auf jeden Fall die Musikgeschichte revolutioniert hat.

Bei der Familie Wagner war unter anderem der Komponist Carl Maria von Weber häufig zu Gast. Weber hat in seinen Opern vieles vorbereitet, was Wagner später begeistert aufgenommen hat: düstere Klänge, romantische Geschichten und endlos anmutende Melodien. Weber hat die deutsche Oper gegen die italienische Oper durchgesetzt.

Neben »Oberon« ist Webers bekannteste Oper »Der Freischütz«. Sie handelt vom Jäger Max, der einen Bund mit dem Teufel schließt. Das Besondere am »Freischütz« ist, dass Weber in ihr viele Volkstänze und Chöre benutzt und Landschaften in Musik malt. Zum Beispiel den dunklen, geheimnisvollen deutschen Wald.

Die romantische deutsche Oper wurde von Weber und Heinrich Marschner (er schrieb Opern wie »Der Vampir«) geprägt. Wagner und Engelbert Humperdinck haben diese Tradition fortgesetzt. Besonders bekannt wurde Humperdincks Oper »Hänsel und Gretel«, in der ebenfalls wunderschöne Waldstimmungen zu hören sind. Die deutsche Oper dieser Zeit war sehr romantisch und sehr naturverbunden. In Paris wurden indes ganz andere Stücke geschrieben.

Neben Giacomo Meyerbeer gehörte Daniel-François Esprit Auber zu den unangefochtenen Komponistenstars der französischen Hauptstadt. Er hat unter anderem die Oper »La Muette de Portici« (»Die Stumme von Portici«) komponiert, in der es um einen Fischeraufstand in Neapel geht. Als diese Oper 1830 in Belgien aufgeführt wurde, fühlte sich das Publikum in Brüssel vom großen, aufrührerischen Fischerchor in Aubers Oper so angestachelt, dass es auf die Straße rannte und begann, für die Unabhängigkeit Belgiens zu demonstrieren. Mit Erfolg: Belgien befreite sich von der niederländischen Herrschaft.

Dieses Beispiel zeigt, welche Kraft die Oper haben kann. In vielen Opern geht es um Politik, um Herrscher und ihre Völker. Dabei stehen oft die menschlichen Seiten der Mächtigen im Mittelpunkt, die

Liebesprobleme von Königen, ihr Hass oder ihre Leidenschaft. In der Oper wird jeder Mensch, ob König oder Fischer, von Gefühlen getrieben, und diese Gefühle werden in Musik beschrieben. In der Kunst der Oper wird das Politische privat und das Private politisch. Wir sehen, dass auch Könige aus Liebe, Eifersucht oder Hass handeln. Vielleicht wird die Oper deshalb ein »Kraftwerk der Gefühle« genannt. Sie beweist, dass Emotionen die Geschichte beeinflussen können.

Sehr emotional waren auch die Opern des wohl wichtigsten Komponisten in Paris, der eigentlich ein Italiener war: Gioacchino Rossini. Rossini leitete die Italienische Oper in der französischen Hauptstadt, war aber auch in seiner Heimat Italien erfolgreich. Er hat einige sehr lustige Opern geschrieben, von denen »Der Barbier von Sevilla« wohl die bekannteste ist. Darin erzählt Rossini die Vorgeschichte zu Mozarts »Hochzeit des Figaro«. Doch anders als Mozart, der für seine Kritik am Adel noch von den Adeligen in Wien fallen gelassen wurde, hatte Rossini diese Probleme nicht. Im Gegenteil, die Adeligen und die reichen Bürger kamen inzwischen in die Oper, um sich zu amüsieren. Deshalb sollten die Aufführungen und die Musik besonders spektakulär, besonders traurig oder besonders lustig sein. Hauptsache, sie waren besonders!

Rossinis Opern waren besonders. Er schrieb wunderschöne Ouvertüren, große Szenen mit vielen Sängern und komplizierte Koloraturen. Das sind Ausschmückungen bestimmter Töne. Wenn eine Sängerin »Ich liebe dich« singt, schreibt der Komponist nicht bloß vier Noten für jede Silbe, sondern sehr viele, schmuckvolle Töne. Sodass die Sängerin singen muss: »Ich lieeeeeeeeeeebe dich.« Bei dem langgezogenen »ieeeeeee« führt sie ihre Stimme in schwindelerregende Höhen und in abgrundtiefe Tiefen. Die schwierigen Koloraturen wurden auch schon vor Rossinis Zeiten gesungen, aber in der Regel improvisierten die Sänger die Verzierungen selbst. Rossini hat die Töne nun festgelegt und die Sänger aufgefordert, genau das zu singen, was in seiner Partitur stand – diesen Stil nennt man »Belcanto«.

Rossini hat neben »Aschenbrödel«, der »Reise nach Reims« und »Wilhelm Tell« viele andere Opern geschrieben. Doch weil er das Essen und das Kochen liebte, mit seinen Opern bereits viel Geld verdient hatte, zog er sich irgendwann als Hobbykoch zurück.

Andere bekannte italienische Komponisten waren Gaetano Donizetti, der politische Opern wie »Anna Bolena«, »Lucia di Lammermoor« oder lustige wie »Die Regimentstochter« geschrieben hat, und Vincenzo Bellini. Bellini kehrte sich von Rossinis Koloraturen ab und versuchte wieder, eine Note pro Silbe zu komponieren. Damit wollte er erreichen, dass der Text und die Musik perfekt zusammenpassen. Das gelang ihm besonders gut in der Oper »Norma«. Sie ist sehr tragisch und handelt von Macht und Intrigen. Mit ihr führte Bellini das moderne »Melodramma tragico«, also das tragische Melodrama, zu neuen Höhen.

In Paris unterschied man damals nicht nur zwischen der komischen »Opera buffa« und der ernsten »Opera seria«, sondern auch zwischen der sogenannten »Grand Opéra« und der »Opéra comique« – der großen Oper und der komischen Oper.

Eine Grand Opéra musste fünf Akte haben, große Chöre und ein bombastisches Finale. Aubers »La Muette de Portici« war eine der ersten wichtigen »Grand Opéras«.

Die Opéra comique war zwar oft lustig, so wie es der Name sagt, aber das zeichnet sie nicht aus. Wichtig für eine Opéra comique ist, dass zwischen den einzelnen Arien, Duetten und Chören keine Rezitative stehen, also keine Teile, in denen gesungen wird. In der Opéra comique wird zwischen den einzelnen Musiknummern gesprochen (so wie zuvor schon in der »Zauberflöte«). Deshalb kann auch eine sehr tragische Oper eine Opéra comique sein, etwa Georges Bizets »Carmen«.

Carmen ist eine Schmugglerin und Zigeunerin. Der Soldat Don José verliebt sich in sie, aber Carmen macht ihm sofort klar, dass die Liebe so frei ist wie ein Vogel, dass es also keine Liebe für immer geben kann. Als Carmen sich mit einer Kollegin aus der Zigarettenfabrik, in der sie arbeitet, streitet, wird sie festgenommen. Don José sorgt dafür, dass sie fliehen kann. Als Belohnung lädt Carmen den Soldaten zu sich ein, um eine Nacht mit ihm zu verbringen. Doch Don Josés Chef, der ebenfalls in Carmen verliebt ist, entdeckt die beiden, und José bleibt nichts anderes übrig, als sich Carmens Schmugglerbande anzuschließen. Er gibt sein Leben als Soldat auf, doch Carmen verliebt sich schon bald in einen anderen Mann: in den Stierkämpfer Escamillo. Don José ist eifersüchtig und ersticht die Geliebte.

Die Dramatik der Musik und die spannende Handlung der »Carmen« haben die Menschen begeistert. So eine Oper hatte man bis dahin noch nie gehört. So erotisch! So flirrend! So gewalttätig! Der Philosoph Friedrich Nietzsche schwärmte von »Carmen« und fand die Oper besser als alles, was Wagner je geschrieben hatte.

Ein weiterer erfolgreicher Komponist aus Frankreich war Hector Berlioz. Er ist mit seinem Stück über den Bildhauer »Benvenuto Cellini«, mit der Grand Opéra »Die Trojaner« und seiner »Faust«-Oper nach dem Schauspiel von Johann Wolfgang von Goethe bekannt geworden.

Kaum ein anderer Opernkomponist des 19. Jahrhunderts wurde so bekannt wie der Italiener Giuseppe Verdi. Zu Verdis Zeit wollten viele Italiener ihr Land vereinen und hatten sich im sogenannten »Risorgimento« zusammengeschlossen. Sie forderten, dass Viktor Emanuel II. König von ganz Italien werden sollte. Verdi schloss sich dieser Bewegung an. Sein Name wurde als Graffito an viele Wände gemalt – die Buchstaben VERDI standen als Abkürzung für: »Vittorio Emanuelle Re d'Italia« (»Viktor Emanuel, König von Italien«). Und tatsächlich wurden einige von Verdis Opern zur Begleitmusik der politischen Bewegung. Besonders der große Freiheitschor aus der Oper »Nabucco« wurde als Hymne des »Risorgimento« auf den Straßen gesungen.

Eine der bekanntesten Verdiopern ist »La Traviata«. Sie handelt von einer Lebedame in Paris, einer sogenannten Kurtisane. Heute würde man wohl Edelprostituierte sagen. »La Traviata« heißt in Wirklichkeit Violetta Valéry und verliebt sich in Alfredo, für den sie ihr Leben ändern will. Die beiden beschließen, aufs Land zu ziehen. Doch Alfredos Vater hat etwas gegen die Hochzeit. Er will nicht, dass der Name seiner Familie durch eine Prostituierte beschädigt wird, und bittet Violetta, sich von seinem Sohn zu trennen. Sie verspricht, Alfredo zu verlassen – nicht, weil sie ihn nicht liebt, sondern weil sie möchte, dass Alfredos Familie glücklich wird. Am Ende der Oper ist Violetta allein und todkrank. Sie wird sterben. Alfredo besucht sie, um ihr seine Liebe zu gestehen. Doch er kommt zu spät – Violetta stirbt. In Verdis Stücken steht das Drama, also die spannende Handlung, im Vordergrund. Es gelingt ihm, durch bewegende Melodien, großartige

Arien und wunderschöne Chöre Stimmungen zu erzeugen – jede Arie, jeder Chor ist ein neuer Höhepunkt. Verdi hat sehr viele Opern geschrieben: »Otello« und »Falstaff« (nach Stücken von Shakespeare), »Aida«, die Ägyptenoper mit dem berühmten Triumphmarsch, und »Rigoletto«, in der es um einen Hofnarren geht. Durch seine Opern und sein politisches Engagement wurde der Komponist zu einem Volkshelden Italiens.

Weitergeführt wurde die italienische Operntradition durch Giacomo Puccini. Puccini liebte das Leben und die Frauen und rauchte wie ein Schlot. Er war einer der ersten echten Popstars der Oper. Ein Star mit Skandalen und großem Genie. So wie Puccini gelebt hat, so hat er auch seine Opern komponiert: spektakulär!

Die Oper »La Bohème« erzählt die Geschichte von vier armen Künstlern in Paris. Der Schriftsteller Rodolfo verliebt sich in Mimi. Als er merkt, dass sie krank ist, trennt er sich von ihr. Doch schnell entdeckt er, dass er ohne sie nicht leben kann. Die Oper endet ähnlich wie »La Traviata«: Rodolfo erkennt seine Liebe zu spät, und Mimi stirbt in seinen Armen.

Die Musik, die Puccini dazu komponiert hat, steckt voller Leidenschaft und hört sich ein bisschen an wie Filmmusik: schluchzende Geigen, ein großes, schwelgendes Orchester, lustvolle Walzer und tragische Mollwendungen. Kritiker haben Puccinis Opern als trivial bezeichnet, aber sie verfehlen ihre Effekte nie. Auch »Tosca« ist so eine perfekte Oper, eine Art politischer Krimi. Ganz anders war Puccinis letztes Werk, das er nicht mehr vollenden konnte. In »Turandot« erzählt er das Märchen einer kaltherzigen chinesischen Prinzessin, die nur einen Mann heiraten will, der ihr drei Fragen richtig beantwortet. Prinz Calaf besteht die Prüfung, aber Turandot will ihn trotzdem nicht heiraten. Nun stellt Calaf ihr eine Frage: Er will von Turandot wissen, wer er ist. Wenn sie es herausfindet, darf sie ihn töten, scheitert sie, muss sie ihn heiraten. Turandot findet heraus, dass es sich bei dem Fremden um Calaf handelt, doch am Ende sagt sie, dass sein Name »Liebe« sei. Turandots kaltes Herz ist gebrochen, sie entdeckt die Liebe und heiratet Calaf.

In dieser Oper singen die Sänger sehr anstrengende Arien. Nicht jede Sängerin, die die Mimi aus »La Bohème« singt, kann auch Turandot singen. Ihre Arien verlangen eine größere, kräftigere und höhere Stimme. Einen sogenannten dramatischen Sopran.

Im Gegensatz zu Rossini oder Verdi hat Puccini Opern geschrieben, die einem vorkommen, als wären sie nicht ausgedacht, sondern als hätte ihre Handlung erst gestern in der Zeitung gestanden. Diesen Effekt erreichte Puccini, indem er das Leben normaler Menschen erzählte. Außerdem verstand er es, lebhafte Szenen mit vielen Menschen zu komponieren (zum Beispiel die Pariser Straßenszenen aus »La Bohème«) und gleichzeitig ganz intime Momente der Liebe oder des Leidens.

Die Weiterentwicklung dieser Opernform nennt man »Verismo«, was auf Deutsch ungefähr »Wahrheit« bedeutet. Schon Bizets »Carmen« war eine Art »Verismo«-Oper, weil sie sich dorthin begeben hat, wo das Leben der Menschen spielt: zu einer Schmugglerbande von Zigeunern mit ihren Tänzen und Gesängen. Italienische Komponisten wie Pietro Mascagni oder Ruggiero Leoncavallo, aber auch Umberto Giordano oder Francesco Cilea haben dann wirklich veristische Opern komponiert. Stücke, in denen sie versucht haben, die Wirklichkeit der Welt auf die Opernbühne zu holen.

Zeitalter der Extreme — Die Moderne

In den österreichischen Bergen ist es still. Die Almen sind saftig und grün. Der Blick schweift über schneebedeckte Bergkuppen. Vielleicht sind aus der Ferne einige Kuhglocken zu hören. Gustav Mahler brauchte diese Ruhe zum Komponieren. Schließlich war die Welt unten im Tal laut genug: Verkehrslärm, tosende Demonstrationen und die Musik der Nachtklubs. Um wirklich ungestört arbeiten zu können, ließ Mahler sich auf einer Alm am Wörthersee eine kleine Hütte bauen, in die er einkehren konnte, ohne gestört zu werden. Er nannte diese Hütte sein Komponierhäuschen oder sein »Studi«. Regelmäßig im Sommer kam er hierher, um neue Musik zu komponieren. In den Bergen schrieb Gustav Mahler Musik, die krachte, klirrte und schepperte wie keine Musik zuvor. Eine Musik, die alle Vorstellungen ihrer Zeit sprengte.

Am Ende des 19. Jahrhunderts stand Europa vor dem ersten großen Weltkrieg, und die Menschen schienen das zu spüren. Die Spannungen zwischen den einzelnen Staaten wurden größer, etwas lag in der Luft. All das wollten die Leute am liebsten verdrängen und sich vergnügen. Sie wollten tanzen, bis die Katastrophe irgendwann über sie hereinbrechen würde. Das sogenannte »Fin de Siècle«, das Ende des Jahrhunderts, wurde in den großen Städten Europas als »Tanz auf dem Vulkan« gefeiert, als Amüsement in den Salons, in den Theatern und in den Nachtklubs. Während die Menschen nach Unterhaltung verlangten, vergaßen sie, dass sie auf einem Pulverfass saßen.

Einerseits beschäftigte die angespannte politische Lage die Menschen, andererseits die Erotik und die Ausgelassenheit. Gustav Mahler entfloh dieser Welt, wenn er komponierte. Er floh vor einer Welt, in der die Armeen auf den Straßen marschierten und in der nackte Damen die Leute in Revuen unterhielten. Er zog sich aus einer Welt zurück, in der sowohl neue Waffen als auch der Büstenhalter erfunden wurden. Gustav Mahler floh vor einem Europa, in dem eine merkwürdige Stimmung herrschte.

Kein Wunder, dass in dieser verrückten Zeit die Psychoanalyse entdeckt wurde, also die Beschäftigung mit der menschlichen Psyche. Der Arzt Sigmund Freud hat seine Patienten in Wien mit ganz neuen Methoden behandelt. Er legte sie auf eine Couch und fragte sie über ihre Ängste aus, über ihr Leben und ihre Träume. Dabei fand er heraus, dass viele Krankheiten, viele Beschwerden und viele Handlungen der Menschen mit ihrem Unbewussten zu tun haben − also mit Erfahrungen aus der Kindheit, mit heimlichen Ängsten oder mit sexuellen Fantasien. Die Menschen haben begonnen, im Unbewussten nach Antworten zu suchen, und glaubten, dass jeder Mensch Fantasien, Gedanken oder Träume hat, die er nicht lenken kann.

Diese neuen Erkenntnisse beeinflussten natürlich auch die Kunst. Künstler liebten nackte Körper und suchten die nackten Seelen. Hinter allem, was glänzte, vermuteten sie psychologische Abgründe. Sie versuchten, neben der Oberfläche immer auch die Psyche, also die geheimen Gedanken der Menschen zu zeigen.

Das 20. Jahrhundert, das damals anbrach, wird das »Zeitalter der Extreme« genannt, weil die Menschen in ihrem Denken, in ihren Überzeugungen und in ihrer Bereitschaft zu kämpfen immer extremer wurden. Die Musik bildete da keine Ausnahme.

Mahler benutzte in seinen Werken Musik aus dem Alltagsleben. In seinen Sinfonien klingen Kuhglocken, es scheppern die Gassenhauer von Jahrmärkten, man hört Märsche und Walzer. Doch im Gegensatz zur Musik auf den Straßen hörte sich diese Musik bei ihm nicht mehr lustig an. In Mahlers Sinfonien klingt sie eher wie ein Totentanz. Seine Stücke funktionieren wie die Psychoanalyse: vollgepackt mit Bekanntem, mit Erinnerungen, mit Effekten. Vieles, was man hört, kommt einem vertraut vor, manches hört man wie im Traum. Und dauernd fragt man sich, woher man

das, was man hört, kennt. Warum hört man eine Kuhglocke in einem Sinfonieorchester? Warum einen Walzer, der so langsam ist, dass er fast stehen bleibt? Warum klingt alles so bekannt und doch so fremd? Mahler hat die Musik in neue Zusammenhänge gestellt. Das macht seine Sinfonien so spannend. Seine Stücke lassen hören, dass nichts mehr so war, wie es schien. Seine Klangwelt steht vor dem Abgrund – so wie die Welt, in der er lebte. Gleichzeitig komponierte er große Momente der Sehnsucht und der Liebe. Wenn sie erklingen, hört bei ihm der Krach ganz plötzlich auf!

Auch seine fünfte Sinfonie schrieb Mahler in seinem Komponier-häuschen. Seine Frau Alma kümmerte sich derweil um die Kinder. Statt ihr einen Liebesbrief zu schreiben, komponierte er ihr eine zar-te, zerbrechliche Melodie – Musik voller Liebe. Über dieses kleine Stück schrieb Mahler das Wort »Adagio«. Das bedeutet, dass man es besonders langsam spielen soll. Später hat er dieses Adagio in sei-ne fünfte Sinfonie eingefügt. Eigentlich tobt das Orchester in dieser Sinfonie ununterbrochen. Doch mit dem Adagio kehrt plötzlich Ruhe ein. Die Welt, in der alles nur Schein ist, wird auf einmal weich und wahr. Dieses Adagio ist einer der schönsten Momente der Musik.

Gustav Mahler war nur einen Meter und sechzig Zentimeter klein. Außerdem war er ziemlich hässlich. Er hatte eine hohe Stirn und litt an Hämorrhoiden. Trotzdem beeindruckte er die Menschen, die er traf. Seine wachen Augen, seine Traurigkeit, die sich mit einem merk-würdigen Humor paarte, zog die Leute in Bann. Auch die Frauen! Gustav Mahler war mit der vielleicht begehrtesten Frau in ganz Wien verheiratet, mit Alma Schindler. Liebevoll nannte sie Gustav einen »Amokläufer«, weil Mahlers Musik klang, als wolle er die ganze Welt auseinandernehmen. Seine Stücke waren so ungewohnt, dass seine ersten Sinfonien vom Publikum ausgebuht wurden. Heute gehören sie fest zum Konzertprogramm. Mahler war modern und seiner Zeit voraus. Sein später Ruhm beweist, dass es bei echten Genies einige Jahre dauern kann, bis sie erkannt werden. Doch Mahler hat schon zu Lebzeiten viele Komponisten beeinflusst, besonders die jungen wil-den Musiker in Wien: Alban Berg, Arnold Schönberg und Alexander von Zemlinsky. Und er war auch eines der großen Vorbilder für den russischen Komponisten Dmitri Schostakowitsch.

Schostakowitsch war jünger als Mahler und wurde erst nach dessen Tod berühmt. Wie Mahler hat er die Wirren seiner Zeit in wilder, ungestümer, hochemotionaler Musik beschrieben. Als Schostakowitsch komponierte, war die Welt, die eben noch auf dem Vulkan getanzt hatte, längst im Chaos versunken. Der Zweite Weltkrieg hatte begonnen, und in Russland regierte der Diktator Josef Stalin.

Nachdem Schostakowitsch in seiner Musik zunächst die Russische Revolution gefeiert hatte, protestierte er mit seinen Werken später gegen die neue Ungerechtigkeit. Das gefiel Stalin natürlich nicht. In seiner Oper »Die Nase« nahm Schostakowitsch zunächst das russische Beamtentum auf die Schippe, und mit »Lady Macbeth von Mzensk« schockierte er Stalin endgültig. Der Diktator verließ die Aufführung vorzeitig. Unter dem Titel »Chaos statt Musik« ließ Stalin eine Kritik in der »Prawda« veröffentlichen, der wichtigsten russischen Zeitung. Darin verunglimpfte der Kritiker Schostakowitsch und beschuldigte ihn, Verrat am russischen Volk begangen zu haben. Nach dieser Kritik hatte Schostakowitsch es schwer, Aufträge zu bekommen. Denn wer sich mit Stalin anlegte, hatte kaum eine Chance, in Russland etwas zu werden. Schostakowitschs Karriere schien zerstört.

Es begann die Phase eines sehr gespaltenen Verhältnisses zwischen dem Komponisten und seinem Land. Mal schrieb Schostakowitsch Musik im Sinne des Staates Russland (und Stalins), dann wieder protestierte er mit seinen Sinfonien gegen die Diktatur. In der siebten Sinfonie beschrieb Schostakowitsch die Belagerung der Stadt Leningrad durch die deutsche Armee. Er komponierte Musik, in der seine Wut gegen die deutsche Belagerung unmissverständlich zu hören war. In seiner achten Sinfonie komponierte er dann allerdings eher nachdenkliche Töne über den Krieg. Statt Russland als Sieger zu feiern, beklagte Schostakowitsch nun mit traurigen und melancholischen Klängen die Toten und fragte, wie es mit Russland und der Welt weitergehen solle. Erst nach Stalins Tod rechnete der Komponist in seiner zehnten Sinfonie endgültig mit dem Diktator ab und zeichnete das musikalische Porträt eines bösen Menschen.

Zu diesem Zeitpunkt war Gustav Mahler bereits tot. Er starb noch vor Ausbruch des Ersten Weltkrieges 1911 in Wien. Bevor er als Komponist bekannt wurde, machte Mahler Karriere als Dirigent. Schnell bekam er einen der wichtigsten Posten in ganz Europa und wurde Chef der Wiener Hofoper. Später leitete er auch die Metropolitan Opera in New York, wo ihm die besten Künstler zur Verfügung standen – unter anderem der weltbekannte Tenor Enrico Caruso.

In Wien hatte Mahler es nicht leicht. Zum einen, weil er sich für die moderne Musik einsetzte, und zum anderen, weil er als Jude geboren wurde. Selbst als er den Glauben wechselte und Katholik wurde, half das nicht. Der Hass der Wiener gegen die Juden war zu groß. Und vielleicht verstanden sie auch nicht, welch großartige Dinge Mahler an ihrer Oper veranstaltete. Als einer der ersten Dirigenten spielte er Wagners Opern in voller Länge. Außerdem setzte er sich gemeinsam mit seinem Bühnenbildner Alfred Roller für moderne Musik ein, die nicht jedem gefiel. Zum Beispiel für Richard Strauss' Oper »Salome«.

Skandal in der Oper – Richard Strauss

Richard Strauss, der Komponist der Oper »Salome«, war eigentlich ein sehr zurückhaltender Mann. Er stand pünktlich auf, komponierte und aß mit seiner Frau Pauline zu Mittag. Danach genoss er das Skatspiel und das Biertrinken mit seinen Freunden. Selbst wenn er dirigierte, war er nicht aus der Ruhe zu bringen. Zur emotionalsten Musik führte er den Taktstock mit kleinen, sehr sparsamen Bewegungen. Unglaublich, dass dieser Mann so wilde Klänge ersonnen hat!

Für »Salome« vertonte Richard Strauss ein Schauspiel des englischen Dichters Oscar Wilde. Salome ist Prinzessin am Hofe ihres Stiefvaters Herodes. Sie verliebt sich in den Gefangenen Jochanaan, der in Wirklichkeit Johannes der Täufer ist, also der Mann, der Jesus getauft hat. Salome will, dass Jochanaan sie liebt. Aber der Täufer glaubt nur an seinen Gott und will von der hübschen Prinzessin nichts wissen. Strauss hat zwei Motive für die beiden komponiert: das flackernde, nervöse Motiv für Salome (die Erotik) und das schwere, gottgefällige Motiv für Jochanaan (der Glaube).

Eines Tages bittet Herodes Salome, für ihn zu tanzen. Er verspricht ihr, dass sie sich dafür wünschen dürfe, was sie wolle. Also tanzt Salome. Diese Szene war besonders umstritten, weil Salome während ihres Tanzes sieben Schleier abwerfen und am Ende nackt auf der Bühne stehen sollte. Nachdem sie getanzt hat, äußert sie ihren grausamen Wunsch: Sie will den Kopf des Jochanaan – in einer Silberschüssel. Herodes versucht sie zu überreden, sich lieber Diamanten, Juwelen oder die Hälfte seines Königreichs zu wünschen. Aber Salome bleibt stur. Sie will den Kopf des Jochanaan, und sie bekommt ihn auch. Am Ende der Oper küsst sie Jochanaans tote Lippen und wird dann selbst getötet!

Natürlich ist diese Oper grausam. Aber sie wendete sich an ein Publikum, das sich in Salomes Grausamkeit wiedererkennen konnte. Das Stück wurde 1905 uraufgeführt und war ein Spiegel seiner Zeit. Ebenso wie der Hof von Herodes stand auch die Welt von Gustav Mahler und Richard Strauss vor einer blutigen Wende – vor zwei schrecklichen Weltkriegen. Und wie in dieser Oper haben sich die Menschen damals mit erotischen Abenteuern abgelenkt.

»Salome« durfte in Wien nicht aufgeführt werden. Strauss hat trotzdem nicht aufgegeben. In seiner nächsten Oper hat er eine noch wildere Frau auf die Bühne gestellt: Elektra. Sie wartet die ganze Oper lang darauf, dass ihr Bruder Orest den Mörder ihres Vaters mit einer Axt ermordet. Als das wirklich passiert, tanzt sie sich überglücklich zu Tode. Für diese wahnsinnige Oper ist Strauss bis an die Grenzen der musikalischen Regeln seiner Zeit gegangen. Das Orchester tobt zu Elektras Wut, und in ihrer besinnungslosen Freude lösen sich alle Tonarten auf.

Richard Strauss hat sich besonders für die moderne Musik eingesetzt und leidenschaftlich für die Rechte der Musiker gekämpft. Damals wurde ein Komponist zwar ein Mal für ein Werk bezahlt, das er komponiert hatte, bekam aber kein Geld mehr, wenn seine Stücke noch einmal von anderen Bühnen aufgeführt wurden. Strauss wollte, dass die Urheberrechte gewahrt blieben. Er forderte, dass Komponisten auch dann an ihren Stücken verdienten, wenn sie diese nicht selbst aufführten. Außerdem setzte er durch, dass auch die Familie eines Komponisten Geld bekam, wenn dessen Stücke gespielt wurden, nachdem er gestorben war. Strauss gründete die GEMA, eine Institution, die sich bis heute um die Rechte der Künstler kümmert.

Natürlich hat Strauss nicht nur Opern komponiert, sondern auch viele Lieder und Werke für Orchester. Besonders angetan hat es ihm die Programmmusik. Oder genauer gesagt: die sinfonische Dichtung. In der »Alpensinfonie« beschreibt er den Aufstieg eines Bergsteigers in die Alpen, den Blick in die Natur, die schweren Gewitter und das Erreichen des Gipfels. Für dieses Stück hat Strauss extra eine Gewittermaschine im Orchester aufstellen lassen. In der sinfonischen Dichtung »Till Eulenspiegel« erzählt er die lustigen Streiche des Märchenhelden in Musik.

Besonders wichtig für seine Werke war die Begegnung mit dem Dichter Hugo von Hofmannsthal. Hofmannsthal und Strauss haben ebenso genial zusammengearbeitet wie Mozart und sein Librettist da Ponte. Sie haben sich viele Briefe über ihre Stücke geschrieben, über ihre Ideen und darüber, was genau sie mit einer Szene sagen wollten. Gemeinsam mit dem Theatermacher Max Reinhardt haben sie die Salzburger Festspiele gegründet, die bis heute existieren und noch immer jeden Sommer mit Hugo von Hofmannsthals Schauspiel »Jedermann« eröffnet werden. Gemeinsam mit Hofmannsthal hat Strauss unter anderen die Opern »Elektra«, »Ariadne auf Naxos« und den »Rosenkavalier« geschrieben.

Während Gustav Mahler in eine Welt geboren wurde, in der sich die Weltkriege erst abzeichneten, hat Richard Strauss den Ersten und den Zweiten Weltkrieg, die Machtergreifung Hitlers und die Einverleibung Österreichs durch Deutschland miterlebt. Strauss war gezwungen, sich der Schreckensherrschaft der Nationalsozialisten zu stellen. Aber wie sollte ein Komponist, der doch eigentlich nur Musik machen wollte, sich mit einem Tyrannen wie Hitler auseinandersetzen? Wie sollte er auf den Massenmord von Juden reagieren? Wie auf Hitlers Größenwahn, der ganzen Welt den Krieg zu erklären?

Jüdische Komponisten mussten aus Deutschland fliehen oder wurden umgebracht. Die Musik von Gustav Mahler war unter den

Nazis verboten. Aber Strauss wurde von Hitler gefördert. Hitler hat versucht, den Komponisten für seine eigenen Ziele zu benutzen. Er machte Strauss sogar zum Präsidenten der Reichsmusikkammer und erklärte ihn zu einem der wichtigsten Musiker überhaupt.

Strauss selbst war darauf nicht besonders stolz. Der Judenhass der Nazis war ihm zuwider. Gemeinsam mit dem jüdischen Schriftsteller Stefan Zweig hat er an der Oper »Die schweigsame Frau« gearbeitet. Als die Geheimpolizei der Nazis die Briefe der beiden abfing, fiel Strauss in Ungnade. Er wurde als Präsident der Reichsmusikkammer entlassen und hat sich in den kleinen Ort Garmisch-Partenkirchen zurückgezogen, wo er in »innerer Emigration« lebte. Das bedeutet, dass er sich nicht mehr in die Politik eingemischt hat. Strauss hat nicht gegen die Nazis protestiert, ihnen aber auch nicht geholfen.

1949 starb Richard Strauss und wurde in seiner Heimat Garmisch beigesetzt. Heute nennt man seine Musik und die von Gustav Mahler »spätromantisch«, weil beide von Richard Wagner (und damit durch die Romantiker) beeinflusst wurden. Tatsächlich aber haben sie die Musik der Moderne vorgedacht und die alten Regeln des Klanges gesprengt.

Stimmungssache – Der Impressionismus

Kleine Boote kehren in den Hafen zurück. Im Nebel lassen sich nur ihre Schatten erkennen. Im Hintergrund zeichnen sich die Umrisse größerer Schiffe und Kräne ab. Wie eine rote Scheibe geht die Sonne auf. Sie strahlt nicht, sondern schimmert nur matt durch die Wolken. Das Wasser ist ruhig, die Wellen sind durch kleine grüne Striche angedeutet.

Als dieses Bild 1874 zum ersten Mal in Paris gezeigt wurde, sorgte es für Entrüstung. »Keine Malerei!«, wetterten die einen, so etwas könne doch jedes Kind. Andere waren begeistert: Es gehe doch gar nicht um das, was man sehe, vielmehr um die Stimmung, die Ruhe der Landschaft beim Sonnenaufgang. Der Maler dieses Bildes hieß Claude Monet. Und er gab seinem Gemälde den Titel »Impression, soleil levant«, was auf Deutsch ungefähr bedeutet: »Eindruck eines Sonnenaufgangs«.

Mit diesem Bild bekam eine ganze Stilrichtung ihren Namen: der Impressionismus. Zunächst wurden Maler, die im Stil Monets malten, abfällig »die Impressionisten« genannt. Bald war der Impressionismus eine anerkannte Richtung der Malerei – und der Musik. Maler, die ihre Bilder jahrhundertelang in Ateliers gemalt hatten, zogen plötzlich nach draußen in die freie Natur. Sie stellten irgendwo eine Staffelei auf und haben angefangen zu malen. Dabei ging es ihnen nicht mehr um die genaue Abbildung der Landschaften, sondern um ihre Stimmungen. Die wichtigsten Mittel, um diese Stimmungen abzubilden, waren für sie das Licht und die Farbe.

Claude Monet, Pierre Auguste Renoir und Camille Pissarro waren die wichtigsten Impressionisten. Sie malten Seerosen, Brücken und Menschen, die mitten im Leben standen. Und vor allen Dingen malten sie: Wasser! Das Wasser in all seinen Schattierungen hat es den Impressionisten angetan. Seine Spiegelungen, die Wellen, die Stille und natürlich seine Farbe, die mal Blau, mal Braun und mal Grün sein konnte.

Der Trick des Impressionismus bestand in der Komposition der Farben. Statt Flächen zu malen, setzten die Künstler Farbflecken nebeneinander. Am liebsten taten sie das mit sogenannten komplementären Kontrastfarben wie Blau und Gelb oder Grün und Rot. Dadurch erreichten sie einen spannenden Effekt. Aus der Distanz erkennt der Betrachter die einzelnen Farben nicht; das Auge und das Gehirn nehmen die Flecken als Mischfarben wahr. Mit anderen Worten: Die Stimmungen impressionistischer Bilder kommen uns deshalb so träumerisch vor, weil unsere Augen und unser Gehirn diese Bilder selbst zusammenbauen.

Musiker können ihre Noten natürlich schlecht in der freien Natur schreiben. Meistens benutzen sie beim Komponieren ja ein Klavier, und wer nimmt schon ein Klavier mit auf eine Wiese, um die Sommerstimmung aufzuschreiben? Trotzdem hatte die Idee der malenden Impressionisten es den Komponisten angetan. Schließlich hat auch der Klang Farben, und das funktioniert so ähnlich wie bei den Komplementärfarben. Normalerweise geben die Tonarten vor, in welcher Stimmung ein Stück spielt. Wenn man einzelne Akkorde aber so raffiniert aufschreibt, dass die eigentliche Tonart gar nicht mehr zu erkennen ist, versucht das Ohr automatisch, sie einzuordnen. Dann entsteht der Effekt der zusammenfließenden Farben auch im Klang.

Es entwickelte sich eine Musik, in der die Melodie Wellen- oder Kreisbewegungen machte. Das kann man leicht erreichen, indem man eine Melodie auf- und abklingen lässt. Um den unfertigen Effekt der Malerei nachzuahmen, haben impressionistische Komponisten selten ganze Motive komponiert. Bevor sie einen musikalischen Gedanken zu Ende geführt haben, lösten sie ihn auf und ließen ihn in einen anderen Gedanken einfließen.

In der Malerei des Impressionismus gibt es kaum Gegenstände, die im Vordergrund der Bilder stehen. Alles, was zu sehen ist, verwischt ineinander. Diese Idee griffen Musiker auf, indem sie die Harmonie, die einem Musikstück in der Regel Stabilität gibt, abschafften. Dafür benutzten sie viele dissonante, also schiefe Akkorde. Oft kann man gar nicht mehr wahrnehmen, in welcher Tonart ein Stück eigentlich notiert ist.

Natürlich musste sich auch der Rhythmus auflösen, um einem Musikstück die Verschwommenheit zu geben, die in den Bildern des Impressionismus zu sehen war. Das erreichten die Komponisten, indem sie einzelne Noten über die Taktstriche hinweg miteinander verbunden haben. So konnte der Zuhörer kaum hören, wann ein Takt begann und wann er aufhörte.

Für die impressionistischen Musiker spielte auch die Farbe ihrer Musik eine Rolle. So wie die Maler setzten sie dabei auf »lichte«, also auf helle Farben, die sie erzeugten, indem sie möglichst »durchsichtig« komponierten. Das bedeutet, dass die Klänge sich möglichst schwerelos anhören sollten. Viele Musikstücke des Impressionismus spielen mit den einzelnen Klangfarben der Instrumente eines Orchesters. Außerdem kommt es in impressionistischen Stücken oft vor, dass ein Teil des Orchesters auf eine musikalische Idee reflexhaft reagiert. Das muss man sich so vorstellen wie das Wellenspiel eines Flusses oder des Meeres. Eine Welle beginnt, und aus ihr entwickeln sich die anderen Wellen. Die ganze Musik beginnt, unstabil zu wogen.

Die Musiker des Impressionismus hatten die gleichen Themen wie die Maler – am wichtigsten war ihnen ebenfalls das Wasser. Kein Wunder also, dass eine der bedeutendsten Kompositionen des Impressionismus »La Mer« hieß, »das Meer«. Claude Debussy hat darin versucht, einen Tag auf dem Meer in Musik zu beschreiben: das Morgengrauen, das Spiel der Wellen und den Dialog zwischen Wind und Wasser.

Debussy war der wichtigste Vertreter des musikalischen Impressionismus. Er ließ sich nicht nur von der Malerei inspirieren, sondern auch von der Musik fremder Welten. Besonders begeisterte ihn die Musik aus Java und aus Arabien, die er bei der Weltausstellung 1889 in Paris kennenlernte. Bekannt wurde Debussy mit seinem Stück »Prélude à l'après-midi d'un faune«, was auf Deutsch bedeutet: »Vorspiel zum Nachmittag eines Fauns« – es beschreibt also das Leben eines Naturgottes. Mit der Liebesoper »Pelléas et Mélisande« hat Debussy versucht, den Impressionismus in die Oper zu übertragen. Bislang galt besonders Wagners »Tristan und Isolde« als letzte große Oper. Debussy wollte dieser Kunstform eine neue Richtung geben und den natürlichen Sprachfluss in die Oper zurückholen. In »Pelléas« ließ er die Musik strömen, und das Orchester beschreibt die Landschaft und die Psyche der einzelnen Sänger.

Etwas distanziert war das Verhältnis Debussys zu einem anderen wichtigen Komponisten des Impressionismus, zu Maurice Ravel. Der hatte raffinierte Klavier- und Kammermusikstücke im impressionistischen Stil geschrieben. Besonders erfolgreich wurde seine Komposition »Boléro«, ein Stück, das mit dem Rhythmus einer kleinen Trommel beginnt. Diesen Rhythmus hört man die ganze Zeit über, während das Orchester immer lauter und wilder spielt. Eigentlich spielt es dabei nur zwei Motive in insgesamt achtzehn Variationen, und diese Motive werden von immer anderen Instrumenten übernommen. So bekommt der »Boléro« einen wunderschönen musikalischen Effekt und wird bis heute sehr oft gespielt. Umso lustiger ist, dass Ravel der

Erfolg dieses Stückes sehr suspekt war. »Mein Meisterwerk?«, sagte er einmal, »der ›Boléro‹ natürlich! Schade nur, dass es überhaupt keine Musik enthält!«

Beim Impressionismus hat es sich hauptsächlich um eine französische Bewegung gehandelt. Zwar gelten auch der Spanier Manuel de Falla und der Italiener Ottorino Respighi als Impressionisten – aber das Heimatland der »Eindrucksmusik« war Frankreich.

Selbstverständlich gab es auch ganz andere musikalische Bewegungen. »Le groupe des six« zum Beispiel, eine Gruppe von sechs Komponisten (Francis Poulenc, Arthur Honegger, Georges Auric, Germaine Tailleferre, Louis Durey und Darius Milhaud), wollte gegen die romantische Musik und ihre Klischees komponieren: »Schluss mit den Wolken und Wellen, mit Nachtparfüm und Nixen; was wir brauchen, ist eine Musik für die Erde, eine Alltagsmusik!« Sie nannten ihre Musik »Gebrauchsmusik«.

Ein weiterer französischer Komponist ließ sich noch vom Impressionismus beeinflussen. Er wollte aus der neuen Stilrichtung gleich eine ganze Philosophie machen. Eric Satie wollte sich gemeinsam mit Claude Debussy besonders vom musikalischen Einfluss Richard Wagners lösen. Dessen Musik galt als typisch deutsch – Satie wollte dem typisch französische Musik entgegensetzen.

Seine Musik ist bis heute besonders. Sie spielt mit verblüffenden Wendungen, mit großem Humor, ist beschwingt, leicht und doch voller musikalischer Tiefe. Satie, der das Theater und die bildende Kunst liebte, wünschte sich, dass die französischen Künstler aus allen Bereichen zusammenarbeiteten. Ein bisschen näher kam er diesem Ziel, als er gemeinsam mit Malern und Tänzern an den Balletten »Parade« und »Relâche« arbeitete. Satie nahm den Impressionismus von Debussy auf und führte ihn in eine leichtere Richtung.

Der Impressionismus hat die Zukunft der Musik beeinflusst. Denn nun begannen auch andere Musiker, die Harmonien, den Rhythmus und die herkömmlichen Regeln der Musik zu verlassen.

Arnold Schönberg – Musik neu erfinden?

Die Kunst hat die Menschen auch in ihren schrecklichsten Momenten begleitet. Der Erste Weltkrieg war so ein Ereignis: Ganz Europa kämpfte gegeneinander, junge und alte Männer mussten an die Front ziehen. Viele von ihnen wurden erschossen. Wer überlebte, kehrte oft mit traumatischen Erinnerungen zurück. Die besten Freunde waren in den Schützengräben gestorben, Bomben hatten Körper in der Luft zerfetzt.

1914 waren die Nationen noch stolz in die Schlacht gezogen; einige Soldaten erhofften sich vom Krieg sogar ein großes Abenteuer. Viele Künstler meldeten sich freiwillig, weil sie dachten, dass der Krieg eine Herausforderung sei. Doch am Ende waren die Soldaten tot oder kehrten als gebrochene Menschen in ihre Heimat zurück.

Es ist eine spannende Frage, wie sich die Kunst nach einem solchen Krieg verwandelt. Wie kann man einen Krieg in der Malerei, der Musik oder in der Dichtung verarbeiten? Hilft die Kunst beim Vergessen oder hilft sie beim Verarbeiten der Schrecken? Wahrscheinlich stimmt beides: Nach dem Ersten Weltkrieg wollten sich viele Menschen entweder amüsieren, oder sie wollten etwas ganz Neues beginnen.

Maler, Architekten, Schriftsteller und Musiker haben in der Geschichte immer wieder neue Formen gefunden und alte Regeln gesprengt. Doch wie lange kann man eigentlich Neues erfinden? Sind nicht irgendwann alle Bilder gemalt, alle Häuser gebaut, alle Gedichte geschrieben, alle Noten komponiert?

Besonders in der Musik ist es schwierig, Neues zu schaffen. Schließlich hat man nur zwölf Töne zur Verfügung. Und irgendwann müssen doch die Möglichkeiten ausgeschöpft sein, diese Töne unterschiedlich anzuordnen. Zumal man sie ja nicht einfach irgendwie auf das Papier schreiben kann. Schließlich gibt es Regeln für die Harmonie und dafür, welche Töne gut zueinanderpassen. Die Regeln der Dur-

Moll-Harmonik schränken die Komponisten in ihrer Freiheit ein, die zwölf Töne einfach irgendwie anzuordnen.

Im Impressionismus haben die Maler alte Regeln schnell über Bord geworfen. Sie konnten das relativ problemlos tun, denn alles, was man auf einem Bild zeigen will, kann dort auch gemalt werden. Und so waren es auch in der Zeit um den Ersten Weltkrieg wieder die bildenden Künstler, die vorangeschritten sind. Sie haben gespürt, dass eine Zeit, die so schrecklich, so aufregend und so emotional war, einen neuen Stil brauchte.

Einige Maler wollten keine schönen Bilder mehr malen. Sie wollten ihre Wut, ihr Leid, aber auch ihre Begeisterung und Freude ausdrücken. Das ging nicht, wenn sie einfach weiter nur schön malten. Plötzlich benutzten sie wilde Farben, merkwürdige Formen. Sie veränderten die Körper und die Gesichter der Menschen und Tiere. Manchmal so sehr, dass man gar keine Körper oder Gesichter mehr erkennen konnte. Sie taten das, um alles wilder, absurder, emotionaler aussehen zu lassen – so wie sie die Welt wahrgenommen haben.

Diese Maler kümmerten sich nicht mehr darum, ob das Wasser auf ihren Werken blau war. Es konnte auch blutrot sein, wenn sie es als rot empfanden. Es ging ihnen auch nicht mehr darum, dass irgendeine Sache »richtig« gemalt wurde. Viel wichtiger wurde es, dass die Kunst einen Ausdruck bekam. Und weil Ausdruck Expression bedeutet, nannten sich Künstler, die so dachten, die Expressionisten.

Die ersten Expressionisten haben bereits vor dem Ersten Weltkrieg begonnen, mit den alten Regeln der Kunst zu brechen. Die Maler der Künstlervereinigung »Brücke« in Dresden (Ernst Ludwig Kirchner, Erich Heckel und Karl Schmidt-Rottluff) oder des »Blauen Reiters« in München (Wassily Kandinsky, Franz Marc und Paul Klee) wollten mit ihren Bildern protestieren. Sie haben die herrschenden Regeln und die Kunstakademien angegriffen. Alles, was an den Universitäten gelehrt wurde, fanden diese Künstler falsch. Der spanische Maler Pablo Picasso und sein französischer Kollege Georges Braque begannen, die Form der Dinge aufzulösen. Heute könnte man fast sagen, dass sie damit auf eine Welt reagiert haben, die sich ebenfalls in Auflösung befand. Picasso und Braque haben die Gegenstände, die sie gemalt haben, in kleine Teile zerlegt. Sie haben zum Beispiel eine Geige gemalt, die kaum

noch zu
erkennen war.
Ihre Bilder sahen
eher aus wie ein Puzzle,
in dem sich das Auge einzelne
Elemente zu einer Geige zusammenbasteln
muss. Diese Art des Malens nennt man Kubismus,
weil die einzelnen Gegenstände in kleine Kuben,
also in kleine Formen, aufgeteilt werden. Picasso hat sogar Menschen
und Gesichter kubistisch gemalt, Gesichter, die zwei Nasen oder zwei
Münder hatten, die aus verschiedenen Perspektiven gezeigt wurden.

In der Musik war die Sache etwas schwieriger. Gustav Mahler und
Richard Strauss hatten die Regeln der Harmonie zwar erweitert, und
in der Musik der Impressionisten war kaum noch zu hören, in welcher Tonart ein Stück stand, aber trotzdem basierte ihre Musik noch
immer auf den alten Regeln der Dur-Moll-Harmonik.

Arnold Schönberg hatte sich diese Regeln als Kind selbst beigebracht. Er war begeistert von der Musik und lernte in Wien den Komponisten Alexander von Zemlinsky kennen. Zemlinsky unterrichtete
Schönberg und sorgte dafür, dass dessen erstes Streichquartett aufgeführt wurde. Schönberg stand unter dem Einfluss von Gustav Mahler
und Richard Strauss – beide Komponisten hatte er noch persönlich

kennengelernt. Allerdings hat Schönberg immer wieder betont, dass er mindestens so viel von den toten Meistern gelernt habe, von Mozart, Bach und Brahms.

Arnold Schönberg war ein vielseitig interessierter Mensch. Er schrieb nicht nur Musik, sondern versuchte sich auch als Maler. Seine großen Vorbilder waren Expressionisten wie Wassily Kandinsky vom »Blauen Reiter« oder die Wiener Maler Oskar Kokoschka, Egon Schiele und Gustav Klimt. Außerdem war Schönberg ein leidenschaftlicher Bastler. Seine Erfindungen sind zum Teil sehr lustig, zum Teil sehr praktisch gewesen. Er hat zum Beispiel ein Schachspiel erfunden, das man zu viert spielen konnte. Er liebte es, neue Kartenspiele zu entwerfen, und bastelte allerhand Dinge für seinen Schreibtisch. Etwa einen Stift mit fünf Minen, der ihm half, mit nur einem Strich alle fünf Notenlinien gleichzeitig zu zeichnen. Außerdem entwickelte Schönberg einen zusammenklappbaren Notenständer für seine Reisen und ein System, mit dem man seinen Lieblingssport, das Tennisspielen, dokumentieren konnte. Am liebsten aber wollte Arnold Schönberg die ganze Musik neu erfinden!

Schönberg gründete die »Vereinigung schaffender Tonkünstler« in Wien und bildete selbst Schüler aus. Die wichtigsten waren Anton Webern und Alban Berg. Die drei Musiker und ihre Schüler werden heute als »zweite Wiener Schule« bezeichnet, weil sie ähnliche Musik geschrieben haben und in Wien wohnten. Unter der »ersten Wiener Schule« versteht man die Musik der Zeit vor Haydn und Mozart, deren Stücke man der »Wiener Klassik« zuordnet.

Schönberg wollte die Musik um jeden Preis weiterentwickeln. Zunächst experimentierte er an der Modernisierung der Romantik und schrieb mit den »Gurreliedern« einen Liederzyklus für großes Orchester. Außerdem komponierte er eine Art Oper, die er selbst ein »Melodram« nannte: »Pierrot lunaire«. Die 21 Gedichte dieses Melodrams irritierten die Wiener, weil Schönberg die Musik zwischen Singen und Sprechen ausgelotet hat. Doch diese Erneuerungen waren dem Komponisten noch lange nicht genug.

Nach dem Ersten Weltkrieg gründete Schönberg den »Verein für musikalische Privataufführungen«. Weil ihm die Musik, die in anderen Konzerten gespielt wurde, nicht immer gefiel, ließ er in seinem

Verein nur Musik von Komponisten aufführen, die er mochte. Und er tüftelte weiter an einer neuen Musik für eine neue Welt. Arnold Schönberg hat jahrelang an vollkommen neuen Regeln für die Komposition gearbeitet, bis er sie aufgeschrieben hat. Seine Theorie ist als Zwölftontechnik bekannt, und viele seiner Regeln befolgen Komponisten bis heute.

Eine neue Harmonie – Die Mathematik der zwölf Töne

Wenn man auf dem Klavier vom tiefen C bis zum nächsthöheren C alle Tasten spielt, sind das genau zwölf Töne. Danach wiederholen sie sich. Mit anderen Worten: Die meiste Musik, die wir kennen, besteht aus diesen zwölf Tönen.

Im Laufe der Zeit haben sich Regeln entwickelt, damit Komponisten wissen, welche Töne gut zueinander passen. So ist eine Harmonielehre entstanden, ein Regelwerk, das angibt, welche Akkorde in Dur und Moll in welcher Tonart wichtig sind. Wenn man ein Stück komponieren will, entscheidet man sich zunächst einmal für eine Tonart. Zum Beispiel für C-Dur: Dann weiß man sofort, dass das C der Grundton ist. Außerdem ist klar, dass die drei wichtigen Akkorde C-Dur (die Tonika), F-Dur (die Subdominante) und G-Dur (die Dominante) sind. (Noch einmal nachzuschlagen auf Seite 55 ff).

Arnold Schönberg hat eines der wichtigsten Bücher über die Harmonielehre geschrieben, einen dicken Band, in dem er alle Regeln und Ausnahmen zusammengefasst hat. Aber er fragte sich auch, ob man nicht ganz neue Regeln für die Musik entwickeln könnte.

Einige Musiker hatten bereits begonnen, die alte, sogenannte Dur-Moll-Harmonik über Bord zu werfen. Sie haben die Noten einfach so aufgeschrieben, wie sie ihnen in den Kopf gekommen sind. Sie wollten mit der Musik das machen, was die Maler des Expressionismus schon lange taten: Sie wollten sich selbst ausdrücken. Ganz ohne Regeln.

Das Problem war nur, dass das gar nicht so leicht ist. Denn wenn jeder seine eigenen Regeln bestimmt oder die Regel aufstellt, dass es keine Regeln gibt, ist es für den Zuhörer schwer, die Musik zu verstehen. Im Grunde ist es sogar so, dass jede Musik immer irgendwelche Regeln hat – im Zweifelsfall stellt sie selbst welche auf. Jede Kunst hat also eine Form. Die Form sorgt dafür, dass die Gedanken eine Richtung bekommen, dass die Betrachter oder die Zuhörer verstehen, was ein Künstler ausdrücken will.

Arnold Schönberg wusste all das. Ihm war klar, dass er die alte Form der Musik nicht mehr wollte. Aber ihm war ebenfalls klar, dass es eine Musik ohne Form nicht geben konnte. Also musste er neue Regeln für eine neue Form festlegen.

Schönberg hat sich gefragt, warum die einzelnen Noten in der alten Harmonielehre eigentlich unterschiedlich wichtig sind. Warum bestimmt die Tonart, in der man spielt, welche Töne man bevorzugen und welche man vermeiden soll? Warum kann die Musik nicht demokratisch sein? Warum kann nicht jeder Ton gleich viel wert sein? Und überhaupt, wer sagt eigentlich, dass Musik immer schön sein muss? Warum soll eine Regel bestimmen, was schön ist und was nicht? Schönberg wollte diese Regel abschaffen!

Seine Lösung war verblüffend einfach: Die Musik wäre doch erst dann wirklich demokratisch, wenn jeder Ton genauso oft gespielt würde wie jeder andere auch. Das lässt sich am besten dadurch erreichen, dass zunächst einmal die einfache Regel aufgestellt wird, dass alle Töne nacheinander gespielt werden müssen.

Schönberg wollte, dass sich ein Komponist eine beliebige Tonreihe aus den zwölf Tönen aufschreibt, die es in einer Oktave gibt, noch bevor er anfängt zu komponieren. Dabei war es ihm egal, in welcher Reihenfolge die Töne standen. Wichtig war nur, dass kein Ton doppelt vorkam. Dadurch entsteht eine sogenannte Zwölftonreihe, die nun zur Keimzelle der gesamten weiteren Komposition wird.

Der Komponist kann die zwölf Töne seiner Reihe nacheinander aufschreiben oder einige von ihnen gleichzeitig erklingen lassen. Es ist nur wichtig, dass die Töne immer in der gleichen Reihenfolge aufgeschrieben werden. Wenn man alle Töne benutzt hat, fängt man einfach wieder von vorne an.

Weil diese Regel dem Komponisten aber zu wenig Freiheit lassen würde, hat Schönberg noch weitere Regeln aufgestellt. Die ursprüngliche Zwölftonreihe kann bei ihm auch verändert werden, allerdings nur nach strengen Gesetzen. Zum Beispiel kann man sie rückwärts spielen – der letzte Ton der Reihe wird also zum ersten. Diese Variante der Zwölftonreihe nennt man »Krebs«, weil ein Krebs ebenfalls rückwärts geht.

Außerdem kann man eine Zwölftonreihe auch umkehren. In einer Umkehrung beginnt man mit dem ersten Ton und schaut, zu welchem zweiten Ton er führt. Wenn der zweite Ton eine kleine Terz höher liegt als der erste (also vier Tasten auf dem Klavier), muss er in der Umkehrung eine kleine Terz tiefer liegen. So geht man mit allen Intervallen der Zwölftonreihe vor, und am Ende erhält man die Umkehrung der ursprünglichen Reihe.

Die letzte Regel, die es in der Zwölftonmusik gibt, ist die Krebsumkehrung. Dafür werden die Intervalle der Rückwärtsreihe einfach umgekehrt.

Das Tolle an der Zwölftontechnik ist, dass sie die Komponisten trotz aller Regeln ziemlich frei macht. Immerhin gibt es für jede Zwölftonreihe 48 verschiedene Reihenformen, das macht insgesamt 479.001.600 Zwölftonreihen.

Man kann sich vorstellen, dass die Zwölftonmusik auf das Publikum zunächst befremdlich gewirkt hat. Wer kann schon mit bloßem Ohr die Reihe der zwölf Töne heraushören? Außerdem hören sich zwölf Töne, die nacheinander gespielt werden, im herkömmlichen Sinne nicht wirklich schön an.

Durch Schönbergs neue Regeln gab es keinen Unterschied mehr zwischen schönen Akkorden (konsonanten Akkorden) und hässlichen Akkorden (dissonanten Akkorden). Bei Schönberg existierten die Begriffe schön und hässlich nicht mehr. Wichtig war allein der Aufbau der Musik.

Eine der ersten Zwölftonreihen, die Schönberg für eines seiner Klavierstücke erfunden hat, lautet: E, F, G, Des, Ges, Es, As, D, H,

C, A, B. Das ist typisch Schönberg! Denn er hat die Musik gern dafür benutzt, geheime Botschaften zu übermitteln. Wenn man Schönbergs Reihe von hinten liest, erkennt man den Namen eines seiner größten Vorbilder: BACH. Auch in der neuen, revolutionären Musiktheorie der zwölf Töne, die etwas ganz anderes wollte als alles, was in der Vergangenheit komponiert worden war, hat Schönberg die Geschichte und die Tradition der Musik fortgeschrieben.

Schönberg und seine Schüler Anton Webern und Alban Berg haben darauf hingearbeitet, die Theorie der zwölf Töne durchzusetzen. Alban Berg hat die Zwölftontechnik immer wieder mit der traditionellen Musik verbunden. Und er hat große Teile seiner Opern »Lulu« und »Wozzeck« in der Zwölftontechnik komponiert. »Wozzeck« erzählt die Geschichte eines armen Soldaten, dessen Frau ihn mit einem Major betrügt. Am Ende ersticht Wozzeck seine Frau und nimmt sich selbst das Leben. Diese Oper war so schwierig aufzuführen für die Sänger und das Orchester, dass sie zunächst gar nicht ganz auf die Bühne gebracht werden konnte. Erst vier Jahre nachdem Berg sie beendet hatte, wurde das Stück nach 137 Proben zum ersten Mal gespielt. Heute zählt »Wozzeck« zu einer der wichtigsten Opern der Musikgeschichte.

Arnold Schönberg musste 1933 vor den Nationalsozialisten fliehen, denn auch er war Jude. Er ging in die USA und arbeitete dort als Professor. In Amerika komponierte Schönberg ebenfalls eine Oper: »Moses und Aron«, ein Werk über den biblischen Streit der beiden Brüder. Allerdings konnte er sie nicht mehr vollenden. Er starb 1951.

Schönberg selbst glaubte, dass seine Zwölftonmusik ein Meilenstein der Musikgeschichte sei, und sagte voraus, dass zukünftige Generationen nach seinen Regeln komponieren würden. Tatsächlich benutzen auch heute noch viele Komponisten einige Regeln der Zwölftonmusik. Aber die Welt hat sich auch nach Schönbergs Tod weitergedreht. Sie wurde vielfältiger und individueller – so wie die Musik. Heute existieren viele musikalische Regeln und Systeme nebeneinander. Die Zeit, dass ein Regelwerk für alle Komponisten gültig ist, hat Schönberg selbst beendet.

Moderne Vielfalt –
Das Jahrhundert der »-ismen«

Bislang ist in unserer Musikgeschichte eine Epoche der nächsten gefolgt, und eine Stilrichtung der Musik wurde durch eine andere abgelöst. Die Renaissance, das Barock, die Klassik und die Romantik gingen ineinander über – einige Elemente der Musik wurden weiterentwickelt, andere revolutioniert. Doch im 20. Jahrhundert geschahen viele Dinge nun nicht mehr nacheinander, sondern gleichzeitig.

Warum das so war, kann man nur vermuten. Das Leben der Menschen wurde individueller und schneller. Im 20. Jahrhundert konnte man problemloser reisen und unterschiedliche Kulturen kennenlernen. Außerdem wurde die Kommunikation durch Telefon, Zeitungen und Radios leichter. Die Menschen hatten es mit viel mehr neuen Einflüssen zu tun als jemals zuvor. Vielleicht haben die Künstler darauf reagiert. Doch das Wichtigste war wohl, dass es am Anfang des 20. Jahrhunderts keine Kirche oder keine Könige mehr gab, die so mächtig waren, dass sie den Menschen die Regeln der Kunst hätten diktieren können. Kunst fand jetzt überall statt: in kleinen Zirkeln, in Clubs, in Ateliergemeinschaften, auf kleinen und großen, privaten und öffentlichen Bühnen.

Arnold Schönberg war der Erste, der eine komplett neue Musiktheorie begründet und damit viele Kollegen beeinflusst hat. Seine Zwölftonmusik hat anderen Komponisten gezeigt, dass jeder Musiker ein eigenes Tonsystem erfinden konnte. Die Kunst war plötzlich so frei, dass jeder Künstler sich individuell entfalten durfte.

Und so ist das 20. Jahrhundert das Jahrhundert der »-ismen« geworden. Viele Stilrichtungen existierten nebeneinander: der Impressionismus, der Expressionismus, aber auch der Neoklassizismus (die Rückkehr zur klassischen Form), der Folklorismus (die Hinwendung zur Volksmusik), der Dadaismus (das Interesse an künstlerischer Spielerei) oder der Futurismus (der Versuch, Neues zu schaffen).

Viele Künstler haben sich nicht für eine Stilrichtung entschieden, sie haben mit unterschiedlichen Stilen experimentiert. Der Komponist Igor Strawinsky hat zum Beispiel expressionistisch, neoklassizistisch und folkloristisch komponiert und sich am Ende seines Lebens sogar mit der Zwölftonmusik beschäftigt, die er eigentlich abgelehnt hat. An Strawinsky wird am besten deutlich, warum plötzlich so viele Stile nebeneinander existierten, denn sein Leben war mindestens so vielschichtig wie seine Musik.

Igor Strawinsky wurde als Sohn eines Sängers in einer kleinen Stadt nahe dem russischen Sankt Petersburg geboren. Er las viel, wollte reisen und war interessiert an anderen Einflüssen. Als die Russische Revolution ausgebrochen war, kehrte er nicht in seine Heimat zurück. Er ging nach Paris und wurde französischer Staatsbürger. Mit 58 Jahren zog er noch einmal um, dieses Mal in die USA. Der Russe, der Franzose wurde, ist nun auch amerikanischer Staatsbürger geworden.

So vielfältig wie seine Kompositionsstile und Pässe war auch Strawinskys privates Leben. Nachdem er sehr früh seine Cousine geheiratet hatte, verliebte er sich schon bald in eine andere Frau. Strawinskys Ehefrau akzeptierte, dass er eine Geliebte hatte. Nachdem Strawinskys Ehefrau gestorben war, heiratete er seine große Liebe. Man sieht, auch die Lebensläufe der Menschen in der modernen Welt wurden vielschichtiger. Sie reisten viel, ließen sich inspirieren und nahmen sich in privaten Dingen mehr Freiheiten. Kein Wunder also, dass sich auch die musikalischen Stile auffächerten.

Strawinsky begann mit fast impressionistischen Stücken, bis er beschloss, das »Frühlingsopfer« zu schreiben: ein großes Ballett für den wichtigsten russischen Ballettchoreografen, der ebenfalls in Paris lebte, für Sergej Diaghilew. Das »Frühlingsopfer« (im Original: »Le sacre du printemps«) ist ein hochexpressionistisches Werk, das sich besonders durch seinen außergewöhnlich harten Rhythmus auszeichnet. Strawinsky stapelte unterschiedliche Rhythmen aufeinander und schuf so sehr wilde Klänge.

Das Stück beginnt mit einem hohen Fagottsolo. Bei der Uraufführung 1913 in Paris begannen die Leute sofort zu lachen – so etwas hatten sie noch nie gehört. Und es wurde noch schlimmer. Während der

Aufführung des »Frühlingsopfers« haben sich die Befürworter der neuen Musik und die Gegner im Saal geprügelt. Das Konzert konnte nur zu Ende gespielt werden, weil sich der Dirigent nicht vom Tumult im Saal irritieren ließ.

Der Skandal hat Strawinsky über Nacht berühmt gemacht. Er selbst war allerdings enttäuscht, dass dem Publikum seine Musik nicht gefiel. Doch schon bei der zweiten Aufführung (ohne Ballett) waren die Zuschauer von dem Stück begeistert.

Für sein Ballett »Petruschka«, in dem es um Russland geht, hat Strawinsky zuvor bereits folkloristische Elemente benutzt. Er hat alte Weisen und Lieder seiner Heimat modern abgewandelt und verarbeitet. In diesem folkloristischen Stil hat unter anderem auch Béla Bartók komponiert. Er hat die Musik seiner Heimat Ungarn gesammelt und modern umgeschrieben. Bartók ist besonders bekannt für seine Klaviermusik und hat eine der wichtigsten und besten Klavierschulen geschrieben. Außerdem stammt von ihm die Oper »Blaubarts Burg«, eine einstündige Oper, in der nur zwei Menschen singen: Judith und König Blaubart.

Strawinskys Entwicklung der Musik war mit dem Folklorismus noch lange nicht abgeschlossen. Eine Zeit lang versuchte er, von den alten Meistern, besonders von Bach, zu lernen. Er beschäftigte sich mit dessen Musik und übersetzte sie in seine eigene Zeit. Diesen Stil nennt man »Neoklassizismus«. Im Neoklassizismus wurde die alte Musik nicht kopiert, sondern die Komponisten haben lediglich ihren Aufbau analysiert und ihn als Grundlage für moderne Kompositionen benutzt.

Strawinsky war nicht der einzige Komponist, der in der alten Musik Inspiration suchte. Der Russe Sergej Prokofjew ist durch sein Musikstück »Peter und der Wolf« bekannt geworden und hat ebenfalls eine sogenannte »klassische Sinfonie« komponiert. Der deutsche Komponist Paul Hindemith versuchte, das Barock in die Moderne zu übersetzen.

Auch in Nordamerika entwickelte sich die Musik weiter. Der Komponist Charles Ives wurde bekannt, weil er nicht nur Ganz- und Halbtöne, sondern auch Vierteltonschritte benutzte. Der amerikanische Komponist Edgar Varèse hat währenddessen versucht, alle existierenden Stile miteinander zu verbinden.

Ganz neu war es, dass Komponisten nicht nur für den Konzertsaal und die Bühne geschrieben haben, sondern auch für das Kino und für große Shows. Einer der wichtigsten dieser Komponisten war Aaron Copland. Aber auch die Musik von anderen Klassikkomponisten wurde für Filme benutzt. Walt Disney hat zum Beispiel Musik von Igor Strawinsky für seine Mickymausfilme eingesetzt. Viele europäische Komponisten, die während des Nationalsozialismus aus Deutschland fliehen mussten, weil sie Juden waren, haben in den USA ebenfalls begonnen, Filmmusik zu schreiben.

Das 20. Jahrhundert begann also damit, dass die Welt (und mit ihr die Musik) vielfältiger wurde. Diese Entwicklung wurde jäh unterbrochen, als Adolf Hitler in Deutschland die Macht ergriff. Er hat der Welt den bislang größten Krieg beschert – über sechzig Millionen Menschen sind dabei gestorben. Der Zweite Weltkrieg wurde zu einem der größten Wendepunkte der Menschheit und ihrer Musikgeschichte.

Von der Katastrophe zum Pop —
Neue Klangwelten

Von wegen »entartet« – Musik im Nationalsozialismus

Als Adolf Hitler 1933 von den Deutschen zum Reichskanzler gewählt wurde, gab es sehr viele Arbeitslose. Hitler hatte den Menschen versprochen, dass es ihnen besser gehen würde, wenn er regierte. In seinen Reden hat er immer wieder behauptet, dass die Juden schuld am Zustand Deutschlands seien. Und viele Deutsche haben ihm das geglaubt. Nachdem sich Hitler zum »Führer« ernannt und die demokratische Staatsform der Weimarer Republik aufgelöst hatte, begann er mit der Verfolgung der Juden.

Zunächst beschränkte sich die Demütigung darauf, dass sie einen gelben Stern an ihrer Kleidung tragen mussten. So konnte jeder erkennen, wer Jude war und wer nicht. Die Juden wurden als Menschen zweiter Klasse behandelt, ihnen wurden die Menschenrechte abgesprochen. In der Pogromnacht 1938 zerstörten viele Deutsche jüdische Geschäfte und Wohnungen. Die Bücher von Juden wurden öffentlich verbrannt. Schließlich beschlossen die Nazis, alle Juden in Europa zu töten – diese größte Mordaktion der Geschichte nannten sie »Endlösung«.

Nach seiner Machtergreifung begann Hitler, das Deutsche Reich auszuweiten. Er erklärte, dass Österreich zu Deutschland gehöre. Anschließend besetzte er die Tschechoslowakei. In Italien ging er eine Allianz mit dem faschistischen Führer Benito Mussolini ein, und schon bald eroberten deutsche Truppen Polen und Frankreich. Im Handumdrehen stand ein großer Teil Europas unter Hitlers Herrschaft.

Alle besetzten Gebiete wurden nach Juden durchkämmt. Eines dieser Gebiete war Böhmen. Um die böhmischen Juden einzusperren, wurde ein Getto in Theresienstadt errichtet, in das auch immer mehr Juden aus Deutschland verschleppt wurden. Auf den ersten Blick sah es aus wie ein Dorf, das mit Stacheldraht umzäunt war. Für die Nazis war das Getto ein sogenanntes »Durchgangslager«, also ein Ort, an den die Juden verschleppt wurden, um von hier aus früher oder später in Konzentrationslager geschickt zu werden, in denen sie ermordet werden sollten. Doch auch in Theresienstadt starben viele Menschen.

Einer der Gefangenen in Theresienstadt war Viktor Ullmann, ein Komponist, der in Tschechien geboren worden war und dann nach Wien ging, um von Arnold Schönberg zu lernen. Später zog er nach Prag und wurde hier durch Alexander von Zemlinsky gefördert. Ullmann war ein vielversprechender Musiker, der in seinen Werken besonders gern Vierteltonschritte benutzte und eine eigene Tonsprache erfunden hat.

Viktor Ullmann wurde 1942 nach Theresienstadt verschleppt. Hier schrieb er kleine Artikel für die Zeitung des Gettos und organisierte mit anderen Juden Konzerte. Ullmann wollte nicht glauben, dass Menschen einander ermorden. Er glaubte nicht, dass die Nazis bereits Millionen Juden vergast hatten. Doch mit der Zeit wurden die Gerüchte und die Beweise für den Massenmord unübersehbar. Im Getto von Theresienstadt schrieb Ullmann sogar noch eine Oper. Sie trägt den Titel »Der Kaiser von Atlantis« und dreht sich um einen verrückten Kaiser – das war natürlich eine Anspielung auf Adolf Hitler. Diese Oper wurde damals nicht aufgeführt.

Am 16. Oktober 1944 wurde der Komponist mit vielen anderen Juden in Theresienstadt in einen Viehwaggon gepfercht. Der Zug fuhr direkt nach Auschwitz, in eines der größten Konzentrationslager der Deutschen. Ullmann wurde ausgezogen, seine Haare wurden geschoren, er wurde in eine Gaskammer gezwungen – und ermordet. Sieben Monate später war der Krieg zu Ende. Deutschland hatte kapituliert, die Franzosen, Engländer, Amerikaner und Russen hatten Adolf Hitler besiegt. Viktor Ullmann hat das nicht mehr geholfen. Er wurde Opfer der »Schoah«, des Massenmordes der Nazis an den Juden.

Hitlers Nationalsozialisten haben einen Großteil der deutschen Musikkultur ausgelöscht, und auch nach dem Krieg blieben viele Künstler, die von den Nationalsozialisten getötet worden waren, noch lange vergessen. Viktor Ullmanns Oper »Der Kaiser von Atlantis« wurde erst 1975, also über dreißig Jahre nach seinem Tod, zum ersten Mal aufgeführt.

Ein weiteres Opfer des Massenmordes war der Komponist Erwin Schulhoff. Vor dem Krieg war er ein sehr experimentierfreudiger Musiker. Er setzte sich für neue musikalische Strömungen ein, besonders für die Vierteltonmusik, und experimentierte mit dem Jazz, der aus den USA nach Deutschland kam. Nachdem Hitler die Macht ergriffen hatte, sah Schulhoff die Tragödie voraus. Er wurde zum Sozialisten und Gegner der Nationalsozialisten. Schulhoff wurde von den Nazis in die Wülzburg in Bayern gesperrt, in ein Lager für Bürger fremder Staaten – und starb hier elend an Unterernährung, Erschöpfung und Krankheit.

Über sechs Millionen Menschen wurden von den Nazis ermordet – neben den Juden auch Sinti und Roma, die sogenannten Zigeuner, Homosexuelle, viele Behinderte und politische Gegner. Außerdem hatte es Hitler auf Künstler abgesehen, die gegen die Ästhetik der Nazis verstießen.

Als »Führer« wollte er nicht nur die Herrschaft über ganz Europa, sondern auch die Macht über die Kunst. Dichtung, Malerei und Musik sollten für ihn in erster Linie »deutsch« sein, denn für Hitler waren die Deutschen »Übermenschen«, bessere Menschen als alle anderen. Er schwärmte von den Opern Richard Wagners, weil in ihnen deutsche Helden gezeigt wurden. Und er benutzte die Kunst für seine Propaganda: In Filmen der Nazis wurden wohlgeformte, sogenannte »arische« Körper gezeigt, Körper von durchtrainierten blonden Männern und Frauen. Die Filmemacherin Leni Riefenstahl setzte sie in ihren Filmen in Szene, und der Bildhauer Arno Breker schlug sie in Stein.

Die Nationalsozialisten setzten in ihrer Propaganda hauptsächlich auf Operetten, Militärmärsche und Schlager. Mit ihnen wollten sie große Gefühle bei den Menschen wecken. Als deutsche Truppen in Russland schwere Niederlagen hinnehmen mussten und es zum ersten Mal aussah, als ob Deutschland den Weltkrieg verlieren könnte, wollte Hitlers Propagandaminister Joseph Goebbels die Menschen durch Filme und Musik zum Durchhalten ermuntern.

Die Sängerin Zarah Leander oder der Schlagerstar Hans Albers waren die bekanntesten Künstler, die unter Hitlers Hakenkreuzfahne auftraten und die Deutschen mit ihren Liedern begeisterten. Es ist schwer zu sagen, ob diese Künstler für Hitler oder für ihr Publikum gesungen haben, denn ihre Texte waren nicht wirklich politisch. Das bekannteste Lied dieser Zeit war wohl Lale Andersens »Lili Marleen«. Es handelt von einer Frau, die unter einer Laterne vor einer Kaserne auf ihren Mann wartet. Natürlich kam dieses Lied bei den Soldaten besonders gut an, denn sie hofften in den Schützengräben, dass ihre Frauen zu Hause treu auf sie warten würden. »Lili Marleen« wurde aber nicht nur von den Deutschen geliebt, sondern auch von den englischen und amerikanischen Soldaten. Manchmal zeigt die Musik eben, dass sie selbst Menschen, die gegeneinander kämpfen, miteinander verbinden kann.

Grundsätzlich hatte die nationalsozialistische Kunst relativ einfach zu sein. Die Menschen sollten ermutigt werden, die Kunst sollte schön sein – und sie sollte die Menschen für Deutschland und für Hitlers Politik begeistern.

Alles, was nicht »normal« klang, hassten die Nazis – und verboten es. Besonders die Kunst, die sich vor ihrer Machtergreifung entwickelt hatte: die des Expressionismus, des Dadaismus, des Surrealismus, des Kubismus und der Neuen Sachlichkeit. Der Jazz, der aus den USA kam, wurde als »Negermusik« lächerlich gemacht. Die Nationalsozialisten haben die meisten Musiker, die vor ihrer Machtergreifung erfolgreich waren, vertrieben, eingesperrt oder getötet. Sie hatten ihre eigenen, musikalischen Lieblinge. Einen Komponisten wie Carl Orff duldeten sie. In seinen Werken experimentierte er besonders mit dem Rhythmus. Orff wurde allerdings auch von den Nazis für sein großes Chorwerk, die »Carmina Burana«, kritisiert. Das Stück war den Nationalsozialisten zu »jazzig«. Orff hatte darin mittelalterliche Gesänge neu komponiert.

Alles, was nicht dem Schönheitsideal der Nazis entsprach, wurde als »entartete Kunst« eingestuft, also als Kunst, die das Gemeinwesen angeblich gefährdete.

1937 wurde in München eine Ausstellung mit Bildern dieser »entarteten Kunst« gezeigt. Die Nationalsozialisten wollten die Deutschen vor dieser »schändlichen« Kultur warnen. Dabei gingen sie besonders bösartig vor: Sie hängten Bilder von fantasievoll gemalten Menschen neben Fotos von Behinderten und machten damit sowohl die Behinderten als auch die Künstler lächerlich. Das Absurde an der Ausstellung »Entartete Kunst« war, dass selten in der Geschichte so viel gute, moderne Kunst an einem Ort gezeigt wurde – leider aber unter falschen Vorzeichen.

Die amerikanische Oper – Das Musical

Viele Künstler ahnten die Bedrohung durch Hitlers Größenwahn und flohen rechtzeitig aus Deutschland. Oft mussten sie dabei alles zurücklassen, was sie besaßen. Die Flucht war meist gefährlich und führte die Emigranten in Länder, in denen sie weitgehend unbekannt waren.

Kurt Weill war ein solcher Musiker, der vor den Nationalsozialisten geflohen ist – zunächst nach Paris, dann in die USA. Sein Vater war jüdischer Kantor, also für die Musik in einer Synagoge verantwortlich. 1918 studierte Weill in Berlin, einer seiner besten Freunde wurde der Schriftsteller Bertolt Brecht.

Brecht war besonders für seine kritischen Stücke bekannt und dafür, dass er die Menschen in seinen Schauspielen moralisch aufklären wollte. In den Zwanzigerjahren, also kurz vor Hitlers Machtergreifung, pulsierte das kulturelle Leben in Berlin und München. Viele Künstler haben die Armut und die steigende Arbeitslosigkeit zum Anlass genommen, in ihren Büchern und ihrer Musik mehr Gerechtigkeit zu fordern. Viele verfolgten Hitlers langsamen Aufstieg schon damals mit Besorgnis und fragten sich, ob die vielen Arbeitslosen sich von seinen gefährlichen Versprechungen begeistern lassen würden.

So sind Theaterstücke, Gedichte und Chansons gegen die Nationalsozialisten entstanden. Besonders bekannt wurde der Schriftsteller Kurt Tucholsky. In seinen Gedichten nahm er Hitler und die Nationalsozialisten auf die Schippe. Viele seiner Lieder wurden von Hanns Eisler vertont, der auch Musik zu Bertolt Brechts Gedichten geschrieben hat. Tucholsky floh vor den Nazis nach Schweden und nahm sich dort das Leben. Eisler ging in die USA und kehrte nach dem Krieg in die DDR zurück, in den Ostteil Deutschlands.

1928 schrieb Bertolt Brecht den Text zur »Dreigroschenoper«. Sie erzählt vom Bettlerkönig Mackie Messer, der mit seinen Geschäften ganz London unsicher macht. Die Musik zu dieser Oper hatte Kurt Weill komponiert. Dafür fand er eine neuartige Mischung aus Schlagern, Chansons und Orchestermusik – aus Jazz und Klassik, aus Musik von der Straße und aus den Konzerthäusern. Die »Dreigroschenoper« spiegelte die Seele der Gesellschaft nach dem Ersten Weltkrieg und wurde ein großer Erfolg. Die Menschen haben Brechts Texte und Weills Musik als Kritik an der Ungerechtigkeit der Verhältnisse verstanden. Nur Arnold Schönberg und Anton Webern waren von der »Dreigroschenoper« nicht sonderlich begeistert – ihnen erschien die Musik als zu eingängig.

Auch nach seiner Flucht komponierte Kurt Weill weiter. Er schrieb ein Ballett mit Gesang, zu dem wieder Bertolt Brecht den Text verfasste. Es hieß »Die sieben Todsünden«. Zu dieser Zeit waren Weills Werke in Deutschland bereits verboten. Seiner Wut darüber machte er in der Oper »The Eternal Road« (»Der Weg der Verheißung«) Luft, in der er die Geschichte des jüdischen Volkes erzählte – eines Volkes, das seit Jahrhunderten verfolgt wurde.

Viele Künstler, die aus Deutschland in die USA flohen, begegneten hier einer vollkommen neuen Kultur. Einigen fiel es schwer, in Amerika Fuß zu fassen. Kurt Weill aber wurde auch in Amerika ein Star. Hier schrieb er hauptsächlich Musicals für den Broadway, eine Straße in New York, in der die damals wichtigsten Theater standen. Unter anderem komponierte Weill die Oper »Street Scene«, in der er die europäische Operntradition von Puccini mit Elementen des amerikanischen Musicals vereinte.

Die europäische und die amerikanische Musik hatten sich ziemlich weit auseinanderbewegt. Am Broadway war eine eigene, typisch amerikanische Musicalkunst entstanden. Sie lebte von lustigen und überraschenden Geschichten und großen, populären Schlagern.

Etwas Ähnliches hatte es zuvor auch schon in Europa gegeben – hier nannte man diese kleine Form der Oper Operette. Johann Strauß ist mit seinem Stück »Die Fledermaus« zum Operettenkönig geworden, und Franz Lehár hat mit der »Lustigen Witwe« eine der wichtigsten Operetten überhaupt komponiert. Auch die Operette lebt in der Regel von lustigen Handlungen und vielen schönen Melodien, konnte aber durchaus auch gesellschaftskritisch sein. Doch während die Operette in Wien und Berlin in erster Linie der Tradition der Oper verpflichtet war und vor allen Dingen aus beschwingten Walzern und bekannten Tänzen bestand, wurde das Musical in den USA zu einer populären neuen Kunstform.

Die Komponisten nahmen jede Musik in ihren Musicals auf und rissen so die Grenzen zwischen der sogenannten »ernsten Musik« (der Klassik) und der Unterhaltungsmusik (des Jazz und der Schlager) ein.

Der in Deutschland geborene Komponist Frederick Loewe hat in den Fünfzigerjahren mit »My Fair Lady« in den USA einen großen Erfolg gefeiert. Das Musical handelt von einer armen Blumenverkäuferin. Sie lernt, vornehm zu sprechen, und steigt in der Gesellschaft auf. Ein weiteres weltbekanntes Musical jener Zeit ist Leonard Bernsteins »West Side Story«, das Shakespeares »Romeo und Julia« in das moderne New York verlegt. In dem Stück kämpfen die Staßengangs der Jets und der Sharks gegeneinander – eine moderne Tragödie mit tragischem Ausgang.

Weitere große Musicalerfolge waren später »Jesus Christ Superstar«, »Hair« oder die »Rocky Horror Picture Show«. Neuere Musicals wie »Phantom der Oper«, »Cats« oder »Evita« von Andrew Lloyd Webber arbeiten mehr mit den Mitteln der Popmusik als mit den Mitteln und der Tiefe der traditionellen Oper – aber sie zeigen, dass sich auch das Musical ständig weiterentwickelt.

Ein besonders bekannter Musicalkomponist der ersten Stunde war George Gershwin. Neben vielen erfolgreichen Stücken wie »I Got Rhythm« oder »The Man I Love« hat er auch die klassische Form der Oper in den USA weiterentwickelt. In »Porgy and Bess« von 1935 spielen nur Schwarze. In der Oper um den Krüppel Porgy, der in einer Armensiedlung gegen Bösewichter und Rauschgifthändler um seine

Geliebte Bess kämpft, hat Gershwin eine Musik benutzt, die bislang keine besondere Rolle in der Klassik gespielt hatte, den Jazz. Mit seiner »Rhapsody in Blue« hat er eine ganze Sinfonie im Jazzstil komponiert und mit »Ein Amerikaner in Paris« ein Gedicht vertont, so wie es die europäischen Komponisten schon früher getan hatten.

Während die klassische Musik von Alban Berg, Arnold Schönberg und Anton Webern in Europa immer komplizierter wurde und sich damit immer weiter vom großen Publikum entfernte, gelang es gerade Gershwin, mit seiner Musik sowohl die breite Masse als auch das Klassikpublikum zu begeistern.

Als Kurt Weill 1950 starb, hatte eine neue Zeit begonnen. Deutschland hatte den Zweiten Weltkrieg gegen England, Frankreich, die USA und Russland verloren. Statt vieler mächtiger Staaten standen sich nun zwei Blöcke gegenüber: der kommunistische Ostblock mit Russland und seinen Verbündeten und der demokratische Westblock mit Amerika, Frankreich, England und ihren Verbündeten. Deutschland wurde nach dem Krieg in zwei Teile geteilt: in die Bundesrepublik, die dem Westblock nahestand, und in die Deutsche Demokratische Republik, die zum Ostblock gehörte. Diese Neuordnung der Welt lässt sich natürlich auch in der Musik hören. Überall versuchten Musiker nach dem Zweiten Weltkrieg einen Neuanfang.

Inspiration aus der Ferne – Weltmusik

In Wirklichkeit gibt es nicht nur eine Geschichte der Musik, sondern viele Musikgeschichten, die zu unterschiedlichen Zeiten an unterschiedlichen Orten stattgefunden haben. Manchmal hatten diese Geschichten nichts miteinander zu tun, manchmal haben sie sich gegenseitig beeinflusst.

Mit der Musik ist es wie mit der Sprache: Es gibt Länder, die liegen so weit auseinander, dass ihre Sprachen vollkommen unterschiedlich sind – Deutsch und Chinesisch zum Beispiel. In diesen Sprachen gibt es verschiedene Worte für die gleichen Dinge und eine vollkommen andere Grammatik. Dagegen haben sich die Sprachen in Ländern, die nahe beieinanderliegen oder die durch Handel in Verbindung stehen, oft gemeinsam entwickelt. Das lässt sich an einem ganz einfachen Beispiel zeigen. Das lateinische Wort für Fenster ist »fenestra«. Bis heute nennt man Fenster in Italien »finestra«. In Deutschland wurde im Laufe der Zeit aus dem lateinischen »fenestra« das »Fenster«, und im Französischen heißt es »fenêtre«. Wir sehen also, dass Länder, die nahe zusammenliegen, Wörter voneinander übernommen haben. Natürlich können auch vollkommen fremde Einflüsse eine Sprache bestimmen. So kommt das englische Wort für Fenster, »window«, nicht aus dem Lateinischen, sondern aus dem nordischen Sprachraum. Es setzt sich aus dem altnorwegischen »vindr« (Wind) und »auga« (Auge) zusammen und bedeutet eigentlich »Windauge«.

Die Sprache und die Kultur einzelner Länder entwickeln sich durch unterschiedliche Einflüsse. So ähnlich war es auch in der Musik: Französische Komponisten ließen sich von italienischen Komponisten inspirieren, die sich mit deutschen, russischen oder amerikanischen Komponisten ausgetauscht haben.

Es gibt Musikkulturen, die so weit von uns entfernt liegen, dass sie ganz eigene Regeln entwickelt haben. In der Türkei zum Beispiel wird ein Ganzton nicht durch zwei Halbtöne gebildet wie bei uns, sondern in neun Teiltöne unterteilt. Diese Töne nennt man Koma. In der Türkei spricht man auch nicht von Tonarten wie bei uns, sondern von sogenannten Makamlar. Insgesamt gibt es in der türkischen Musiktheorie über 500 dieser Makamlar. Einige entsprechen ungefähr unseren Dur-Moll-Tonarten, aber eigentlich funktionieren sie ganz anders und klingen für unsere Ohren fremd – eben orientalisch.

Schon Puccini hat die »Pentatonik« der Japaner imitiert, eines der ältesten Tonsysteme. Es basiert darauf, dass in einer Oktave, also zwischen einem tiefen C und dem nächsthöheren C, nicht acht Töne liegen, sondern nur fünf. Es gibt in Japan männliche und weibliche pentatonische Tonleitern.

In Indien ist die Musik ebenfalls anders geordnet. Hier steht die Melodie im Vordergrund, und der musikalische Dialog entsteht in der Regel nur zwischen einem Melodie- und einem Rhythmusinstrument. Die Melodie ist dabei in dem sogenannten Raga festgelegt. Der Raga schreibt genau vor, welche Töne zu einem Musikstück passen, und gibt die melodischen Elemente an, die ein Komponist benutzen darf. Der Raga soll eine bestimmte musikalische Stimmung ausdrücken und wird in der Regel sogar einer Tageszeit zugeordnet.

Dieser kleine Überblick über Tonsysteme, die sich von der Dur-Moll-Harmonik in Europa unterscheiden, soll erst einmal genügen, um zu verstehen, dass Musik eben nicht nur eine, sondern an unterschiedlichen Orten der Welt ganz unterschiedliche Geschichten hat.

Ein Kontinent ist in dieser Musikgeschichte bislang nicht vorgekommen: Afrika. Für die Europäer und Amerikaner wurde Afrika im 18. Jahrhundert wichtig, weil sie hier Sklaven gekauft haben, die sie in Amerika für sich arbeiten ließen. Meistens wurden afrikanische Sklaven auf Zuckerrohr-, Baumwoll- und Kaffeeplantagen oder in Bergwerken im Süden der USA eingesetzt. Die Sklaverei ist eines der dunklen Kapitel der europäischen Geschichte, denn die europäischen Kolonialherren haben den afrikanischen Sklaven ihre Rechte genommen. Eines allerdings konnten sie ihnen nicht nehmen: ihre Musik.

Während der harten Arbeit sangen die Sklaven, um sich an ihre Heimat zu erinnern. Musik war eine der wenigen Möglichkeiten für sie, ihre afrikanische Identität zu bewahren. Charakteristisch für die afrikanische Musik ist ihr besonderer Rhythmus. Oft wechselten sich verschiedene Rhythmen ab oder wurden sogar zur gleichen Zeit gesungen. Der Gesang spielte eine große Rolle in der afrikanischen Kultur, er sollte sich frei entfalten und leidenschaftlich klingen. Beim Singen wurde gern improvisiert, die Sänger erfanden ihre Melodie also beim Singen. Sehr beliebt war, dass ein Sänger etwas sang und ein Chor den Text und die Melodie wiederholte. Dieses Vor- und Nachsingen motivierte die Sklaven bei der harten Arbeit auf den Feldern.

Die meisten Sklaven wurden nicht nur zur Arbeit missbraucht, sondern auch von der Kirche missioniert. Sie sollten ihrer eigenen Religion abschwören und den Gott der Europäer anbeten. Dabei entwickelten die Schwarzen ziemlich schnell eine eigene Zeremonie für den Gottesdienst, aus der besonders die sogenannten Spirituals, die religiösen Gesänge, und später auch die Gospels entstanden sind. Das sind zum großen Teil frei improvisierte Lieder zu biblischen Geschichten oder musikalische Anbetungen Gottes.

In Amerika traf die afrikanische Musik der Sklaven auf die europäische Musiktradition der Entdecker und ihrer Nachkommen. Die Europäer spielten in Amerika ihre Hymnen und Märsche, ihre Tänze und Volksmusiken. Im Laufe der Zeit mischten sich die musikalischen Kulturen, und aus dieser Mischung entstand eine Musikrichtung, die unsere Geschichte der Musik grundlegend verändert hat: der Jazz.

Die neue Freiheit – Der Jazz

Durch die Vermischung der schwarzen afrikanischen und der weißen europäischen Musikkultur entstand in den USA der Jazz. Das wichtigste Element des Jazz ist die Improvisation – so wie sie auch in den afrikanischen Liedern im Vordergrund stand.

Aber wie improvisiert man mit mehreren Musikern? Wie schafft man es, dass die Töne unterschiedlicher Spieler zusammenpassen? Das Geheimnis ist ganz einfach: Die Improvisation im Jazz funktioniert nach einem bestimmten Schema: dem Schema des Blues, aus dem sich der Jazz entwickelt hat.

Beim Improvisieren ist es wichtig, dass die eigene Melodie mit der Musik der anderen zusammenpasst. Deshalb gibt es eine festgelegte Harmoniefolge. Die Harmonie des Jazz basiert auf der europäischen Musikkultur, also der Dur-Moll-Harmonik mit ihren drei Hauptakkorden, in denen alle Noten einer Tonart vorkommen. Aus diesen drei Hauptakkorden besteht auch das Bluesschema.

Das klassische Bluesschema hat zwölf Takte. Die ersten vier Takte stehen in der Tonika (also dem Grundakkord), der fünfte und sechste Takt in der Subdominante, der siebte und achte Takt wieder in der Tonika, es folgt ein Takt in der Dominante und einer in der Subdominante, bevor es zurück zur Tonika geht. Jeder Jazzmusiker kennt diese Regel und kann sich seine eigene Melodie zu den vorgegebenen Akkorden suchen – deshalb funktioniert die Improvisation im Blues so gut.

Der Blues wurde (neben dem Gospel und dem Ragtime) am Anfang des 20. Jahrhunderts zu einer der populärsten Musikarten der schwarzen Amerikaner. In den 1910er-Jahren hatte er sich so weit durchgesetzt, dass das Wort Blues zum Bestandteil der amerikanischen Alltagssprache wurde.

Die eigentliche Geburtsstadt des Jazz war New Orleans im Süden der USA. Hier entstand eine Musik, die von den Marching Bands, also der amerikanischen Blasmusik, von Kirchenliedern und dem Blues beeinflusst war. Die Musik war sehr bewegt, sehr ausdrucksstark, und natürlich standen die Bläser im Mittelpunkt. Diese erste Form des Jazz nennt man auch den »New-Orleans-Jazz«. Einer seiner bekanntesten Vertreter war der Trompeter Louis Armstrong.

Die Geschichte des Jazz ist auch die Geschichte der Schwarzen und der Weißen in den USA. Noch zu Beginn des 20. Jahrhunderts war es in Amerika verboten, dass diese beiden Gruppen sich vermischten. Schwarze hatten weniger Rechte als die Weißen, sie durften nicht in alle Geschäfte, durften nicht auf jeder Parkbank sitzen und wurden in vielen Dingen benachteiligt. Diese Trennung existierte natürlich auch in der Musik. Deshalb gab es nur schwarze oder nur weiße Bands.

Die schwarzen und die weißen Musiker haben sich in den Straßen von New Orleans Schlachten mit Tönen geliefert. Die weißen Musiker wollten sich dabei von der aufgekratzten und emotionalen Musik der Schwarzen abgrenzen. Sie entwickelten den sogenannten »Dixieland-

Jazz«, in dem sie die Melodien und die Rhythmen etwas glatter spielten, als die Schwarzen es im »New-Orleans-Jazz« taten.

Nach dem Ende der Sklaverei in den USA 1870 und vor allem zu Beginn des 20. Jahrhunderts waren immer mehr Schwarze aus dem Süden der Vereinigten Staaten in den Norden gezogen. Sie hofften, in den Groß-städten Arbeit zu finden. Eine der wichtigsten Industrie-städte im Norden der USA war Chicago. Hier versuchten besonders die Studenten, den »New-Orleans-Jazz« nachzuahmen – weiße wie schwarze. Aber die Melodien waren ziemlich schwierig, zumal sie sich oft überlagert haben. Beim Jazz in Chicago wurde deshalb die Solo-improvisation immer wichtiger. Zum ersten Mal wurde hier auch das Saxofon als Instrument in der Jazzmusik eingesetzt.

Einer der bedeutendsten Jazzmusiker war Benny Goodman, des-sen Karriere mit dem Chicago-Jazz begann. Goodman war Weißer, und nicht zuletzt ihm ist es zu verdanken, dass mit der Zeit auch andere Weiße begannen, sich für die Musik der Schwarzen zu interessieren. Während der Jahre, in denen sich Schwarze und Weiße in den USA bekämpften, die Schwarzen für Gleichberechtigung stritten und viele Weiße befürchteten, ihre Macht zu verlieren, war der Jazz eine Hoff-nung, dass die Menschen wenigstens in der Musik gleich sein konnten. Benny Goodman ist 1938 sogar in der Carnegie Hall in New York aufge-treten, einem Konzertsaal, in dem sonst hauptsächlich klassische Mu-sik gespielt wurde. Sein Konzert wurde im Radio übertragen – und fast über Nacht wurde der Jazz nun auch unter den Weißen salonfähig.

Als die Wirtschaftskrise in den Zwanzigerjahren die USA erreicht hatte und viele Menschen ihre Jobs verloren, mussten auch die Mu-siker umdenken. Die kleinen Jazzbands verdienten kein Geld mehr, und die Jazzer schlossen sich in Bigbands zusammen, in größeren Gruppen, und entwickelten eine ganz neue Spielart. Eigentlich ist jedes Stück durch einen präzisen Rhythmus gekennzeichnet. Doch plötzlich begannen Musiker, ihre Einsätze minimal zu verschieben. Sie erfanden das sogenannte »Offbeat-Spiel«, das Spiel gegen den Takt. Indem sie nicht mehr mit dem Hauptrhythmus einsetzten, entstand ein besonderer Effekt: Man hörte den Rhythmus des Stückes wie einen Pulsschlag, aber auch die Verschiebung der einsetzenden Instrumente – beides zusammen kam einem vor, als beginne die Musik zu tanzen. Durch diesen kleinen Trick entstand eine neue Stilrichtung des Jazz, der Swing.

Einer der bekanntesten Swingmusiker war der Posaunist Glenn Miller. Er begeisterte nicht nur die USA, sondern ganz Europa für den Swing. Von Miller stammen die Jazzhits »In the Mood«, »Moonlight Serenade« oder »Tuxedo Junction«.

Wie jede Musik wurde auch der Jazz immer komplexer und schwieriger. Musiker wie Charlie Parker spielten plötzlich kompliziertere Harmonien, schnellere Rhythmen und begannen, während der Stücke sehr lange zu improvisieren. So entstanden zunächst der Bebop und dann der Cool Jazz. Während der Bebop aufgekratzt ist, versucht der Cool Jazz genau das Gegenteil. Die Musiker fanden es plötzlich cool, ihre Gefühle nicht nach außen zu richten, sondern ihrer Musik eine Spannung zu geben, die nach innen gerichtet war. Diese Musik klang unglaublich lässig – eben cool. Einer der besten Cool-Jazzer war Miles Davis. Er entwickelte den Jazz dadurch weiter, dass er sich auf keinen Stil festlegen ließ. Davis war einer der größten Experimentierer und damit ein wahrer Revolutionär der Musik.

In nur fünfzig Jahren hat sich der Jazz so schnell weiterentwickelt wie kaum ein anderer Musikstil. Und trotzdem reichte den Musikern das alles noch immer nicht. Sie wollten mehr Formen sprengen! In den Fünfzigerjahren nahmen sie sich noch mehr Freiheiten und entwickelten den Jazz nach ihrem eigenen Geschmack weiter. So entstanden schließlich die Formen des Free Jazz und des Avantgarde-Jazz. Das Wort Avantgarde kommt eigentlich aus dem französischen Militär und bedeutet »Vorhut«. In der Kunst bezeichnet man Künstler als »avantgardistisch«, wenn sie ihrer Zeit voraus zu sein scheinen.

Ein großer Musiker wie Duke Ellington stand am Ende seiner Karriere für die Experimente des Avantgarde-Jazz. Musiker wie John Coltrane oder Charles Mingus haben gezeigt, dass Jazz inzwischen genauso spannend war wie die moderne klassische Musik, die nach dem Zweiten Weltkrieg entstanden ist. Kein Wunder also, dass der Jazz sowohl die Klassik als auch den Pop beeinflusst hat.

Musik kann mehr ausdrücken als Worte – aber kann sie alles ausdrücken? Welche Kunst ist in der Lage, das Grauen des Zweiten Weltkrieges und des Holocaust zu beschreiben, die sechzig Millionen Toten, die sechs Millionen ermordeten Juden? Wie kann ein Bild, wie ein Musikstück, wie ein Gedicht nach einem der größten Verbrechen der Menschheit aussehen? Können Klänge auch nur annähernd ausdrücken, was ein Jude, der verhaftet, gedemütigt und grausam ermordet wurde, empfunden hat? Kann Musik den Menschen so böse klingen lassen, wie er sich etwa als Nazioffizier gezeigt hat? Oder kann Musik sogar im Monster den Menschen hören lassen? Ist die Kunst wirklich groß genug, um der Kreatur Mensch näherzukommen? Und überhaupt: Wenn Musik die Menschen erfreuen und zu Gutem beflügeln kann, kann sie die Menschen dann nicht auch manipulieren? Hat Hitlers Diktatur die Bürger nicht bevormundet, indem sie Kunst verboten und gleichzeitig andere Kunst benutzt hat, um die Menschen emotional zu beeinflussen? Ist unterhaltende und schöne Musik vielleicht sogar gefährlich, weil sie die Menschen verführt?

Das waren einige der Fragen, die sich viele Künstler nach 1945 gestellt haben. Jahrhundertelang war die Musik neu erfunden worden – aber wie sollte die neue Musik in einer neuen Welt klingen? In einer Welt nach dem Holocaust?

Für viele Menschen war die Musik nach dem Krieg erst einmal eine willkommene Ablenkung. Bei leichten Schlagern und lustigen Liedern versuchten sie, die grausamen Erfahrungen aus den Schützengräben und bombardierten Städten zu vergessen. Aber viele Künstler wollten nicht, dass die Menschen vergessen. Sie wollten, dass die Leute sich an den Holocaust erinnerten – dass der Massenmord, aber auch die Manipulation der Kunst nie vergessen werden.

Es ist interessant, dass die sogenannte Neue Musik, also die Fortsetzung der Klassik in der Moderne, hauptsächlich in Deutschland stattfand, also in jenem Land, in dem künstlerische Experimente von der Nazidiktatur verboten worden waren. Nach dem Krieg wurden in Darmstadt die »Internationalen Ferienkurse für Neue Musik« gegründet und in Donaueschingen die »Donaueschinger Musiktage«. Hier trafen sich Komponisten aus aller Welt, um zu diskutieren, wie es mit der Musik weitergehen könnte. Die Musiker spielten sich gegenseitig ihre Kompositionen vor, und dabei wurde schnell klar, dass sie sich nicht mehr auf einen einzigen Stil einigen konnten. Im Gegenteil: Die Neue Musik zeichnete sich gerade dadurch aus, dass sie unglaublich vielfältig geworden war, dass fast jeder Komponist begann, seine eigenen musikalischen Systeme zu erfinden.

Eine der wichtigsten Personen bei diesen Treffen war der französische Komponist Olivier Messiaen. Er hatte bereits während des Krieges versucht, die Musik weiterzuentwickeln, war aber als Soldat eingezogen worden und in deutsche Gefangenschaft geraten. Nach diesen Erfahrungen wurde sein musikalischer Stil ernster. Messiaen wurde durch die indische Musik, den katholischen Glauben, aber auch durch den Gesang der Vögel inspiriert. Er nahm ungefähr siebenhundert unterschiedliche Vogelrufe auf und verwandelte sie später in Noten und Klänge. Außerdem versuchte er, die Zwölftontheorie Arnold Schönbergs weiterzuentwickeln.

Schönberg hatte festgelegt, dass die zwölf Töne in einer bestimmten Abfolge gespielt werden sollten – diese Tonreihe durfte zwar abgewandelt werden, musste sich aber immer wiederholen. Doch die einzelnen Tonhöhen sind ja nur ein Teil der Musik. Je nachdem, in welchem Tempo, welchem Rhythmus und in welcher Lautstärke man die einzelnen Töne spielt, klingen sie vollkommen anders. All diese Dinge durften die Komponisten bei Schönberg frei bestimmen. Er hatte lediglich eine Regel für die Abfolge der zwölf Töne aufgestellt.

Messiaen versuchte nun, auch für die anderen Elemente der Musik Regeln zu finden. Durch Multiplikation und Division stellte er mathematische Reihen für den Rhythmus und für die Abfolge von Intervallen auf, also für die einzelnen Tonschritte. Er nannte sie »Intervallketten«. So bekam der Klang eine noch strengere, berechenbarere Form.

Sowohl in der Zwölftonreihe als auch in den Intervallketten entstehen sogenannte Serien, musikalische Einheiten, die sich in Abwandlungen wiederholen. Deshalb nennt man diese Musik auch serielle Musik.

Für Messiaen war Musik also nicht nur ein Ausdrucksmittel, sondern auch Material, das es zu ordnen galt – ohne Rücksicht auf die bestehenden Regeln der Harmonie oder der Melodieführung. Das hatte zur Folge, dass seine Stücke im gewohnten Sinne nicht schön klangen. Er gab seinen Kompositionen auch keine herkömmlichen Namen, sondern nannte sie zum Beispiel »Mode de valeurs et d'intensités«, was auf Deutsch ungefähr bedeutet: »Arten der Dauer und der Intensität«. Dieses Stück hatte Messiaen für Klavier geschrieben. Es entstand 1949 und gilt als erstes Werk der seriellen Musik. Für viele Komponisten schien die serielle Musik ein Weg zu sein, die Musik neu zu erfinden. Durch das Errechnen der Töne und die Gleichberechtigung der einzelnen Faktoren, die die Musik ausmachen, wollten sie die alten Formen der Dur-Moll-Harmonik endgültig hinter sich lassen.

Die wichtigsten Komponisten der seriellen Musik waren der Franzose Pierre Boulez und der Deutsche Karlheinz Stockhausen. Sie versuchten, für alle möglichen Bestandteile der Musik mathematische Reihen festzulegen: für die Tonhöhen, die Notenwerte, die Geschwindigkeit des Spiels, die Lautstärke und die einzelnen Klangfarben. Statt um großartige emotionale Melodien und Harmonien ging es ihnen in erster Linie um die Struktur der Musik. Und das machten sie auch in den Titeln ihrer Kompositionen klar. Boulez nannte eines seiner wichtigsten Werke für zwei Klaviere zum Beispiel »Strukturen I«.

All das ging einer anderen Gruppe von Komponisten zu weit! Sie wollten die Musik nicht planen, sondern ihre Stücke und deren Interpretation dem Zufall überlassen. Beim Vortrag ihrer Werke konnte der Dirigent oder der Solist selbst entscheiden, ob er einen Teil wiederholen oder auslassen wollte. Am Anfang eines Konzertes war also nicht klar, welche Form oder welche Dauer ein Stück haben würde. Aufführungen dieser Musik waren so spannend wie ein Würfelspiel. Und weil Würfel auf Latein »alea« heißt, nennt man diese Kompositionsform auch Aleatorik. Der Grieche Iannis Xenakis oder der Amerikaner John Cage haben besonders gern mit dieser Technik experimentiert. Sie wollten keine musikalischen Diktatoren sein. Sie wollten den Musikern nicht vorschreiben, was sie zu spielen hatten. Sie wollten, dass ihre Musik frei ist.

John Cage hat sich außerdem gefragt, ob Musik wirklich nur die Noten sind, die ein Komponist aufschreibt oder ob nicht auch die Alltagsgeräusche ein Teil der Musik sind. Gehören das Räuspern oder Husten des Publikums, ein zufällig vorbeifliegendes Flugzeug oder eine zuschlagende Tür nicht auch zur Musik? Oder ist Musik wirklich nur das, was ein Künstler sich vorstellt?

In der Malerei wurde diese Frage schon seit einiger Zeit diskutiert. Ist nur ein gemaltes Bild ein Kunstgegenstand? Der Künstler Marcel Duchamp war anderer Meinung. Er hat Alltagsgegenstände zur Kunst erhoben. Zum Beispiel stellte er einen ganz normalen Flaschenhalter für Weinflaschen in ein Museum und behauptete: »Das ist Kunst!« Der Maler Robert Rauschenberg hängte weiße Bilder ins Museum und behauptete ebenfalls: »Das ist Kunst!«

John Cage war begeistert von Rauschenberg und setzte dessen Idee in die Musik um. In seinem Stück »4:33« setzt sich ein Klavierspieler an sein Instrument und spielt vier Minuten und 33 Sekunden lang: nichts! Am Anfang und am Ende des Stückes, das offiziell drei Sätze hat, öffnet und schließt der Pianist den Flügel. Mehr tut er nicht. Das Publikum war schockiert! Für die Zuschauer war es keine Kunst, nichts zu komponieren. Aber Cage hat gesagt, dass es natürlich Kunst sei, den Menschen zu zeigen, dass es keinen Raum und keine Zeit ohne Klang gibt. Schließlich ist in »4:33« immer etwas zu hören: das Publikum oder die Straße vor dem Konzerthaus. Jedes Mal klingt »4:33« anders. Alles, was zufällig in den vier Minuten und 33 Sekunden zu hören ist, war für John Cage Teil seiner Kunst – und Teil seiner Komposition, die ganz ohne Noten auskam.

Nicht nur die Musik wurde immer komplizierter und immer mathematischer, auch die technischen Erfindungen haben die Geschichte der Musik beeinflusst. Zum Beispiel dann, wenn neue Instrumente erfunden wurden. Nun kam ein Instrument in die Musik, das man zunächst gar nicht als Teil eines Orchester vermuten würde: der Computer.

Iannis Xenakis benutzte ihn noch dafür, seine Zufallsreihen auszurechnen. Doch schon bald entdeckten andere Musiker, dass sich mit dem Computer auch Töne gestalten lassen. Sie benutzten Tonbandgeräte oder Computer als Teil ihrer Aufführungen. Computer konnten Teile der Musik aufnehmen, die ein Orchester gerade spielte, sie in Bruchteilen von Sekunden verfremden und dann wieder abspielen. So entstand ein Dialog zwischen dem, was der Computer komponierte, und dem, was das Orchester spielte. Einige Komponisten kamen sogar ganz ohne Orchester aus – sie haben Musik nur für den Computer komponiert.

Gleichzeitig ging auch das Tüfteln an den Tonsystemen weiter. Der Ungar György Ligeti war der Auffassung, dass die Musik nicht nur aus der Abfolge einzelner Töne bestehe, sondern aus Klangflächen. Eine Klangfläche entsteht zum Beispiel, wenn man mit einem Arm viele Tasten des Klaviers zur gleichen Zeit drückt. Dann werden etwa alle Töne zwischen einem tiefen C und einem hohen A angeschlagen. Diesen Klang, der eigentlich ein Krach ist, nennt man Cluster. Man kann auch auf einer Geige mit dem Finger auf der Saite hoch rutschen, sodass alle Töne zwischen zwei bestimmten Noten in einem quietschenden, kaugummiartigen Ton erklingen, der immer höher wird, so wie eine Sirene. Diese Spieltechnik nennt man Glissando. Ligeti stellte diese Klangflächen, die Cluster und die Glissandi, nicht mehr mit einzelnen Noten in der Partitur dar, sondern mit schwarzen Flächen zwischen den Linien.

Keine Angst vor Opern – Neue Musik, neue Klänge

Inzwischen waren so viele unterschiedliche Stile in der Neuen Musik entstanden, dass man fast den Überblick verlieren kann. Natürlich gab es auch Komponisten, die sich bei allen Stilen Elemente geliehen haben, zum Beispiel Bernd Alois Zimmermann. Er spielte gern mit Klangflächen und bediente sich beim Jazz, in der Barockmusik oder in der Volksmusik. Besonders interessierte ihn dabei die Zeit. Zimmermann hat sich zum Beispiel gefragt, was das Jetzt ist. Ist das Jetzt nur der Moment, in dem die Vergangenheit zur Zukunft wird? Außerdem wollte er in seiner Musik die Gleichzeitigkeit des Ungleichzeitigen herstellen. Was kompliziert klingt, ist eigentlich ganz einfach. In seiner Oper »Die Soldaten« passieren Dinge, die eigentlich schon passiert sind, während gleichzeitig andere Dinge passieren, die noch passieren werden. Zimmermann hat also versucht, die Zeit in seiner Musik aufzulösen. Dass er dafür eine Oper geschrieben hat, war nicht selbstverständlich, denn die meisten Komponisten der Neuen Musik hatten Angst vor der Oper. Sie hielten diese alte Kunst mit Gesang und Orchester für reaktionär, für sie war die Oper das Überbleibsel einer vergangenen Zeit.

Damals gehörte es für viele Komponisten zum guten Ton, politisch eher links zu stehen. Es war modern, sich politisch zu verhalten, denn auf den Straßen tobte der Protest. In vielen europäischen Ländern wie Frankreich oder Deutschland und auch in den USA demonstrierten Studenten in den Sechzigerjahren gegen das Bürgertum, in der Bundesrepublik auch gegen alte Nazis, die noch immer in der Politik zu finden waren. Und sie hatten genug von der sehr strengen öffentlichen Moral. Sie wollten mehr Freiheiten und liebten es, die Menschen zu provozieren. Studenten lebten in sogenannten Kommunen zusammen und forderten die freie Liebe. Sie wollten schlafen, mit wem sie Lust hatten. Sie stellten den Sex und die Liebe zur Schau und protestierten gegen den Krieg, der von den USA in Vietnam geführt wurde. Später wurde diese Protestgeneration die 68er-Generation genannt.

Ein erklärter Gegner der Kunstform Oper war Pierre Boulez. Er hat sogar vorgeschlagen, alle Opernhäuser in die Luft zu sprengen – weil sie für ihn die Kunst des Bürgertums repräsentierten. Später dirigierte Boulez allerdings auch Opern, etwa von Wagner. Aber in den Sechzigerjahren verteufelte er diese Form der Kunst noch.

Ein anderer Komponist, Hans Werner Henze, war vollkommen anderer Meinung. Er liebte die Oper, verehrte Mozart und Puccini und suchte in ihrer Musik nach Antworten auf die Frage, wie die Neue Musik klingen könnte. In Darmstadt und Donaueschingen stieß er mit seinen Ideen auf Protest. Die Musiker der Neuen Musik hatten sich damals zum Teil in einen sehr elitären Kreis verwandelt. So offen sie mit der Weiterentwicklung der Musik umgegangen sind, so verschlossen waren sie gegenüber Komponisten, die anders dachten als sie. Dabei war Hans Werner Henze politisch durchaus auf ihrer Seite. Aber er schrieb Opern – und das war den modernen Musikern suspekt.

Als Henzes Oper »Das Floß der Medusa« in Hamburg aufgeführt wurde, kam es zu einem Skandal. In diesem Stück geht es um die Überlebenden einer Schiffskatastrophe auf einem Floß, die sich gegenseitig ermorden und fressen, um selbst zu überleben – ein Gleichnis für die Ungerechtigkeit auf der Welt. Henze hatte diese Oper dem kubanischen Revolutionär Che Guevara gewidmet, der für viele Linke ein großes Vorbild war. Als im Konzertsaal eine rote Fahne für den Kommunismus gehisst wurde, kam es zu heftigen Auseinandersetzungen im Publikum. Die Zuschauer schlugen sich, und die Oper konnte nicht aufgeführt werden. Henzes Kompositionen waren von da an im Radio unerwünscht – und er floh enttäuscht nach Italien. Hier komponierte er einige der schönsten und wichtigsten modernen Opern, die auch heute noch sehr oft aufgeführt werden. Die Zeit hat seiner Kunst recht gegeben.

Auch in England wurden weiter Opern komponiert. Benjamin Britten stellte geisterhafte Werke vor, in denen sich alles um die Psyche der Menschen, um Tod, Wut und Eifersucht drehte. Seine bekanntesten Opern sind »Peter Grimes« und »The Turn of the Screw«.

Ein weiterer Komponist, der an der Kunstform Oper festhielt, war der Italiener Luigi Nono. In seinen Stücken wie der Antikriegsoper »Intolleranza« hat er allerdings keine Handlung mehr erzählt, sondern einfach musikalische Szenen nebeneinandergestellt.

Je weiter die Musiker an der Musik tüftelten, desto unterschiedlicher wurden die einzelnen Stile. Für den Argentinier Mauricio Kagel gehörten der Witz und die Inszenierung zur Musik. Seine Stücke spielen mit musikalischen Geräuschen und mit den Bewegungen der Musiker. Der Italiener Luciano Berio untersuchte besonders die Stimme und die Sprache und versuchte, Dinge ohne Worte, dafür aber durch bestimmte Laute auszudrücken.

Einen wichtigen Einfluss hatten auch die Komponisten der Minimal Music. Sie kamen aus den USA und benutzten ganz kleine musikalische Teile, Rhythmen oder Melodien, und webten aus ihnen große Klangteppiche. Ihre Musik hört sich an, als würde sie sich immer wiederholen, dabei verändert sich dauernd etwas in den feinen Strukturen. Besonders bekannte Minimal-Musiker waren Steve Reich und Philip Glass, der unter anderem die Opern »Einstein on the Beach« oder »Satyagraha« komponierte. Minimal Music hört man heute oft als Soundtrack in Filmen – dann, wenn es besonders spannend wird.

Wie individuell und persönlich die Musik in der Moderne geworden ist, zeigt sich an Karlheinz Stockhausen. Gleich nach dem Krieg tüftelte er als junger Musiker an der seriellen Musik. Doch dann baute er sich einen ganz eigenen musikalischen Kosmos auf, in dem die elektronische Musik eine sehr große Rolle spielt. Deshalb halten einige Menschen Stockhausen auch für den Vater der »Techno«-Bewegung. Dreißig Jahre lang hat er an einem gigantischen Projekt gearbeitet, das er »Sieben Tage aus Licht« nannte. Dieses Stück sollte an sieben Tagen aufgeführt werden, es sollte also selbst die Dimensionen von Richard Wagners »Ring des Nibelungen« sprengen. Dabei arbeitete Stockhausen mit fast absurden musikalischen Einfällen. Zum Beispiel lässt er vier Streicher in fliegenden Hubschraubern spielen. In einem anderen Teil des Werkes singen zwei Chöre in unterschiedlichen Räumen, das Publikum kann also immer nur einen Teil hören. Verstehen wird es den Gesang kaum, denn der Text ist in den Sprachen Sanskrit, Chinesisch, Arabisch, Englisch und Swahili geschrieben.

Viele haben die Musik und den Menschen Stockhausen belächelt. In einem Interview hatte er nämlich einmal behauptet, dass er auf dem Planeten Sirius zum Musiker ausgebildet worden sei. Das ist vielleicht verrückt, aber kaum ein anderer Komponist hat die Musik so radikal verändert wie er. Stockhausen starb, bevor er seinen »Licht«-Zyklus fertigstellen konnte. Ungefähr neunundzwanzig Stunden Musik hatte er aber bereits komponiert.

Die Neue Musik hat einen sehr langen und sehr experimentellen Weg hinter sich. Und der scheint noch lange nicht abgeschlossen zu sein. Noch immer erfinden Komponisten neue Töne und Klänge.

Heute gelten Musiker wie der Chinese Tan Dun oder der Deutsche Wolfgang Rihm als wegweisend für die Neue Musik. Wolfgang Rihm hat viel von Stockhausen, aber auch von Boulez, von Beethoven,

Schönberg und Webern gelernt. Er begann, zu untersuchen, wofür die einzelnen Klänge überhaupt stehen – ob man sie nicht als Zeichen lesen könne. Inzwischen komponiert Rihm Stücke in einer sehr eigenen musikalischen Sprache, in der das Subjektive, also die Wahrnehmung des Einzelnen, im Vordergrund steht. Viele seiner Werke verästeln sich in immer neue Gedanken und behalten doch einen erzählerischen Bogen.

Sind wir nun am Ende der Geschichte der klassischen Musik angekommen? Natürlich nicht! Sie entwickelt sich weiter. Und so wie sich unsere Welt verändert, so wie wir uns als Menschen in unserer Welt verändern, so wird sich auch die Musik mit uns verändern.

Das Fest der Oberfläche – Der Pop

Manche Leute tun so, als gäbe es bessere und schlechtere Musik. Für einige sind der Pop und der Rock minderwertig im Vergleich zur klassischen Musik. Für diese Menschen ist die Klassik ernsthaft, tiefgreifend und sinnvoll, der Rock dagegen oberflächig, einfallslos und höchstens unterhaltsam. Solche Bewertungen sind natürlich Quatsch. Schließlich ist alles nur Musik!

Mozart, Beethoven und Mahler sind nicht besser als Elvis, die Beatles oder Madonna – sie sind anders, haben in einer anderen Zeit gelebt und mit ihrer Musik auf andere Dinge reagiert. Viele klassische Musiker kämpften gegen die gleichen Widerstände wie Rock- oder Popmusiker heute: Sie wurden oft von einer älteren Generation kritisiert, weil sie zu modern waren. Dabei haben gerade die Experimentierer in der Geschichte die Musik vorangebracht.

Der Klang hat sich über Jahrhunderte gewandelt – vom Urschrei des Steinzeitbabys bis zu den Komponisten der Neuen Musik. Es haben sich unterschiedliche musikalische Strömungen entwickelt und gegenseitig beeinflusst. Elemente der populären Musik wie Volkstänze oder Walzer inspirierten Gustav Mahler zu seinen großen Sinfonien. Und klassische Musiker wie Mozart oder Verdi inspirierten Rockmusiker wie Freddy Mercury von der Gruppe »Queen«.

Im Jazz verbanden sich die Musiktraditionen der Kontinente Afrika und Europa zu einem neuen Musikstil. Der Jazz beeinflusste danach sowohl klassische Komponisten als auch Musiker, die von den Ursprüngen des Jazz zur Rock- oder Popmusik gekommen sind. Pop und Rock sind so vielfältig und bunt, dass es schwerfällt, einzelne Musiker herauszugreifen.

Schon jetzt gilt Elvis Aaron Presley, der »King of Rock 'n' Roll«, als Klassiker der Popmusik. Er wurde 1935 in den USA geboren. Früh zogen seine Eltern mit ihm aus der Kleinstadt Tupelo in Mississippi nach Memphis im US-Staat Tennessee. Sie hofften, hier mehr Geld zu verdienen. Das war in den Vierzigerjahren, als die Schwarzen und die Weißen in den USA noch streng voneinander getrennt lebten. Der Jazz war damals eine der erfolgreichsten Stilrichtungen der schwarzen Musik – und ganz besonders der Blues. Einige Musiker wie Chuck Berry haben den Blues noch radikaler, noch kantiger gemacht und nannten ihre Musik nun Rhythm and Blues. Sänger wie Ray Charles und James Brown entwickelten diese Musik weiter. Rhythm and Blues stand am Anfang einer Bewegung, aus der später der Rock 'n' Roll, der Funk und letztlich auch der Rap entstanden.

Elvis hat als Kind viel Rhythm and Blues gehört. Im Radio seiner Heimat wurde aber auch Countrymusic gespielt, Lieder, die mit Banjo, Gitarre und Mandoline das Leben in den Vereinigten Staaten besungen haben. Rhythm and Blues wurde hauptsächlich von Schwarzen, Countrymusic von Weißen gemacht. Als Sänger eines Gospelchors wurde Elvis für die lebensfrohe schwarze Musik der Kirche begeistert.

Nachdem er als ziemlich mittelmäßiger Schüler die Schule beendet hatte, arbeitete Elvis als Lastwagenfahrer. Eigentlich wollte er aber Musiker werden.

Mit seinem ersten Gehalt ging er in ein Plattenstudio und nahm eine Schallplatte auf. Dafür musste er ungefähr acht Dollar bezahlen. Elvis fiel den Leuten im Studio sofort auf, denn in seinen Liedern vermischte er verschiedene musikalische Stile miteinander: Rhythm and Blues, Country, Rock 'n' Roll und Gospel. Und es war etwas Besonderes, dass ein weißer Musiker plötzlich die Musik der Schwarzen sang. All das kam der Plattenfirma gerade recht. Schon seit einiger Zeit hatten Plattenproduzenten in den USA versucht, die schwarze Musik des Rhythm and Blues auch bei der weißen Bevölkerung durchzusetzen – bislang aber ohne Erfolg. Elvis schien der richtige Künstler zu sein, genau das zu schaffen.

Elvis trat mit vielen bekannten Musikern auf, die später selbst eine große Karriere gemacht haben, zum Beispiel mit dem Star der Countrymusik, mit Johnny Cash. Das erste Lied, das Elvis für eine offizielle Platte aufnahm, hieß »Heartbreak Hotel« – ein Song, in dem es um Selbstmord ging. Die Platte wurde ohne große Erwartungen veröffentlicht, aber Elvis eroberte mit seiner neuen Musik sofort die Herzen der Amerikaner. Er landete auf den oberen Plätzen der Charts. Danach entstanden ganz unterschiedliche Lieder, in denen Elvis verschiedene Stile benutzt hat, unter anderen wilde Rock-'n'-Roll-Klassiker wie »Jailhouse Rock« oder Balladen, also einfühlsame Lieder, wie »In the Ghetto«.

Wirklich bekannt geworden ist Elvis durch das Fernsehen. Als er in einer TV-Show auftrat, tat er, was Musiker bislang nie getan hatten: Er bewegte sich, während er sang. Elvis hat zu seiner Musik getanzt und seine Hüften aufreizend geschwungen. Für viele ältere Zuschauer war das ein handfester Skandal! Bislang hatten Sänger ihre Musik nämlich fast regungslos vorgetragen. Frank Sinatra, einer der wichtigsten Sänger der Vierzigerjahre, wurde geliebt, weil er so unglaublich cool und beherrscht sang. Doch jetzt kam Elvis! Nicht nur, dass er tanzte, er trug auch absurd enge Hosen und hatte sich seine schwarzen Haare zu einer wilden Tolle frisiert. Das alles verstieß gegen die eher spießige Moral der Amerikaner und regte Eltern und Lehrer auf.

Es ist zu einem wesentlichen Kennzeichen der Pop- und Rockmusik geworden, dass sie den Protest von Jugendlichen ausdrückt. Die englische Band »The Rolling Stones«, die sich um den Sänger Mick

Jagger gebildet hatte, machte das bereits mit ihrem Band-Logo deutlich: ein Mund, der eine Zunge herausstreckte, so als wolle er sagen: »Leck mich!« Bei den ebenfalls aus England stammenden »Beatles« waren es zunächst die wilden Frisuren, die viele Erwachsene störten. Die vier »Beatles«, John Lennon, Paul McCartney, George Harrison und Ringo Starr, galten wegen ihres Haarschnitts als »Pilzköpfe«. Dabei war ihre Musik gar nicht so außergewöhnlich revolutionär. Lieder wie »Yellow Submarine«, »Help!« oder »Let it Be« haben die Jugendlichen aber begeistert. Bei den »Beatles«-Konzerten fielen reihenweise Mädchen in Ohnmacht. Oft musste die Polizei einschreiten. In den späteren Jahren brachen die »Beatles« dann ein weiteres Tabu. Ihre Musik handelte nun auch von der Droge LSD. Das sind kleine Tabletten, durch die man sehr bunte, sehr wilde und sehr verrückte Träume bekommt. Die »Beatles« versuchten diese Drogentrips in Musik umzusetzen und experimentierten mit der sogenannten psychedelischen Musik. Doch zu dieser Zeit waren andere Bands längst viel weiter. Zum Beispiel »Pink Floyd«, die aggressiver, lauter und provokanter mit diesem Tabuthema umgegangen sind.

Drogen, die Freiheit der Sexualität und die Wut gegen die USA, die sich gerade im Krieg mit Vietnam befanden, inspirierten viele Musiker. So entstand die sogenannte »Hippie«-Bewegung. Das Musical »Hair« versuchte, eine neue Welt zu zeigen, in der sich das spießige Bürgertum und eine revolutionäre Jugend gegenüberstanden. Die Lieder des Musicals wurden zur Begleitmusik der »Flower-Power«-Bewegung. Eine Sängerin wie Janis Joplin oder das Gitarrengenie Jimi Hendrix brachten in dieser Zeit den Rock voran. Eines der größten Musikereignisse dieser Zeit war das legendäre Rockfestival in Woodstock 1969. Hier traten neben Janis Joplin und Jimi Hendrix (der Aufsehen erregte durch die freie Interpretation der US-Hymne) auch die Bands »Santana«, »The Who« und der Sänger Joe Cocker auf. Das Festival artete zum Chaos aus, weil viel mehr Jugendliche gekommen waren, als erwartet wurden. Heute gilt Woodstock als Höhepunkt der Hippie-Bewegung. Statt Popmusik standen hier allerdings hauptsächlich Folk, Rock, Soul und Blues auf dem Programm.

Was wir heute Popmusik nennen, hat sich bewusst nicht um die Tiefen der Musik gekümmert. Im Pop geht es hauptsächlich um die

Oberfläche. Kein Wunder, denn auch die Welt wurde immer oberflächlicher. Neonreklame wurde an den Häusern angebracht, im Fernsehen lief Werbung, die Mode wurde immer wichtiger. Auch in der Malerei zog die Oberfläche als neues Thema ein. Der Popkünstler Andy Warhol hängte plötzlich abgemalte Fotografien wichtiger Menschen in die Museen. Er malte die Schauspielerin Marilyn Monroe und den kommunistischen Führer Mao Zedong in knallbunten Farben. Warhol behauptete, dass die Wahrheit der Welt in ihrer Oberfläche liege. Und darum ging es auch in der Popmusik: Sie wollte die Schönheit, den Glanz, den Schein der Welt hörbar machen. Künstler wie Elton John oder Madonna wechselten ihre Musik und ihre Klamotten immer wieder perfekt und setzten neue Trends. Niemand beherrschte das Spiel mit der Oberfläche allerdings so perfekt wie der »King of Pop«, wie Michael Jackson.

Michael Joseph Jackson wurde 1958 im US-Staat Indiana geboren. Als er noch mit seinen Geschwistern als »Jackson Five« auftrat, machte er schwarze Rhythm-and-Blues-Musik, die durch Gospelgesänge und Soul beeinflusst war. Doch schon bald entwickelte er einen ganz eigenen Stil.

So wie Elvis sich als Weißer an der schwarzen Musik orientiert hatte, suchte Michael Jackson als Schwarzer nun Inspiration beim weißen Pop. Und nicht nur musikalisch: Jackson hatte seine Hautfarbe verändern lassen, er wollte weiß werden. Für ihn war der Pop nicht nur der Klang der Musik, er nutzte auch ein neues Medium: das Musikvideo. Jackson war der erste schwarze Musiker, dessen Video auf dem Musikkanal MTV gesendet wurde. Er ist der Künstler, der bislang am meisten Platten verkauft hat. Sein Tanzstil, der »Moonwalk« aus dem Album »Thriller«, hat Tanzgeschichte geschrieben – Jackson geht darin gleichzeitig vor- und rückwärts.

Doch die ewige Erneuerung der Oberfläche forderte ihren Preis. Michael Jackson starb 2009 an einer Überdosis Schmerzmittel.

Klassik und Rock
Der Sänger Sting
über die Zukunft der Musik

Sting, was bedeutet die klassische Musik für einen Popkünstler?
Für mich als Rockmusiker ist die Klassik eine Art Urwurzel der Musik. Viele Musiker versuchen, neue Musik zu schreiben — aber letztlich kehren sie dabei immer wieder zu zwei Stilrichtungen zurück: zur Folkmusic und zur Klassik. Was interessiert Sie an der Klassik? *An der Klassik interessiert mich besonders, dass es hier festgeschriebene Noten gibt. Das ist im Rock und im Pop meist anders. Das Spannende an der Klassik ist dagegen, dass die gleichen Noten von so vielen unterschiedlichen Musikern und Sängern interpretiert wurden. Es ist doch erstaunlich und großartig, wenn man sich überlegt, wie viele Menschen eine Sinfonie von Mozart oder ein Lied von Schubert interpretiert haben — jeder hatte die gleichen Noten vor sich liegen, aber jeder hat diese Musik anders gespielt oder gesungen.* Auf der anderen Seite gibt es natürlich auch Dinge, die Klassikkünstler vielleicht von Rockmusikern lernen können. Zum Beispiel die Improvisation, die Kunst, im Moment des Spielens eine Stimmung in Musik zu fassen und auszudrücken.* Was ist für Ihre Musik besonders wichtig? *Ich glaube, eines der größten Geheimnisse der Musik ist, dass sie mit den Erwartungen der Zuhörer spielt. Wenn man einem Stück zuhört, stellt man sich automatisch vor, wie es weitergehen könnte. Ich liebe es, in diesen Momenten eben nicht die Musik zu spielen, die man erwartet, sondern ganz andere Klänge. So kann Musik die Gehirne beweglich halten. So werden die Menschen beim Hören zum Denken angeregt. So werden sie verwirrt und dazu bewegt, sich neue, ganz andere*

Gedanken zu machen. ∽– Was ist das Besondere am Rock? ∽–
*Viele Menschen sagen, dass gerade der Rock ein Ausdruck von Protest und
Rebellion sei. Das hängt natürlich auch damit zusammen, dass er so tut,
als wäre er frei. Als hätte ein Rockmusiker alle Möglichkeiten, die Musik so
zu komponieren, wie er es will. Aber inzwischen glaube ich, dass das eine
große Lüge ist. Auch in der Rockmusik gibt es heute viele Regeln, viele Vorbilder und viele Schemata, denen viele Musiker einfach nur noch folgen.
Oft ist der Rock deshalb gar nicht mehr so revolutionär, wie er tut.* ∽–
*Vor allen Dingen dann nicht, wenn man Musik von einem klassischen Kom-
ponisten wie Igor Strawinsky hört. Für mich war er ein größerer Revolutionär als die meisten Rockmusiker.* ∽– Was ist die schönste Musik für
Sie? ∽– *Wenn Menschen über Musik reden, sprechen sie meistens über
Klänge. Ich habe aber festgestellt, dass einer der spannendsten Momente
der Musik die Stille ist – also der Moment, in dem nichts zu hören ist. Letztlich ist Musik doch nichts anderes als ein Rahmen für diese Stille. Wir Musiker, egal ob klassische Musiker oder Rockmusiker, schaffen mit unseren
Klängen nur das Ende und den Anfang von Stille. Ich glaube, dass Musiker diese Überlegung ernst nehmen sollten. Unsere Kunst ist es, in unseren
Klängen so etwas wie Stille zu erreichen. Einen Moment des Stillstandes.
In dem die Welt für einen Augenblick aufhört sich zu drehen.* ∽– Wie
wird sich die Musik weiterentwickeln? ∽– *Ich werde oft gefragt,
ob Rock- oder Popmusiker in 100 oder 200 Jahren Klassiker sind. Ob sie
also in einer Musikgeschichte neben Bach, Mozart oder Beethoven stehen
werden. Um ehrlich zu sein: Diese Gedanken mache ich mir gar nicht. Und
ich glaube, dass auch Bach sich diese Gedanken nicht gemacht hat. Er hatte
wahrscheinlich gar keine Zeit, sich das zu fragen. Schließlich musste er
jeden Sonntag eine Messe in der Kirche aufführen.* ∽– Welche Komponisten inspirieren Sie für Ihre Musik? ∽– *Wenn ich aufstehe,
spiele ich am Morgen oft eine Partita von Bach. Weil ich seine Musik über
alles liebe. Und dann frage ich mich, was seine Kompositionen so besonders
macht. Ist es seine Klugheit? Sein Intellekt? Vielleicht. Aber vielleicht ist es
auch einfach nur das Genie, das ihm die Gabe gab, mit seiner Musik ganz
tief in die Seele der Menschen zu schauen. Und darum sollte es auch heute
jedem Musiker gehen, jedem klassischen Musiker und jedem Rockmusiker:
um den Menschen.*

207

Rock- und Popmusik entsteht oft weit entfernt vom Scheinwerferlicht der Showbühnen. Große Musik kommt häufig von Minderheiten und aus sogenannten Subkulturen. Schwarze in den USA, Arme in den Gettos der Großstädte oder Menschen, die anders denken als die Mehrheit, haben immer wieder versucht, sich durch Musik Gehör zu verschaffen. Nicht selten wurden ihre Lieder dann tatsächlich zur Musik von Millionen.

Eine der wichtigsten dieser Subkulturbewegungen war der Punk. Er entstand in den Siebzigerjahren des letzten Jahrhunderts mit den »New York Dolls« in den USA und nahm dann in London eine rasante Entwicklung. Damals hatte die Popmusik bereits Modetrends gesetzt, den Geschmack vieler Menschen bestimmt und wurde immer kommerzieller. Künstler und Plattenfirmen verdienten mit dem Pop viel Geld. Bei einigen Jugendlichen in England stieß gerade das auf Widerstand. Damals herrschte große Arbeitslosigkeit, und viele Jugendliche sahen keine Zukunft für sich. Sie fühlten sich vom Staat, von der Politik, der Schule und den Erwachsenen im Stich gelassen. Das, wofür die Popkultur stand, konnten sie sich nicht leisten: neue Klamotten, teure Platten oder den Eintritt in Konzerte.

Statt sich anzupassen, haben diese Jugendlichen ihr eigenes Leben gelebt. Sie wollten provozieren und auf jeden Fall anders sein als andere. Sie stellten ihre Angst und ihre Wut in einer »Scheißegal-Haltung« zur Schau und prägten den Slogan »No future« – »Keine Zukunft«. Sie tranken Alkohol, pöbelten in den Straßen und nahmen Drogen, sie zogen sich abgewrackte Klamotten an, begannen sich die Haare zu färben und zu hochstehenden Igeln zu frisieren. Punker liebten es, ihr eigenes Leid in Szene zu setzen, und waren besonders stolz darauf, dass sie angeblich nichts konnten.

All das wollten sie auch in ihrer Musik zeigen. Der Punk lebt von einfachen Gitarrengriffen, von laut gesungenen, fast geschrienen Texten.

Die Punkmusik war nicht schön. Und das wollte sie auch gar nicht sein. Sie wollte regellos sein, also anarchisch. Und sie wollte genau das feiern, was den meisten Menschen missfiel: Drogen, Sex, Gewalt und Chaos.

Eine der ersten wichtigen Punkrockbands waren die »Sex-Pistols«. Sie taten alles, was Pop- oder Rockbands bislang nicht getan hatten. Sie provozierten sogar damit, dass sie Hakenkreuze trugen, obwohl sie gar nicht faschistisch waren. Aber die »Sex-Pistols« wussten, dass Naziembleme die Menschen wütend machen würden, und genau das wollten sie. Die Band war erfolgreich und inspirierte andere Gruppen wie »The Clash« oder »Crass«. Eine der wichtigsten deutschen Punksängerinnen war Nina Hagen, eine der wichtigsten Bands die »Einstürzenden Neubauten«.

So wie viele Musikstile spaltete sich auch der Punk schnell auf. Es entstanden der Anarchopunk, der Streetpunk und der Horrorpunk. Bald wurde aus der Nischenkultur eine Massenkultur, die sich in der ganzen Welt verbreitete. Es wurde modern, sich als Punk zu zeigen. Wichtige Modedesigner liehen sich Ideen beim Punklook. Die echten Punker der Anfangszeit beobachteten diese Tendenz mit Grauen. Plötzlich waren sie nichts Besonderes mehr.

Ein Teil der Punkmusik mündete im sogenannten »New Wave«. Hier wurden die elektronischen Instrumente immer wichtiger. In Deutschland bildete sich die »Neue Deutsche Welle«, die als brave Fortsetzung des Punk besonders auf deutsche Liedtexte setzte. Endgültig zur Massenbewegung ist der Punk mit den Bands »Fehlfarben«, »Ideal« und »DAF« geworden, später wurde er durch »Die Toten Hosen« und »Die Ärzte« neu belebt.

Der Punk beflügelte auch die Rockmusik, die nun ebenfalls lauter, schriller und radikaler wurde. Als neuer Stil entwickelte sich der »Heavy Metal« mit Motorradsounds, schweren Stimmen und musikalischer Wildheit. Besonders radikal war die Band »AC/DC«. Die Musiker machten nicht nur sehr laute Musik, sondern schminkten sich für ihre Auftritte auch angsteinflößende Gesichter. Bands wie »Queen« um den Sänger Freddy Mercury suchten ebenfalls nach immer außergewöhnlicherer Musik. »Queen« war besonders vielfältig, spielte Lieder mit einfacher Harfen- oder Gitarrenmusik, aber auch mit fast opernhaftem Orchester. Ihr bekanntester Song ist »We are the Champions«.

Eine andere musikalische Nische war der Techno. In den Sechzigerjahren des 20. Jahrhunderts hatte sich der klassische Komponist Karlheinz Stockhausen mit der elektronischen Musik beschäftigt – also mit Musik, die mithilfe eines Computers produziert wurde. Die Düsseldorfer Band »Kraftwerk« ließ sich davon inspirieren. Auf ihrem Album »Autobahn« hat sie versucht, die moderne industrielle Großstadt in elektronischer Musik klingen zu lassen.

Im Vordergrund des Techno steht ein Viervierteltakt, bei dem eine elektronische Trommel besonders den ersten Schlag betont. Wichtiger als die Harmonie sind im Techno der Rhythmus und die Klangfarben, die meist metallisch oder wie industriell erzeugt klingen. Die Musik wird nicht mit realen Instrumenten produziert, sondern mit dem Computer. Auch diese Musik entwickelte sich immer weiter, und bald nutzten Popbands wie »Depeche Mode« die Technotechnik für ihre Musik.

Besonders wichtig für den Techno wurde das »Sampling«. Das ist eine Möglichkeit, mehrere Musikstücke gleichzeitig abzuspielen und dabei die Geschwindigkeit der einzelnen Stücke zu verändern. So konnte man zum Beispiel eine alte Beethovensinfonie mit modernen Technobeats mischen. Es entstanden ganz neue, elektronische Klangwelten, die sich auch an der modernen Klassik orientierten. Die Pioniere des Techno waren nicht nur die Musiker und Bands, sondern auch diejenigen, die verschiedene Platten zur gleichen Zeit auflegt und technisch verfremdeten – die sogenannten Discjockeys.

Dem Techno erging es ähnlich wie dem Punk und vielen anderen Musikrichtungen: Die Tüftler der Anfangszeit wurden langsam von kommerziellen Musikern abgelöst. Auch die elektronische Musik wurde melodischer und rockiger. Der Techno spaltete sich in die Gute-Laune-Musik des »House« und in die schrillere Form des »Acid House«. Während die ersten Technopartys noch in dunklen Kellern veranstaltet wurden, ist die Musik spätestens mit der »Loveparade« zur Massenveranstaltung geworden, zu der zwischen 1989 und 2006 einige Millionen Menschen in Berlin halbnackt nach Technorhythmen getanzt haben.

Rock und Pop sind inzwischen so vielfältig, dass es unmöglich ist, alle Strömungen und Entwicklungen zu verfolgen. Interessanterweise bleiben die Wurzeln aber stets die gleichen. So ist auch der Rap letztlich eine Fortsetzung des Blues und seiner Entwicklung zum Rhythm and Blues. Der Rap zeichnet sich dadurch aus, dass ein Sänger seinen Text in den Vordergrund stellt; dabei spricht er die Worte eher, als dass er sie singt. Letztlich sind Rapsongs rhythmisch vorgetragene Gedichte.

So wie Punk und Techno ist auch der Rap die Bewegung einer Minderheit gewesen. Er hat seine Ursprünge in den Gettos von New York, wo Discjockeys die Lieder, die sie aufgelegt haben, mit eigenen Kommentaren ansagten. Diesen Einleitungen gaben sie Rhythmus und Swing, und langsam entstand eine Art Gesang daraus. Als Schwarze in den amerikanischen Gettos der Siebzigerjahre »Blockpartys« feierten, benutzten sie den Rap, also den neuen Sprechgesang, dafür, sich gegenseitig in Stimmung zu bringen. Die Themen ihrer Texte waren oft politisch und sozial, sie handelten von der Ungerechtigkeit der Weißen gegenüber den Schwarzen und von den Träumen der Sänger, aber auch von den Kämpfen zwischen unterschiedlichen Cliquen. Immer mehr Rapper erzählten in ihren Songs Geschichten über die Gewalt in den Straßen. So entstand der »Gangsta Rap«.

Die Rapper der amerikanischen Westküste (etwa Suge Knight) und die Rapper der Ostküste (etwa Puff Daddy) haben sich verbale Schlachten geliefert. Doch ihr Musikkrieg war nicht nur ein Krieg der Worte. Schon bald wurde der Streit handfest ausgetragen, und es gab Tote in der Szene. Der »Gangsta Rap« hat sich mit Sängern wie »50 Cent« bis heute durchgesetzt.

Inzwischen ist auch der Rap zum großen Teil kommerzialisiert. Die rauen, gewalttätigen Texte aus den New Yorker Gettos sind oft nur noch aufgesetzte Posen und Kraftmeierei. Auch im deutschen Rap werden Worte gesungen, die bewusst provozieren sollen, so wie »Fuck«, »Scheiße«, und sexuelle oder gewalttätige Anspielungen.

Der Rap ist – so wie ein Großteil der populären Musik – eine Jugendbewegung geblieben. Einige Rapper schaffen es allerdings noch immer, in ihren Rapsongs wirklich große Gedichte zu erzählen.

Sind wir damit am Ende der Rock- und Popgeschichte angekommen? Natürlich nicht! Auch diese Musik entwickelt sich weiter, neue Minderheiten werden ihr Leben in Musik ausdrücken und damit die Menschen erreichen. Die Welt wird sich weiter verändern und damit auch ihre Musik.

Wir haben unsere Geschichte der Musik mit dem Urschrei der Babys begonnen. Jetzt sind wir in der Gegenwart angekommen. Die Vielzahl von musikalischen Stilen in Klassik, Rock und Pop ist kaum noch überschaubar. Musik ist heute für jeden immer und überall zu haben. Während man früher Konzerte oder Opernaufführungen besuchen musste, um Musik zu hören, genügt inzwischen ein Klick im Internet. Hier kann man sich alles, von den gregorianischen Chorälen über die Musik von Haydn, Mozart, Beethoven und Mahler bis zur Musik, die gerade entsteht, anhören. Aber um am wirklichen Geheimnis der Musik teilzuhaben, ist es immer noch am besten, selbst Musik zu machen.

Letztlich besteht eine Musikgeschichte wie diese nur aus Worten. Und Worte können nicht ausdrücken, was Musik erzählen kann. Sie können nur erklären, wie Musik entstanden und gewachsen ist. Am Ende reichen sie aber kaum, um zu beschreiben, was Musik ist: eines der größten Abenteuer der Menschen.

Und jetzt hör endlich auf zu lesen!

Hörst du schon etwas?

Irgendwas?

Register